働く母親と階層化

仕事・
家庭教育・
食事をめぐる
ジレンマ

額賀美紗子・藤田結子 [著]

勁草書房

目　次

第Ⅰ部　育児・家庭教育

額賀美紗子

第Ⅱ部　仕事・家事

藤田結子

序　章　働く母親と階層化

I　格差社会における子育てと仕事のダブル・バインド

1.「新自由主義的母性」を求められる女性たち

　少子高齢化に伴う労働力人口の減少が進む中、今日の日本社会では女性労働者の活用がめざされている。2010年代に入って女性活躍の推進が国家目標として掲げられ、2015年には女性活躍推進法が成立した。企業や官庁もワークライフバランスの重要性を喧伝し、長時間労働の是正や育児休業の整備に乗り出す動きもみられる。この流れの中で働く女性の数も増加傾向にある。1990年代には共働き世帯が専業主婦世帯の数を抜いたが、この10年で女性の就業率は著しく増加して2020年には7割を超えた（総務省 2020）。そのうち25～44歳の子育て世代については、8割近くの女性が仕事をしている（厚生労働省 2019）。女性が出産後も働くことは日本社会で当たり前になりつつある。

　しかし、国際的には日本の女性の就業率は未だ低い水準にある。結婚・出産によって仕事を辞める女性は減ったものの、第1子出産後の就業継続率は53.1％にとどまる（国立社会保障・人口問題研究所 2017）。また、出産後の女性が就業継続あるいは、いったん仕事を辞めたあとに再就職をするにあたってはパートタイム勤務の割合が極めて高く、共働き世帯が増加したとはいえ、その半数以上は非正規で就業している。多くの母親が、働きながら家事・育児の責任も負うという「二重役割」を遂行している。

　では父親の育児参加にはどのような変化がみられるのだろうか。1999年に当時の厚生省は、「育児をしない男を、父とは呼ばない」というキャッチコピーを掲げて女性の社会進出を推進する姿勢を打ち出した。2000年代後半にな

ると「イクメン」ブームが到来する。子どもをもつ父親を対象にした雑誌が次々に発刊され、育児を楽しむ父親たちがテレビでさかんにとりあげられた。政府の「イクメンプロジェクト」が始動したことも「イクメン」ブームを支えた。石井（2013）によれば、こうした社会的な風潮の中で現在の日本では育児をする父親に対する肯定的なイメージが浸透し、「父親文化」が育ってきている。

　しかし各種の統計データは、実際に家事や子育てに関わる父親がまだ少数にとどまることを示している。近年大きな伸び率がみられるものの、育休をとる男性は全体の 12.5% である（厚生労働省 2021）。6 歳未満の子どもを持つ親が育児・家事に費やす時間は、共働きの母親が 1 日平均 7 時間 34 分であるのに対し、父親は平均 1 時間 23 分で、日本の男性の家事関連時間は先進国の中で最低ランクである（総務省 2016 年）。フルタイム共働き世帯でも 6 割の家庭で妻が家事の 8 割以上を担っている（国立社会保障・人口問題研究所 2019）。国際比較の視点からも、日本では父親の片稼ぎモデルを前提とした性別役割分業体制が強固であり、基礎的な生活保障機能を提供する福祉国家の基盤は家族が担うという構造が顕著である（白波瀬 2003）。保守的な家族主義のもとで女性のケア役割が強い規範として維持され、男性の家事・育児参加は遅々として進まない。

　このように、国家成長戦略として女性の就労の重要性が喧伝される一方、女性だけが変わらず家事と育児を担いつづけるという社会構造はほとんど変わっていないようにみえる。保育所の待機児童問題に現れるように日本の家族支援政策は未だ不十分で、母親が安心して働きながら子どもを育てる環境が保障されていない。三浦（2015）は、性別役割分業を維持したまま、女性を労働力として活用しようとする安倍政権下の成長戦略が、「新自由主義的母性」を称揚する展開になっていると指摘する（p. 2）。それは、女性の就労を支援しつつ、依然として女性に子育てと家事の責任を担わせるという矛盾したベクトルである。その中で、子どもを生み育てる営みについては、社会化が不十分なまま、家庭の自助努力という女性をあてにする家族政策の色合いを強めてきた（斉藤 2017）。

　特に、新自由主義と共振する母親像は、家庭教育の領域で顕著に見出せる。

親のもつ資本と選好が子どもの教育達成を決定するというペアレントクラシー（Brown 1990；耳塚 2007）のイデオロギーのもとで、母親の教育選択と責任がさらに強調される傾向がみられる（本田 2008；喜多 2012）。こうした母親役割の強調は、国が家庭教育に介入しようとする安倍政権下の政策においても顕著に見出され（木村 2017）、一連の政策の中で「国家家族主義」（三浦 2015）における母性の復権が意図されている。

「女性活躍」の推進と母性の強調という矛盾したベクトルの下で、子育てしながら働く女性たちは仕事と母親業の間のダブル・バインド状態をどのように意味づけ、経験しているのだろうか。これが本書の第一の問題関心である。

2. 日本社会の階層化と働く女性たち

本書の第二の問題関心は、子育てしながら働く女性のダブル・バインド状態やそれへの対処が、階層によってどのような影響を受けるかという点にある。戦後、「近代家族」が大衆化し、「夫＝稼ぎ手役割、妻＝ケア役割」という性別役割分業が日本社会に浸透した（落合 1994；山田 1994）。大企業においては男性の稼ぎで家族を養うことができる形で賃金が整えられ、大企業労働者家族を中心とする日本の家族は企業社会に家族一丸となって包摂されていった（木本 1995）。妻の就業は、妻・母役割をよりよく完遂するもの（上野 1990）とされ、生計維持というよりは「家計補助」「職業を通しての自己実現」として解釈されてきた。だが、男性の雇用が不安定化するにつれ、女性には、ケア役割にくわえて、新たに稼ぎ手役割が期待されるようになった（岩間 2008: 112）。

2015 年に成立した女性活躍推進法では、「採用者に占める女性の割合」「男女の平均継続勤務年数の差異」「管理職に占める女性の割合」などを把握し、数値目標を盛り込んだ行動計画を策定するなどの取り組みが大企業に義務づけられた。この法整備の下、聞き取り調査（小笠原 2018）では、大企業で両立支援制度が整備される中、高学歴女性が非経済的理由で働くというよりも家計の責任を負うという意味づけをするなど、男性の意識に近似する事例も示された。

その一方で、技能や資格がより少ない非大卒の女性は、相対的に安定した雇用を得ることが難しいままとなっている。総務省統計局「労働調査詳細集計」

によると、1990 年代後半以降に非正規労働者の割合が増えたが、25〜34 歳層では学歴間の差が広がり、非大卒の方が非正規雇用になりやすい傾向が強まった。菊地（2019）は、女性活躍推進法について、女性を前面に掲げながら実のところ一部の高い地位の女性のみしか考慮していない点にこの法の矛盾含みの性格があると指摘している。男性労働を基軸として女性労働を序列化・細分化する一方で、女性が非正規であることは問題とはされない。自然化された女性非正規労働者の存在が、非正規労働の待遇の低さを維持し、格差を生んでいることを気づかれにくくしているという（菊地 2019）。また、竹信（2013）は、家事労働の価値が低く見積もられ、労働時間の設計からも家事労働が排除されていると指摘する。

　家事、そして育児や介護は、脆弱な人々の生存を保障する上で必要不可欠なケア実践であるにもかかわらず、女性に押し付けられる中で不当にその価値を貶められてきた。母子関係はケアの代表的なものである（元橋 2021）。岡野（2020）は、ケア倫理学者のヴァージニア・ヘルド（2006）を参照し、ケアの倫理は、「ケア実践の中で見いだされる価値、その重要性や道徳的な含意をわたしたちに伝えるさまざまな経験に、同等な考慮を示すべき、価値を見いだすべきだという意味での平等を訴える」と説明する（p. 138）。ケアの倫理は、看過されてきた母親たちのケア実践に積極的な価値を見出し、「ひとが育まれる・育む、労わられる・労わるといった心身をめぐるニーズ充足の関係性における実践」を家庭の中だけではなく、社会に広げていくことで民主主義を立て直すことをめざしている（岡野 2020: 138）。

　このようなケアの倫理によって支えられる社会を構想していく上でも、女性たちがどのように働きながら家事や育児といったケア実践に携わっているのか、女性のリアリティに肉薄して明らかにする研究が求められている。女性労働が序列化・細分化され、「新自由主義的母性」が称揚・喧伝される中、子育てしながら働く女性たちは、母親業や働くことをどのように考え、経験しているのだろうか。大学を卒業し大企業で総合職として働く母親たちと、待遇の低い労働に従事する母親たちの間には、どのような差が現れてきているのだろうか。前者に関しては、高学歴女性を対象とした先行研究で、また活躍する女性の現状として報道でも取り上げられてきた。しかし、後者の状況は十分に明らかに

4

されていない。そこで本書では、女性たちの母親役割・稼得役割・職業役割に注目し、女性間の差について考察したい。これが第二の問題関心である。

3.　本書の問題関心と特徴

以上の点をふまえ、あらためて本書を貫く問題関心を提示する。

(1)　「新自由主義的母性」が称揚される中で、子育てをしながら働く女性たちは仕事、子育て（特に家庭教育）、家事にどのような意味づけをし、そのダブル・バインド状態にどのように対処しているのか。
(2)　女性たちのそうした意味づけや対処方法に、階層差はどのようにあらわれるか。

これらの問題を検討するにあたり、本書は子育てをしながら働く女性 55 名へのインタビューデータを用いる。母親の仕事と育児・家事に関する研究蓄積は膨大にあるが、計量的手法が中心であり、働く母親の経験に肉薄したものは希少である。数少ないインタビュー調査は高学歴世帯に偏る傾向がみられる。本書の特徴は、階層的に異なる背景をもつ女性たちの語りを収集・分析し、女性が働きながら育児をすることのジレンマと多義性を当事者視点から明らかにする点にある。

なお、本書では、研究の目的のために、調査協力者を「母親」ではなく「女性」というカテゴリーを中心に使って表象する。本書は「働く母親」というタイトルを掲げているが、「母親」というアイデンティティを本質主義的に捉えているわけではない。「働く母親」という表現には、「母親」という「存在（being）」に「働く」という「活動（doing）」が付随するというニュアンスがつきまとうため注意が必要である（Garey 1999）。本書は、「女性」だけでなく、「母親」というカテゴリーやアイデンティティも、人びとの活動（doing）の中で社会的に構築されていくという立場にたつ。そして女性たちが、「働く母親」をどのように意味づけ、「母親をする」という活動、即ち母親業を実践しているかに注目する。また、近代家族的な規範を相対化し、愛情の名の下に家事育

児の責任を担わされてきた女性たちの母親役割を問題化し、批判的な考察を試みる。そのため、現実には多様なセクシュアリティやジェンダーのあり方が存在するが、異性愛主義に基づく法律婚のカップルを研究の主な対象とする。

　以下では、「育児・家庭教育」と「仕事（稼得役割）・家事」に研究領域を分類し、それぞれの領域における研究動向を整理したうえで、残された課題を提示する。

Ⅱ　子育てと家庭教育に関する研究動向

　本節では、第Ⅰ部の1章で扱う母親意識、2〜3章で扱う子育てと家庭教育に関する研究動向を整理する。これらのテーマについては膨大な研究蓄積が国内外にみられるが、ここでは主要な研究に対象を絞り、以下のテーマに従って概観する。①母親意識の形成と変容、②子育て・家庭教育と社会階層、③子育て・家庭教育と母親の就業、④子育て・家庭教育における父母の役割分担の4つである。最後に、テーマごとに先行研究に不足する視点と検討すべき課題を提示する。

1.　母親意識の形成と変容

1)　性別役割分業規範・母性イデオロギー・子ども中心主義

　仕事を父親、家事・育児を母親の領域とする性別役割分業は、核家族を基本とする近代家族の特徴とされる（落合 1994）。日本では明治期に「良妻賢母」規範が登場し、都市部の新中間層を中心に、女子中等教育を通じて母性イデオロギーが浸透していった（小山 2002）。母性イデオロギーとは、母親という役割の持つ絶対性や特殊性を強調することで、女性に母親として生きることを促す圧力である。それは、女性自らが就労を含む多様なライフスタイルの可能性を閉ざし、一方で子どもを産み育てることを自身の役割として内面化する作用をもっていた。母親は、子どものためならば献身や自己犠牲を厭わない存在として理想化されていった（小山 2002；大日向 2015）。

　性別役割分業を前提とした母性イデオロギーは、近代家族を構成する「子ど
も中心主義」（落合 1994）と組み合わさることで、一層強化された。子ども中
心主義とは、子育てや教育をする際に、育てる側の親や教師の教育的意図より
も、子どもの意思や人格を重視し、子どもの存在を中心に据えて子育てを行う
考え方のことである（吉田 2016）。20 世紀初頭の欧米では人権意識の高まりや
発達心理学や教育学の発展の過程で、子どもの「自発性」や「主体性」を重視
する流れがつくられ、日本でも大正期には子どもの「純粋無垢」な「子どもら
しさ」を賛美する童心主義（広田 1999）が新中間層の間に浸透した。こうした
子ども観は子どもを中心とした家族関係や家族の営みとも重なり合い、「子ど
も中心主義」として近代家族に浸透していった（石黒 2007）。子ども中心主義
は、親が子どものために尽くすという、「子どものためイデオロギー」（山田
2005）とも重なる。吉田（2016）は、子ども中心主義が、「子育てを行う母親が
育児専従の生活を送る上で、価値のある崇高な動機」（p.26）となるとして、
母性イデオロギーとの強い結びつきを指摘する。

　子どもの欲求や要望に寄り添う育児法は先進国に共通してみられるが（恒
吉・ブーコック 1997；ベネッセ 2017）、夫婦の情緒的絆を重視する欧米諸国と
比較すると、日本では子どもを中心とした家族の関係性が強い。言説レベルで
も実態レベルでも「母子密着」と「父親不在」が顕著に浮かびあがってくる
（広井・小玉 2010）。母子健康手帳副読本などの内容分析を行った品田（2004a）
は、1980 年代に添い寝や添い乳といった日本独自の子育ての風習と、西洋の
近代的子育て法が取り入れられ融合した結果として、子どもの要求に徹底的に
寄り添う「超日本式育児」が形成されたと論じる。また、元橋（2021）は母子
健康手帳と副読本の内容分析から、2000 年代以降は育児者呼称が「親」や
「ふたり」に変化していくことを指摘する。しかし、実際は子どもの状態に対
する母親の認識を手帳に書きこませる契機がふえ、濃密な母子関係や母親の子
育て責任をより強く要請する規範が形成されていることを考察した。以上の研
究は、性別役割分業規範、母性イデオロギー、子ども中心主義が重なり合って、
母親業の負担が近年ますます重くなっている日本社会の特徴を明らかにしてい
る。

　では、当の母親たちは母性イデオロギーをどのように受けとめているのか。

女性の性別役割分業意識についての研究は豊富にあるが、それらは女性のジェンダー意識が時代とともに一部変容していることを示している。1960年代から70年代にかけては社会経済的要請のもとで政府が「三歳児神話」を意図的に強調した時期であり（千田 2011；大日向 2015）、専業主婦の数がピークを迎えて母性イデオロギーの支持層は厚かった。しかし、1990年代半ばには、共働き世帯が専業主婦世帯の数を抜く。25〜39歳の女性を対象に実施した1995年のアンケート調査から、舩橋（2000）は「母親役割意識のうち、あからさまな『母性イデオロギー』は崩れて、手作り幻想も揺らぎ、便利な育児用商品の消費に抵抗がうすれてきている」と分析する（舩橋 2000: 55）。一方で「三歳児神話」、「母親が子どもの勉強を見る義務感」、「子どもを他人に預けることへの抵抗感」は依然として強いことも指摘された。つまり、子どものための自己犠牲を求める母性イデオロギーへの支持は揺らぎつつも、特に子どもの幼少期における世話や、教育に対する母親の責任感は健在であった。

　この結果は、性別役割分業意識の多元性を指摘した大和（1995）の知見と一致する。40代の女性たちへのアンケート分析の結果、女性たちは「男は仕事、女は家事育児」という「性による役割振り分け」は否定したものの、「三歳児神話」や「母性愛」といった母親役割意識については肯定する傾向がみられた。大和は後者を「愛による再生産」意識と呼び、それは性別による役割の固定化を否定する意識と矛盾することなく成立し、女性が愛情をもって家事と育児に専念することを正当化する。また、男性側の意識に注目した小笠原（2009）は、多くの男性は女性が就労することに異論を唱えなくても、自らの稼ぎ手としての役割や、妻の家事・育児の責任者としての役割には固執していると指摘する。これらの研究は、母性イデオロギーが依然として女性を家事・育児へ、男性を仕事へと向かわせる力として働いていることを示している。

　一方で、専業主婦やパートの女性に比べると、常勤の女性で性別役割分業意識が弱まっていることを確認できる。2018年に実施された「第6回全国家庭動向調査」によると、「男は仕事、女は家事育児」については8割近くが否定し、夫も家事育児を担うべきであるという意識が高い。「三歳児神話」への支持率は専業主婦の場合7割なのに対し、常勤では5割と低くなる。母親が働く場合、父親にも子どもの世話としつけ・教育を求め、「両性平等」（舩橋 1998）、

「平等両立」（矢澤・国広・天童 2003）志向が強いことが明らかにされている。

　興味深いのは、「夫や妻は、多少自分のことを犠牲にしても、子どものことを優先すべきだ」という項目への回答である。常勤、パート、自営、専業主婦の間でほとんど支持率に差がなく、職業に関わらず8割を超えている。つまり、働く女性の間でも子ども中心主義は非常に強固に維持されているということである。

　これらの研究からは、働く女性たちが性別役割分業規範を前提とした母性イデオロギーや子ども中心主義に対してどのような意識をもっているかを、より具体的に描き出す必要性が提起される。

2)　「教育する家族」のイデオロギーと母親の教育意識

　母親たちの「愛による再生産」意識が具現化したもののひとつが、家庭教育への関わりである。「家庭教育」は、家庭内における子どもの社会化、しつけを指す営みであると同時に、学校教育の学習面での補完および子どもの地位達成を目的とした親の意識的働きかけを指す（天童・多賀 2016）。こうした家庭教育の萌芽は、大正期の都市中間層（官公吏、医師、教員、会社員など）に見いだされる。広田（1999）によれば、この時期に子どもの「純粋無垢」な状態を賛美する童心主義、しつけを重視する厳格主義、学歴主義の3つが相まって、親が子どもの教育に責任を担うという子育て意識が形成されていった。こうした明確な「教育する意志」にもとづいて、ムラや親族ではなく、親のみが直接教育に携わる「教育する家族」の構築過程については、多くの歴史研究によって明らかにされてきた（沢山 1990；広田 1996、1999；小山 2002；太田・浅井 2012）。

　中間層の母親が積極的に「教育する家族」を形成した背景には、それが家族の再生産戦略であったと同時に、母親たちの自己実現の場にもなったからだという（沢山 1990；小山 2002）。性別役割分業規範が強く、公的領域では不十分な権利しか与えられていなかった多くの母親たちにとっては、子どもは「自分の思い通りにできる唯一の存在」であった。母親たちの間には、封建主義の下での「わが家の子」意識から、「女性の自立をわが子に託す形で実現しようとするわが子意識」への変化がみられ、子どもの教育へのかかわりを通じた母親

の献身が、自己の尊厳の確立と重なって受け入れられていった（沢山 1990: 118）。

　こうした「教育する家族」が日本社会の標準家族となっていくのは、専業主婦が増加して学歴競争が激化した高度経済成長期以降である。この時期は「少なく生んでよく育てる」という規範が広まり、母親たちは一層子育てにまい進するようになった。特に家電の普及によって家事にかける時間が減り、「家事をする母親＝便利な母親」から、子どもの教育にお金と労力をつぎこむ「教育する母親」への移行が進んだとされる（渡辺 1999）。高度経済成長期に育児を経験した女性たちにインタビューした斧出（2019）は、この時期に母親の子どもに対する愛情表現が「手作り」や「教育」という領域で実践されていたことを示し、それは階層に関係なく広まっていったと分析する。この過程で「教育する家族」のイデオロギーが浸透し、現代の日本では親が「人格も学力も」という全方位型の教育関心を強く抱く「教育する家族」が規範化している（広田 1999）。母親たちはしつけや学習の指導だけでなく、子どものジェネラル・マネージャーとして、塾や習いごとなどの「手配と判断と責任を一身に引き受けた存在」になることが社会的に期待されるようになった（広田 1999: 126）。

　こうした「教育する母」の役割規範は、ジェンダー平等が相対的に進んでいるアメリカの社会でも指摘されている。Hays（1998）は母親へのインタビュー調査をもとに、現代アメリカ社会では「徹底した母親業（intensive mothering）」が理想的な子育てモデルとなり、この規範のもとで母親たちが子育てに駆り立てられていることを考察した。「徹底した母親業」は、3つの柱から成る。第一に、生みの母親だけが子どもを常に養育し、その全責任を負う。第二に、母親は専門家を頼りながら育児を行う。第三に、母親は膨大な時間とお金を子どもに費やさねばならない。

　この2番目と3番目の要素は、子どもの教育について顕著に表れる。特に1980年代以降、市場競争と自己責任を基軸とする新自由主義の進行の中で、徹底した母親業の規範がより強化され、母親たちが子どもの教育に熱心になっている（Douglas and Michales 2004；Ennis 2014）。習いごとをはじめ、社会には子どもの教育に関する情報やサービスがあふれている。女性たちは、「母親」という枠の中で子どもの教育や子育て全般に関するさまざまな選択を行い、子

育てのプロフェッショナルになることが推奨される。新自由主義の下で徹底した母親業のイデオロギーが強化されるという状況は、日本社会についてもあてはまるだろう。早期教育が流行し、高学歴父母の間には国・私立の幼稚園や小学校を受験させる志向も強まっている。そうした「お受験」に力を入れるのも主に母親である（望月 2011；小針 2015）。

　このように、高度経済成長期以降に広範に広がった「教育する家族」と徹底した母親業のイデオロギーが、新自由主義のもとで一層苛烈になっていることが先行研究で示されている。こうした状況は、家族間の不平等や、母親の就業とどのように関係するのだろうか。以下で、その領域の先行研究を整理する。

2. 子育て・家庭教育と社会階層

　「教育する家族」を計画し、実現できる家族は経済・文化資本および時間的資源を持つ一部の層に限られることが指摘されている。教育社会学の領域ではバーンスティンの言語コード論（Bernstein 1971＝1981）、ブルデューの文化的再生産論（Bourdieu 1984＝1990）、コールマンの社会関係資本（Coleman 1988）の概念を参照しながら、子育ての階層差とそれが子どもの地位達成に与える影響を検討する研究が蓄積されてきた。ここでは特に、母親役割に注目した研究をとりあげたい。

　階層的視点から家庭生活の内部をつぶさに考察した画期的な研究が、Lareau（2011）によるものである。アメリカの家庭生活をエスノグラフィーの手法を用いて詳細に描写したこの研究では、ミドルクラスと労働者階級・貧困層の子育てが異なることが明らかにされている。すなわち、ミドルクラスの家庭では親が子どもの生活パターンを積極的に組織し、計画的に活動に介入するという「子どもの計画的な能力育成（concerted cultivation）」が行われていたのに対し、労働者階級・貧困層では「子どもの自然な成長の達成（accomplishment of natural growth）」が重視されているという違いが見出された。前者では、親が子どもを様々な習いごとに通わせ、論理的な説明の仕方を日々の会話の中で大切にし、子どもが得をするように学校教師や習いごとのコーチと交渉する。後者では子どもは放任されており、子どもの生活の中心は兄弟や親戚、

近所の子と自由気ままに遊ぶことであった。この文化資本の差異は学校教師による評価の違いを生み出し、前者の家庭に育つ子どもは後者に比べて大学進学や就職を果たす上で有利な立ち位置に立っていた。Lareau はさらに 10 年後に追跡調査を実施し、育てられ方の違いが子どもの地位達成に影響を与え、階層間の不平等が子育てを通じて再生産されていることを明らかにした。

　Lareau はミドルクラスの子育てが学歴社会の中で有利に働く一方で、親にも子どもにも大きな負担をかけると指摘している。労働者・貧困層の子どもが自由に遊ぶ時間のなかで主体性や自立心を培っていたのに対し、ミドルクラスの子どもたちは忙しいスケジュールに振り回されて疲労をためていた。母親もまた、徹底した母親業を実践して子どもの教育に手間暇かけ、特に働いている母親はバーンアウトに近い心理状況であることが報告されている。Ennis（2014）もまた、新自由主義とグローバルな競争を背景に、近年はミドルクラスの女性がより一層徹底した母親業を支持し、実践していると指摘する。これらの研究は、階層戦略としての子育てが、働く女性に大きな負担をかけ、必ずしも子どものウェルビーイングに良い影響をもたらすわけではないことを示唆している。

　以上はアメリカの研究であるが、日本でもまた近年の新自由主義の風潮が子どもの教育に対する家族の責任を一層強調してペアレントクラシーを推し進め、母親たちを子どもの教育に駆り立てる傾向が強化されている（喜多 2012）。特に高学歴の女性ほど子どもの教育への関心が高く、全方位的に子どもの能力を伸ばす必要性を感じ、その結果として家庭教育を通じた格差が生じている（本田 2008）。

　本田（2008）は、アメリカでミドルクラスと低所得・貧困層の子育てを比較した Lareau（2011）の枠組みを援用して、小学生の子どもを持つ母親を対象に階層と子育ての関連をアンケート調査とインタビューから分析している。その結果、高学歴の母親ほど旧来の学力に加え、意欲や創造性、コミュニケーション能力といった「ポスト近代型能力」を育てようと、自らの時間、労力、知識、経済力を総動員していることが明らかになった。一方で、日本ではアメリカほど顕著な子育ての階層差は見られず、「連続的なグラデーションのような「格差」が観察される」ことも指摘されている（p. 230）。ほかの実証研究でも、

高学歴・ホワイトカラー、都市居住の親ほど、所有する経済資本、文化資本、社会関係資本を最大限に活用しながら学業達成に有利なハビトゥスを子どもに継承していることが指摘されている（苅谷ほか 2004；松岡ほか 2014；中村ほか 2018；片岡 2018；石川ほか 2011；荒牧 2019）。

　こうした家庭教育の格差は就学前から形成されていると予想されるが、階層的視点から就学前の家庭教育を扱った研究は未だ少ない。その中で、Yama-moto（2015）や金南・伊佐（2019）は母親が専業主婦/パートで働く家庭を主な対象としたインタビュー調査をもとに、非大卒に比べて大卒の親は就学前から学校教育との接続を意識した計画的な子育てを行っていることを見出した。幼児期の教育はもともと私事性が高いが（濱名 2011）、2000 年代以降は格差社会言説の中で階層下降を回避したいミドルクラスの家族が子どもの早期教育により一層熱心になっている（天童 2013）。これらの研究は、子どもの教育格差を論じる上で、就学前の子育てと家庭教育にもっと焦点を当てて調査を行う必要性を提起している。

3.　子育て・家庭教育と女性の就業

　ペアレントクラシーのもとで強化される母親の子育て・教育責任を、働きながら子育てする女性たちがどのように受けとめ、実践しているかについての研究の蓄積も見られる。以下で整理する研究は、働く女性たちが、就業と家庭教育への責任との間で板挟み状態になることを明らかにしている。

　性別役割分業規範は、個人主義と業績主義が徹底される職場の原理と矛盾を生じさせ、働く母親を板挟み状態にすることがアメリカ社会で指摘されてきた。前出の Hays（1996）は、1980 年代に母親たちにインタビューを実施した結果から、「徹底した母親業」が、自己実現の追求といった現代社会に広く浸透した価値観との間に矛盾を生じさせていることを指摘し、女性の権利侵害や男女不平等の温存になると鋭く批判した。

　また、Hochschild（1997＝2012）は、1990 年代初めに行ったアメリカの大企業に勤務する従業員へのインタビューから、職場の長時間労働によって子どもをケアする時間が奪われ、親が職場の労働時間と家庭の生活時間の狭間で板挟

みになっていることを指摘している。ここでは母親たちが抱えるジレンマとして「時間負債」という概念が登場する。親たちが働いているゆえに家族と一緒に多くの時間を過ごせないという事実は、家族（特に子ども）に対する負い目となって母親たちの葛藤を生んでいることが考察されている。

　Hochschild の研究では母親の教育責任についての言及は少ないが、時間負債は子どもの教育へのかかわりにおいて顕著にあらわれるといえる。たとえば3歳から5歳までの習いごと利用率を家庭のタイプごとに分析した樋田ほか(2009) は、母親が大卒・専業主婦世帯で習いごとの利用率は最も高く（74%）、母親が非大卒・フルタイム世帯で最も低かった（49%）。さらに、就労している母親に比べて専業主婦の方が2つ以上の習いごとを子どもにさせる割合が高く、教育サービスを熱心に利用していた。母親が働く世帯では子どもに割ける時間が限られているため、専業主婦のように平日に習いごとをさせることができず、利用率が減ると推測される。

　この傾向は、小学生を育てる世帯でも同様にみられる。平尾（2004）によれば、進学塾を最も多く利用するのは経済的に余裕のあるフルタイムの母親ではなく専業主婦である。なぜなら、こうしたサービスを享受するためには親子の生活時間と塾の時間をすり合わせてお弁当をつくるといった「母親のより一層のコミットメントが必要」になるからだという。

　日本では専業主婦であることが「教育的望ましさ」として正統的価値を付与されている（喜多 2012）。塾や習いごとにしても、そのサービスを享受するためには月謝を払うだけではなく、親が子どもの活動に自分の予定を合わせ、子どもの送迎、活動への参加、教師やコーチとの話し合いなど、さまざまな仕事をこなさなくてはいけない。とくに子どもが小さい場合は、送迎や付き添いなどが必須であり、親のコミットメントは大きくなりがちだ。しかし、働く母親たちは、専業主婦ほど子どもの教育にコミットする時間や労力を捻出できない。Holloway は（2010＝2014）、学校や塾が親としての責任をすべて果たすように求めてくることに対し、フルタイムの母親たちはそれをこなすための時間が確保できずに自信喪失や不安感に苛まれることを、日本を事例に指摘している。

　以上の研究は、働く女性たちが専業主婦ほど子育てや家庭教育に時間をかけられず、そのために心理的な不安や葛藤を抱えていることを明らかにしている。

こうした家庭教育と母親役割の重視が、女性の就業継続を妨げているという重要な指摘もなされている（Brinton 1993；本田 2005；喜多 2012；品田 2016）。本田（2005）はアンケートの分析から、子どもの地位達成に対する母親たちの強い関心や不安が、就業へのブレーキになっていることを明らかにしている。品田（2016）もまた、教育的役割を果たすことが重要と考える親が、仕事を持たないという選択をする傾向を指摘する。これらの研究は計量的手法を用いているが、女性たちが母親役割や家庭教育をどのように受け止め、そのことが就業意欲に与える影響について、より当事者視点に迫って明らかにする必要があるだろう。

4. 子育てと家庭教育における父母の役割分担

　女性の就業を促進していく上で、父親の育児参加は欠かせない要素である。以下では、子育て全般における父母役割分担に関して先行研究を概観し、続いて家庭教育に焦点化して役割分担を考察した研究を整理する。

1)　子育ての父母分担

　国際調査では日本の父親の家事育児時間の少なさが際立つ結果が示されている。その原因は、時間的余裕仮説、相対的資源仮説、イデオロギー仮説などで説明されている（石井 2013；大和ほか 2008）。時間的余裕仮説では父母それぞれの労働時間の長さの影響が考慮される。相対的資源仮説は、学歴や収入が多い方が家事育児分担を交渉する力をより多く持つことによって、相手の育児分担が増えると説明する。通常は父親が主な稼ぎ手であるため、育児や家事を母親に任せる構造が家庭内でできやすい。イデオロギー仮説は、「男が外で稼ぎ、女は育児・家事を担う」という性別役割分業意識が、父母の不均衡な家事育児分担に影響を与えるとする。この中で、時間的余裕仮説と相対的資源仮説は多くの先行研究によって支持されているが、イデオロギー仮説については支持しない結果も多い。これは、先述のように性別役割分業意識が多元的であり、性による役割の固定化には批判的でも、男性の仕事規範、女性の母親規範は強固に維持され続けてきていることが関連している。

　一方、近年男女共同参画の流れの中で家事や育児に関わる父親が増えてきたといわれる。子育てを「世話・遊び・しつけと教育」の三側面からとらえた大和ら（2008）は、片働きの父親が「遊ぶ」中心の育児意識であるのに対し、共働きの父親は「世話・遊び・しつけと教育」に関わる多面的な育児意識を持っていることを明らかにした。また、妻が高収入でフルタイム就業の場合、公平に家事育児を分担する志向が強いこと、妻がパートの場合は家計の補助役割と家事育児の両方を担う「二重役割」への志向が強くなることも指摘されている（矢澤・国広・天童　2003）。

　日本・フランス・スウェーデンの参加国で「夫婦で育児をしている」と自認する47組の共働きカップルにインタビューをした舩橋（2006）は、夫婦の育児分担を「平等主義タイプ」「役割逆転タイプ」「女性の二重役割タイプ」「男性の二重役割タイプ」の4つの理念型に分類した。フランスやスウェーデンでは、夫婦が平等に家事育児をシェアする「平等主義」タイプや、父親と母親の仕事・家事育児の役割が逆転した「役割逆転タイプ」が多くみられるが、日本では「夫婦で育児をしている」というカップルでも平等な役割分担になりにくいことが考察されている。舩橋はその根底は、「男は活動の主体、女は他者の活動を手助けする存在」とする性別役割分業を含む「ジェンダー秩序」（江原2001）が根強く存在すると指摘している。このジェンダー秩序は家庭教育の父母分担を検討する上でも重要な視点である。

2）　家庭教育の父母分担

　父母の役割分担に関する研究は家事や子どもの世話に焦点化したものが大半で、家庭教育の分担は十分解明されていない。国内の教育社会学の領域では、階層再生産に果たす家庭教育の役割に注目してきたが、父母双方のかかわりを具体的に描いた研究は見当たらない。

　先述のアメリカのLareau（2011）の質的研究では、教育熱心な中流家庭において夫婦の不均衡な家庭教育へのかかわりが描写されている。習い事の送迎、ピアノの発表会の前に子どものズボンをアイロンがけする、クリスマスカードと贈り物を子どもの先生に用意するなど、家庭教育は直接的な子どもへの「教育」だけではなく、それに付随するさまざまな活動を含む。そうした多種多様

な活動を頭の中でスケジュール化し、それを実際に遂行するのは、共働きであっても母親の方であった。子育ての遂行者は母親であり、父親はそれを補佐する役にまわっていたと Lareau は指摘する。

　しかし、多賀（2011）によれば、2000 年頃から父親が子どもの学校選択や受験勉強に積極的に関わることが商業雑誌で喧伝され、格差社会の中で子どもの教育達成に不安を覚えるミドルクラスの父親を惹きつけている。それは性別役割分業体制の中で規範とされた「権威としての父親」の延長線上にある行動とも取れる（杉原 2011）。こうした動向を背景に、西村（2022）は高学歴の父親の間に、労働時間に関わらず積極的に子どもの教育的活動に関わる傾向をアンケート調査から見出している。

　こうした父親の家庭教育への参入と働く母親の増加は、「教育する家族」の分化をもたらしていると予測される。この点について、神原（2004）は父母の役割分担と格差視点を含んだ有用なモデルを提供している。そこで示されるのは①高学歴・高所得の父親と高学歴・専業母から成る“典型的な”〈教育する家族〉、②仕事も家事も子育ても父母で分担・協力するという“脱近代型”〈教育する家族〉、③父親はもっぱら仕事で、母親が仕事と家事と子育てを引き受ける“新・性別役割分業”型〈教育する家族〉、④労働者中心とする低階層の〈教育する意志はある家族〉の分類である。母親が働く場合は②③④の類型が該当するが、こうした類型を実証的に検証した研究は不足している。

　「教育する家族」の分化と格差がどのように生じているか、父母の役割分担に注目して明らかにする必要があるだろう。また、父親の教育参加が、働く母親の経験するジレンマとどのように関連しているかも検討すべき課題である。

5.　残された課題と本書第Ⅰ部で明らかにすること

　以上、先行研究を概観してきたが、本書が注目する「子育てしながら働く女性」という視点から、残された課題について整理する。

　まず第一に、先行研究では、日本社会における性別役割分業規範、母性イデオロギー、子ども中心主義の根深さが明らかにされている。性別役割分業は複雑な構造になっていることが指摘され、「男は仕事、女は家庭」という性によ

る分業については否定的な見解が増えているが、「三歳児神話」に象徴される母性イデオロギーへの支持は依然として高いとされる。ただし、最近の統計調査では、常勤の女性の間で「三歳児神話」は否定するが、子ども中心主義は維持されるという傾向がみられる。これは、母性イデオロギーに対する順応と抵抗の両側面が働く女性の間に見出せるということではないだろうか。この点について、女性たち自身の意識に迫る研究が必要である。

　また、働く女性たちの母親意識や仕事との間の葛藤については研究蓄積がみられるが、彼女たちがどのように就業と母親業の間のジレンマを調整し、緩和をはかっているかという実践を具体的に解明した国内の研究は少ない。海外の研究では、職場の論理と徹底した母親業のイデオロギーの狭間で女性たちがさまざまな戦略を練って板挟み状態を乗り越えようとする様相が、質的調査によって明らかにされている（Hays 1998；Hochschild 1997＝2012；Garey 1999；Christopher 2012）。さらに、戦略の自由度は女性の学歴、職業、収入、人種や、夫の協力によって制約をうけることも指摘されている。こうした研究を参照しつつ、日本の文脈において働く女性たちが編みだす、性別役割分業規範や母性イデオロギーへの抵抗の戦略とその限界を描きだすことが重要である。

　以上の課題を第1章で扱うこととする。

　次に、家庭教育については、新自由主義とペアレントクラシーの下でその重圧と母親への教育責任が高まっていること、そして階層によって異なる意味づけと実践が行われ、不平等の再生産につながっていることが明らかにされてきた。この領域においては3つの課題が見出せる。まず第一に、先行研究では小学校以降の子育てを扱った調査が大半であるが、家庭教育の資源格差はすでに就学前段階から生じている可能性があり、その時期の子育てと家庭教育を取り上げる必要がある。第二に、先行研究の主な調査対象は専業主婦であり、働く女性に焦点化して具体的に家庭教育の様相を描いた研究は管見の限り見当たらない。女性が働く場合は時間的資源の不足が顕著になるので、その際に家庭教育にどのようなバリエーションが見出せるのかを検討する必要がある。今後、働く女性が増えることを考慮しても、就業という変数を入れて家庭教育のあり方を検討することは重要である。第三に、家庭教育が女性の就業にブレーキをかけているという重要な指摘があるが（本田 2005；喜多 2012；品田 2016）、そ

れらは計量的手法を用いて検証されている。どのような家庭教育への意味づけや実践が女性たちの就業意欲を抑制しているかを探ることが課題であり、それに適しているのは質的な調査である。

　以上は、第2章で取り上げることとしたい。

　最後に、家事や子どもの世話に関する夫婦の役割分担については豊富な研究蓄積があるが、家庭教育の分担に関して具体的にその様相を取り上げた研究は希少である。「教育する家族」は、家父長制を反映した権威としての父親像を想定しており、実際に子どもの教育環境を整え、子どもを指導するのは母の役割とされてきた（広田 1999）。研究もまたそうしたイデオロギーの影響下にあり、先行研究では父親ではなく母親の教育的役割に注目するものが多い。しかし、ペアレントクラシーの下では階層の高い父親の教育参加が増えつつあることが指摘されている（多賀 2011；西村 2022）。また、共働き家庭では、母親が父親にしつけ・教育・世話を要請し、実際に父親は多面的に育児に携わる傾向も明らかにされている（大和ら 2008）。家庭教育への父親の参加は、母親の負担を減らしてジレンマの緩和に繋がるほか、子どもに対する教育資源の増強にもなると予測される。このため、父親と母親の両方がどのように交渉して家庭教育を実践しているのか、階層要因に注目しながら検討する余地が残されている。その作業を通じて、「教育する家族」の分化と格差形成が明らかになるだろう。

　第3章ではこの点を扱うことにする。

Ⅲ　仕事と家事に関する研究動向

　本節では、第Ⅱ部の4〜5章で扱う仕事／稼得役割、6章で扱う家事をテーマとして研究動向を概観する。ここでは、とくに本書の目的に関連した研究動向に焦点を当てて検討していきたい。まず①稼得役割、②職業役割、つぎに③家事分担、④家事の認知的側面の順で知見を概観する。最後に、テーマごとに先行研究に不足する視点と検討すべき課題を提示する。

1. 稼得役割

「伝統的な」家族においては男性の成功はいかに優れた「稼ぎ手」（provider role）であるかが決定的であったが（Bernard 1981）、欧米における女性の社会進出により共働きと稼得役割に関わる研究が 1980 年代から大幅に増えた。Nock（2001）は夫婦の経済的貢献が「同等」となる可能性を論じ、"MEDS"（marriages of equally dependent spouses）という造語を用いて夫と妻の稼ぎの割合が 40-59％ へと移行する状態を表した。だが、Hakim（2003）がイギリスとスペインの家族において「主な稼ぎ手（the main earner)」とみなされているのは夫か妻かその両方であるのかを調査したところ、平等な家族を志向する妻でも主な稼ぎ手は夫だとみなす傾向が強く、同等の責任とみなす妻の割合は少ないことが明らかになった。Raley et al.（2006）は、アメリカの共稼ぎ夫婦の実際の収入比に注目し、1970 年と 2001 年を比較分析した。その結果、共稼ぎ夫婦の割合は大幅に増えたが、2001 年においても大半の夫が「主な稼ぎ手」であることが明らかになった。また、妻の学歴が大学卒業以上であると、夫と妻が「同等の稼ぎ手」あるいは妻が「主な稼ぎ手」となる傾向が明らかになった。

　欧米諸国と比較すると、日本は女性の学歴と労働市場参加の関係が緩いといわれている。岩間（2008: 124）は、日本では既婚女性の就業行動に対して学歴が有意な効果を持たず、世帯の経済的地位と家族要因によって規定されることを明らかにした。さらに、90 年代以降の家族は、夫の雇用が不安定化し妻に稼ぎ手としての役割も期待されるようになっているが、夫に安定した雇用や収入がある階層では、経済的理由から妻が就業する必要性は低いと指摘している（岩間 2008: 112）。

　また、筒井（2014: 72-3）は、女性の労働市場への進出と夫の収入の間に負の相関があるという「ダグラス＝有沢の法則」が少なくとも 2002 年からの 10 年間大筋で健在であったことを示した。筒井は「相変わらず女性が自分の労働あるいは所得を男性のそれを補助するものとして意味づけていることがうかがわれる」と述べている。

　しかし、稼得役割をめぐる当事者の意味づけが十分に明らかにされてきたわけではない。小笠原（2005: 165）は女性の「働く行為の意味が看過されてきた」と批判する。家事分担という言葉はあっても家計分担等の表現はあまり聞かれない。家事育児分担に関する研究は多数報告される一方で、家計分担の研究は十分になされてこなかった。既婚女性の有償労働は生計維持というよりは、「家計補助」「職業を通しての自己実現」として解釈されてきたという。三具（2018: 22）も、男性の家事育児参加という役割シフトを主題とした先行研究は豊富にあるが、女性の稼得役割は十分に研究されてこなかったと批判する。

　先行研究が少ない中、小笠原（2005）は共働き夫婦30組（うち大卒以上の妻が29名）を調査し、「生計維持分担意識」という語を用いて分析した。この語は、家計を分担しようとする意志を意味し、就業継続しようとする志向性を伴うものとして用いられている。その結果、一部の妻は生計維持分担意識が高く、その夫は2人がともに就業継続できるよう働き方を調整し、必要に応じて職種や職場を変わったり、育児休業を取得したり、転勤を断ったりしていることがわかった。他方、3分の1強の妻は生計維持分担意識が低く、家庭との両立はもっぱら妻の問題となっていたという。しかし、後の聞き取り調査（小笠原2018）では、既婚女性たちは家計を担う責任について明確に口にするようになっていた。以前は女性が生計維持分担に責任を持つことは例外的であったが、大企業で働く比較的高学歴な女性たちから、共働きを想定して将来のマネープランを立て、夫の会社に万一のことがあれば自分が「大黒柱」になる心の用意があることが語られたという。要するに、大卒・高学歴女性を対象とした先行研究は、生計維持分担意識が高い妻の事例を示したが、女性が生計維持に対して責任を持とうとすることは例外的であった。しかし、最近では両立支援に積極的な大企業に勤める女性の一部に、自らを生計維持の責任者と位置づける状況がみられたのである。

　また、上述した妻の意識には、夫の年収にくわえて、夫の学歴や職業が関わっている。大卒女性の場合、高学歴同類婚の傾向から大卒の夫を持つ割合が高い。岩間（2008: 124）は、女性が高学歴であるほど夫は長時間労働や転勤が多いといった条件におかれ、妻の継続的な就業が難しい面があると指摘している。他方、島（2011）によれば、社会経済的地位がより高い層において、妻の家計

貢献度が高い夫ほど性別役割分業を否定する傾向がより顕著にみられるという。また、小笠原（2005）は生計維持分担意識の高い夫婦は、低い夫婦と異なり、夫が早く仕事を切り上げて帰宅し家事育児を担う等、働き方やライフスタイルが選択となっている事例を示した。

　以上のことから、大卒女性の夫はキャリアに従事し長時間労働等から妻の就業継続が難しくなる側面がある一方で、妻の生計維持分担意識が高ければ、あるいは家計貢献度が高ければ、夫が性別役割分業を否定する傾向や、家事育児を分担する傾向があるといえるだろう。

2.　職業役割

　上記のような生計維持分担をめぐる意識は職業役割と関わっており、夫・妻の役割をどう位置づけるのかで稼ぎ手役割が左右される。つまり、妻が内助の功で夫のキャリアを支える "two-person career"（Papanek 1973）なら夫が大黒柱であるが、夫も妻も働く場合、"dual earner" と "dual career" という語で役割の違いに関する議論がなされてきた（Boye 2014 ほか）。これに関して、松信（1995）が次のように整理している。Dual-earner couple の妻の仕事は「ジョブ（job）」であり、「昇進、権威、報酬に対する機会が限られており、昇進や永年勤務に対する経済的な報酬の増加が契約されていない雇用」である。妻の職業がジョブである場合、家庭内役割の延長として就業し、社会参加や家計補助等のために「収入を得ること」が目的となる。他方、dual-career couple は、夫婦で「キャリア（career）」に従事していることを特徴とする。「キャリア」とは、「特別な教育及びトレーニングが要求される」「ライフワークとして従事され、継続される」「高いレベルでのコミットメントが要求される」職業である。妻のキャリアの重要性から、夫と等しく重要な妻の「職業役割」が創出されるという。松信はこの「職業役割」を、収入を得るという側面を強調する「稼得役割」とは異なり、その職業に従事することの意味に着目する概念として用いており、本書でも同様に用いる。結果として収入を得ることになるが、それ以上に上述のように職業に従事すること自体に重きをおくという「キャリア」の側面を強調する概念である（松信 1995: 48、54）。

　このジョブ／キャリアに注目して、Becker & Moen（1999）は、アメリカのミドルクラスの共働き夫婦が仕事を縮小して（scaling back）、家庭の時間をつくる戦略の１つとして「ジョブ対キャリア」戦略を採り、夫婦の一方がキャリアに従事し主な稼ぎ手として、他方が賃金をもらうためのジョブに従事している状況を明らかにした。この調査の協力者のほぼ全員がキャリアとジョブの違いを理解し認識していた。そして、ジョブ側はキャリア側の転勤等についていく、仕事時間を減らす等の働き方をしていた。またライフステージによって役割を入れ替える「交替」戦略も採られていた。

　日本では松信（1995）が大卒女性を対象に調査を実施し、妻に職業役割が創出されていても、母親役割の強調から逃れているのは、妻が常勤で子どものいない夫婦のみであったことを明らかにした。また、小笠原（2005）の調査では、就業継続へのハードルが高い中で既婚女性が働き続けるうえで、「仕事がおもしろい」「家にこもるより外に出たい」等の非経済的理由が必要であり、「仕事がおもしろくなくなったら辞める」という意識がみられた。これらの先行研究は、男性稼ぎ手型システムの下、子どものいる女性は母親役割が中心で、キャリアの見通しがつきにくかった状況を示した。

　しかし、「子どもができてもずっと就業を続けた方がよい」と答える女性の割合は、2019 年には 64％ へと上昇した（内閣府 2019）。最近の調査（小笠原 2018）では、女性の就業継続が以前ほど特別のことではなくなり、両立支援に積極的な大企業において、就業継続する見通しがより確かになっていた。男性稼ぎ手モデルのリスクが高くなる中で、一部の女性は就業継続へのコミットメントが高く、仕事がとくにおもしろくなくても働き続ける多くの男性のそれに近似する事例がみられた。

　以上に検討してきた先行研究の知見をまとめると、日本では既婚女性の有償労働は生計維持というよりは、家計補助として解釈されてきた。大卒・高学歴女性を対象とした先行研究は、生計維持分担意識が高い妻の事例を示したが、その一方で「仕事がおもしろくなくなったら辞める」という意識もみられた。しかし、男性稼ぎ手モデルのリスクが高くなる中、最近では両立支援に積極的な大企業に勤める女性に、自らを生計維持に関わる責任者と位置づけている事例がみられた。また、このような生計維持分担意識の高い夫婦においては、夫

が性別役割分業を否定する傾向や、妻のキャリアをサポートし家事育児を分担
する状況も明らかにされている。

3.　家事分担

1)　女性に偏る家事負担

　以上に家計の分担について検討してきたが、家事分担はどのような状況にあ
るのだろうか。品田（2007）によれば、1970 年代頃から、欧米諸国と比べて日
本人の家事時間は男女とも短い。とくに有職男性の家事時間は世界最低レベル
であり、日本は諸外国と比べて、女性の家事負担がかなり大きい。「社会生活
基本調査」によれば、6 歳未満の子がいる世帯において、妻の家事時間は、
1996 年の 4 時間 8 分から 2016 年の 3 時間 7 分へと 1 時間以上減少したが、育
児は 2 時間 43 分から 3 時間 45 分と 1 時間以上増えた。調査開始以来、はじめ
て育児時間が家事時間を上回ったという。
　具体的な家事分担割合をみてみると、2018 年実施の『第 6 回全国家庭動向
調査』によれば、家事の分担割合は妻が 83.2%、夫が 16.8% となっている。
妻が常勤（妻の年齢が 60 歳未満）でも、約 6 割の妻が家事の 8 割以上を分担し
ている。妻常勤の家庭で、週 1〜2 回以上の家事をした夫の割合を示した数字
があるが、家事項目別に見ると、ゴミ出し 59.7%、食後の片づけ 54.4%、洗濯
47.7%、日常の買い物 45.8%、風呂洗い 47.5%、炊事 32.5%、部屋の掃除 30.9
% である（国立社会保障・人口問題研究所 2019）。半数以上の夫が週に 1 回以上
ゴミ出しをしているが、妻が常勤でも、食事の片付け、洗濯、買い物、風呂洗
いは 5 割前後で、食事作りと掃除は約 3 割の夫しかやっていない。
　家事の外部化に関しては、炊事では外部化（主に外食と調理食品の利用）が進
んでいるが、洗濯や掃除でははっきりとした動きはみられない。年間世帯収入
の高い（800 万円以上）世帯に限れば、90 年代以降、炊事と掃除の外部化割合
が増えている（永井 2016）。
　このようにもともと短い日本人の家事時間であるが、女性の家事時間はいっ
そう減り、男性は短いままである。家事分担については、高収入世帯に限れば

家事の外部化が以前よりも進みつつあるが、全体として妻に大幅に負担が偏ったままであることは変わりがない。

2)　家事分担の差の要因

　このような夫婦の家事分担の差については、先述の通り、時間に余裕のある方が家事を多く負担するという時間的余裕仮説、そして学歴や収入が少ない方が家事を多く負担するという相対的資源仮説で説明がなされてきた。しかし、筒井・竹内（2016）によれば、これらの説では家事分担を説明し尽くすことはできず、このパズルに対して最も頻繁に呼び出される理論がイデオロギー仮説である。夫と妻で同じだけ時間に余裕があり同じだけ稼いでいても、夫婦間で家事の負担量が異なるのは、「家事は妻がやるものだ」という性別役割態度を夫か妻、あるいは両方が身に着けているからだ、という説明である（筒井・竹内 2016）。また、稲葉（1998: 41）は、家事には性別役割分業意識が強い影響を与えるが、育児に関してはこうしたメカニズムはみあたらないと指摘している。

　意識に関わるアプローチとして、不公平感に注目する研究もある。不破・筒井（2010）らが2002年の国際比較データを分析したところ、性別分業が堅持されている日本のような国では、大半の家庭で妻が多く家事を分担しているため、妻が不公平感を持ちにくいことがわかった。妻が長時間働いていたり、高学歴であったりしても、不公平感を持ちにくいという。つまり、家事分担状況が不公平であるかどうかの感じ方は、属している社会の分担水準が影響するという。

　その一方で、鈴木（2013）は、2012年に実施した調査から、夫の実質的サポートが妻の主観意識に寄与することを明らかにしている。以前は妻の負担感に効果があるのは夫の情緒的サポートだとされていた。しかし、この調査によって、妻の就業の有無にかかわらず、夫の実質的な家事育児分担が、妻の夫婦関係満足度と幸福感を高めることが明らかにされている（鈴木 2013）。2010年代の社会状況もあいまって、日本においても、夫に実質的な家事育児分担を求める意識が女性の間で高まっていることが示唆される。

　また、このような家事の分担や意識は静的なものではなく、動的で変化するものであると舩橋（2006）が指摘している。夫婦の分担はジェンダー秩序のベ

クトルと対抗ベクトルのせめぎ合いのなかで変化するのである。舩橋の議論は家庭での実践や権力関係に焦点を置いているが、山根（2010）が指摘するように、労働市場の構造は家庭の実践を規定する構造でもある。家庭内の権力関係とケア労働の配分は、山根がいう「言説」「経済的資源」「時間資源」など、複数の要因との関連から考察する必要があるだろう。

4.　目に見えない家事

　さらに、女性の家事時間の減少には、目に見えない家事の増加が関連している可能性がある。永井（2016）によれば、家事は、以前は食物の加工や裁縫などのモノを扱うものであったが、ケアのマネジメントやサービスの購入などの情報管理が増えた。このようなタスクは、頭の中で行う目に見えにくい家事、家事の認知的側面だといえる。メディアで「名もなき家事」という語で呼ばれている作業の一部もこれに含まれる。

　柳下（2020）は、これまで量的な家事労働研究では、家事は食事の用意・掃除・洗濯といったタスクに費やす時間の長さや頻度で測定されてきたが、世帯の「マネジメント」（Hochschild 1989＝1990；Mederer 1993）という家事を見過ごしてきたと指摘する。これには、家族のために諸活動のタイミングを調整することも含まれる。実証分析から、子どもを持つことで女性が起床・帰宅・就寝を早くするといったやりくりをすることが示唆されている（柳下 2020）。

　そして、「マネジメント」に似た概念として、「感覚的活動（sentient activity）」「感情労働」「cognitive labor」があげられる。「感覚的活動」は、イギリスの社会学者ジェニファー・メイソンが提出した用語であり、平山（2017a）が「感覚的活動」と訳して検討を行っている。平山によれば、「感覚的活動」とは、ケアが成り立つために必要な「感知すること」「思考すること」といった営為のことである。そこには、他者の状態を注視したり、今何が必要か見定めたりすることである。また、他者の生活・生存を支えるために、その他者の社会関係について思慮することも含めている。メイソンはこの感覚的活動の意義を示している例として、子どもや他の家族に食事を提供することをテーマとした DeVault（1991）の研究をあげている。また平山によれば、1990 年代の半

ばに提出されたメイソンの論考は、「労働」と「感情」という側面からなると概念化されたケアを批判的に検討するためのものだという。労働と感情という二分法では、他者の生活と生存を支えるための活動の一部が不可視化されてしまうからである（平山 2017a）。

その一方で、アメリカの社会学者たちは、「労働」という語を用いて、家事の認知的側面を考察している。Hochschild（1989＝1990）の「感情労働」はよく知られているが、最近では cognitive labor と呼ばれる概念が注目を集めている。これは、アメリカの社会学者 Daminger（2019）が用いた概念であり、「ニーズの予測」「ニーズを満たすための選択肢の識別」「選択肢の中からの決断」「結果のモニタリング」といった作業からなる労働として定義されている。Daminger は、極めて高学歴・高階層の白人カップルを対象にして質的調査を実施し、女性の方が cognitive labor を多くしていること、とくに時間的・心理的に負担の多い「ニーズの予測」「結果のモニタリング」を行っていることを明らかにした。柳田（2022）は、cognitive labor は極めて合理的、効率的な一方向に定式化されたものである一方で、感覚的活動は個別のケア関係ごとのケアニーズの思考過程の異なりに着目する概念だと指摘している。

このように、日本でも欧米でも、おそらく家事における情報の管理が増えたことが影響し、家事の認知的側面が注目され始めた。今後実証研究によってこれらの概念や理論が精緻化される必要があるだろう。

5.　残された課題と本書第Ⅱ部で明らかにすること

以上の先行研究を基に、まず4・5章で扱う課題と明らかにすることを述べる。先に検討したように、生計維持分担意識や職業の意味づけに関する知見は、四年制大学卒以上の女性が主な対象の調査によるものであった。中学校・高校・専門学校・短大等を卒業した女性（以下、非大卒女性と呼称）の意味づけについては十分明らかになっていない。そしてそれは、大卒女性とは異なる可能性がある。というのも、学歴でみた配偶者の同質性から非大卒女性の夫には非大卒者がより多く含まれるため、夫の収入が比較的低い。真鍋（2004）は、2000 年の時点では、主にパートタイマーとして働く高卒女性と、夫の収入が

高ければ働かない大卒女性という状況があったと指摘している。つまり、夫の収入が相対的に低い非大卒女性は経済的理由で就労せざるを得ない状況がある。岩間（2008: 112）は、格差が拡大する中で女性に稼得役割も新たに期待されていると指摘しており、夫の収入が低い層の女性には、稼ぎ手になろうとする傾向がより強くみられるかもしれない。その際、非大卒層の人的資本の相対的な低さはどう影響するのだろうか。

　また、非大卒女性の間にも違いがあると予想される。西村（2014: 93-94）は、1960〜70年代生まれの女性の出産前から出産年までの就業継続に関して、学歴取得そのものが女性の就業を促進するというよりは、「就業継続できる仕事に就けるかどうか」に効果をもつと指摘する。学校や病院等の資格を伴うがゆえに雇用が比較的安定的な職種に就く人のみが出産後に働き続けられたという。したがって、資格取得が可能な学校歴か否かで職業の捉え方が異なるだろう。さらに多喜（2019）は、既婚女性の就業に及ぼす学歴の影響について、これまで「ほとんど検討されてこなかった」専門学校学歴に注目して検討を行い、専門学校は高校よりも就業を促す効果が強いこと明らかにしている。多喜によると実証研究ではほとんどの場合、専門学校学歴はいわゆる1条校でないことをもって高校卒相当とみなされるか、もしくは2年の修学年限をもって短大と同等の扱いをうけてきたが、教育年数に還元できない違いがあるという。そうであれば、専門卒女性は高卒女性よりもキャリア志向になりやすいと推測される。

　さらに、家事育児分担が、稼ぐこと、働くことの意味づけと互いに関連しあっていると推測される。夫婦の家事育児分担の説明には、時間に余裕のある方が家事育児を負担するという時間的余裕説、そして稼ぎが少ない方が多く負担するという相対的資源説が用いられてきた。しかし、日本では妻の収入が高くても家事分担が妻に偏っている状況がある（不破 2016）。そうであれば、夫の稼ぎの方が多いので妻が家事育児を多く負担するというよりも、妻が家事を多く負担せざるをえないような夫との関係があるために妻はキャリアを積めず稼ぎが少ないという可能性があるだろう。同様に、妻の方が時間的余裕を持つから家事育児を多く負担するというよりも、妻が家事育児を多く分担しなければいけないような夫との関係があって、家事育児のために時間を絞り出している可能性があるだろう。一見、時間や収入が説明要因にみえる場合でも、上記の

ように逆の関係も想定できる。女性たちの稼ぐこと、働くことをめぐる意味づけは、家事育児分担とどのように影響しあっているのだろうか。この点についても、質的調査の利点を生かして詳しく分析したい。

　以上のことから、4・5章ではまず、育児期に就業する女性の稼得役割および職業役割をめぐる意味づけを明らかにしようと試みる。5章では、とくに多喜（2019）が指摘した専門学校卒と高校卒の差に注目し分析を行う。その際、先行研究で用いられた「生計維持分担意識」（小笠原 2005、2018）および「ジョブ／キャリア」（松信 1995；Becker & Moen 1999 ほか）の分析枠組みを用いる。さらに、これらの意味づけに夫との関係や家事育児分担がどのように影響しているのかについても考察する。4・5章では、問いとして、「育児期に就業する女性たちはどのような生計維持分担を意味づけているのか」「ジョブ／キャリアの観点から、どのように自分の職業を捉えているのか」を設定し、明らかにしたい。

　次に、6章で扱う課題と明らかにすることを述べる。先行研究では、家事の認知的側面をよく表す作業として食事の用意があげられている。そこで、この研究テーマで「古典」とされる DeVault（1991）の研究を基に、日本の家族における食事の用意について考察したい。DeVault の研究では、食事の用意が女性の責任となる状況に関して、詳細な分析が行われた。そして、妻が食事の用意のとき夫の好みを優先し、夫の様々な要求を満たそうと努力する傾向がみられた。夫がいないときの食事は、簡単な食事になるという事例もあった。夫が満足する食事を作ることを通して、女性としてのアイデンティティ、良好な夫婦関係、および妻の従属的な立場が作られ維持されるということが明らかにされている（Charles and Kerr 1988: 64；DeVault 1991: 146、161）。

　しかし日本の場合、女性が食事の用意をするうえで、欧米の先行研究が指摘した夫の要求よりも、子どもとの関係が重視されると推測される。Allison（1991）はお弁当作りと母親役割の結びつきを指摘している。また、野田（2015）による調査では、「弁当作りを通じて愛情を伝えたいか」という質問に対して、未就学児または小学生の弁当を毎日作る女性ほど肯定する割合が高く、「弁当＝愛情」意識が強いことが示されている。他方、夫の弁当を毎日作る女性は弁当と愛情との関係を否定する傾向が強かった。要するに、弁当作りに関

しては、妻役割よりも母親役割を重視する傾向が示されている。そこで本調査では、弁当という外に持ち出す食事の知見を踏まえ、家庭内での食事に関して誰のためにどのような役割を果たそうと思案し、食事の用意を意味づけているのかを検討する。

Ⅳ　調査の方法とデータ

　2016 年から 2020 年にかけて、0～6 歳までの未就学児が少なくとも 1 人いる、首都圏在住の 20 代から 40 代の母親 55 名に対して半構造化インタビューを複数回行った。協力者は、平均世帯年収が 600～700 万円の 2 自治体、500～600 万円の 1 自治体、400～500 万円の 2 自治体で複数の保育所を拠点に雪だるま式に募集し、学歴や職業の多様性確保に努めた。学歴別では、四大卒以上が 32 名、短大卒が 4 名、専門卒が 11 名、高卒が 8 名である。先行研究の質的調査も対象者が大卒に偏っているが、本調査でも非大卒者は調査へのインセンティブが少なく、複数の保育所を渡り歩いてリクルートに努力を重ねた。

　母親および父親の学歴、職業、就業形態については、大卒の母親は正規雇用の専門職か会社員、専門卒は正規雇用の専門職、高卒で非正規雇用が多い。大卒の母親の大多数の夫は大卒で専門職か会社員である。非大卒の母親の 3 分の 2 は夫が非大卒であり、製造作業員や建設作業員、整備工などブルーワーカーが多い。

　協力者へのインタビューは著者 2 名が分担して行った。協力者には調査趣旨を説明し、データは学術目的以外には使用しないことを伝えた上で協力の承諾を得ている。協力者の自宅か、自宅近辺の店で実施し、研究者 2 名が共同で作成したインタビュー・ガイドに沿って 1 回につき 1～3 時間に亘って質問をした。質問項目は、生い立ち、教育歴、職歴、家事育児と就労の状況、父親との分担、子育て観、平日と週末の過ごし方、家庭教育の内容、母役割意識、キャリア意識、仕事や子育ての不安など、仕事と育児に関わる事項を網羅した。

　録音したデータはすべて文字に起こした。分析に際してはグラウンデッド・セオリー・アプローチ（Glaser and Strauss 1967＝1996；Emerson et al. 1995＝1998）を参照し、MAX-QDA のソフトウェアを用いてまずオープン・コーデ

ィングを行った。コードと先行研究を往還する過程でリサーチ・クエスチョン
を明確化し、カテゴリーを抽出しながらストーリーを組み立てていった。

　以上、ここでは方法論の概要を述べたが、より詳細な内容は補章に記した。
なお、本研究は東京大学倫理審査専門委員会に申請し、承認を受けている。調
査協力者の匿名性に配慮して、本書に登場する名前はすべて仮名である。

V　本書の構成

　本章は二部構成になっている。第Ⅰ部（1〜3章）では、主に育児・家庭教育
に注目して、母親業と仕事の間のジレンマを考察する。第Ⅱ部（4〜6章）では、
稼得役割と職業役割をめぐる意味づけ、および家事を主題に考察する。チー
ム・エスノグラフィーで収集した同じデータを用い、第Ⅰ部と第Ⅱ部は異なる
筆者が執筆を担当する（詳しくは補章を参照）。

　第1章では、育児期に就業する女性たちの母親意識と時間負債（Hochschild
1997＝2012）に注目し、彼女たちが葛藤しながらも、母親業と仕事を「織り合
わせる」（Garey 1999）さまざまな戦略を編み出していることを示す。この作
業を通じて、先行研究で指摘されてきた性別役割分業意識や子ども中心主義に
対する女性たちの順応と抵抗について考察する。女性たちが「働く母親」を肯
定的な存在として語り、実践していく上で、保育所がもつ意義を考察するとと
もに、階層とジェンダーによる戦略の限界についても明らかにする。

　第2章では、女性たちの家庭教育への意味づけとかかわり方に焦点を当て、
就業意欲との関係について分析する。「親が導く子育て」と「子どもに任せる
子育て」の2つの理念型が見出されたことを示し、ペアレントクラシーのもと
ではさまざまなコストがかかる前者の子育てが強い規範となっていることを示
す。こうした子育てのありかたが働く女性の就業意欲やジレンマにもたらす影
響について考察する。

　第3章では、家庭教育に父親がどのようにかかわるのかに注目して、「親が
導く子育て」と「子どもに任せる子育て」の分類をさらに掘り下げて考察する。
父親の育児参加については、父親が母親と協働するパターンと、父親がほとん
ど関与せず家庭教育が母親に偏るパターンに分類でき、その違いがどのように

階層と関連しているかを考察する。こうした父親の育児参加の違いが、働く女性のジレンマや、子どもの生育環境に与える影響を分析し、共働き世帯において「教育する家族」の分化と格差が生じていることを明らかにする。

　第4章と5章では、育児期に就業する女性たちが稼得役割と職業役割をどのように意味づけているのかを考察する。第4章では大卒女性、第5章では非大卒女性に焦点をあて、階層に着目しつつ分析する。第4章では、大卒女性たちが、夫と同等の稼ぎ手となろうとしている状況を示す。しかし、正規雇用で働く大卒カップルでも、大半のケースで家事育児分担は妻に偏っており、「女性活躍」が推進される中、いまだ平等な夫婦関係が達成されているとはいえない状況を明らかにする。

　第5章では、これまで「家計補助」のため働いているとみなされてきた非大卒女性のうち、とくに専門卒女性には、生計維持分担意識が高い傾向があることを明らかにする。さらに、経済的に恵まれた大卒女性と、非大卒層の女性たちの間で異なるリアリティについて、詳細な記述を試みる。非大卒層の女性たちが、厳しい雇用や職場環境、極めて不平等な家事育児分担、妻の仕事に対する夫のサポートの欠如などの要因によって、本人の生計維持分担意識が高くキャリア志向があっても、仕事で「活躍」することが難しい状況に置かれている現状を明らかにする。

　第6章では、女性の社会進出が進んでも圧倒的に女性が食事を手作りしている現状において、育児期に働く女性たちがどのように食事の用意を意味づけているのか、階層化により女性の間でどのような差がみられるのかを考察する。その際、家庭の食卓の写真を用いて分析する。そして、女性たちが「子ども中心主義」から、食事の用意に妻役割ではなく母親役割を見出していることを明らかにする。また、手作り規範の相対化にも、その対処戦略にも階層差が見出された点について考察する。

　終章では、第Ⅰ・Ⅱ部で明らかにしたことをまとめ、本研究から導きだせる理論的・政策的示唆を論じる。

第 I 部
育児・家庭教育

第1章　母親意識と時間負債
──母親業と仕事を織り合わせる

1.　はじめに

　「男性は外で働き、女性は家事育児に専念するべきである」という性別による固定的な役割分業意識は近年弱まる傾向にあるものの、子どもの世話や教育に対する母親の責任感は依然として強いと指摘される（大和 1995；江原 2000；舩橋 2000；品田 2010）。たとえば、「三歳までは母親が子どもを育てた方がいい」という「三歳児神話」については、厚生省が平成 10 年版の白書で合理的根拠がないことを提示しているが、この神話の支持率は依然として高い。『全国家庭動向基本調査』によれば、有配偶女性による三歳児神話の支持率は 1993 年には 89.1% で、2018 年には 71.2% と下がってはいるものの、今も 7 割を超えている状況である。ただし、雇用形態別に見ると、正規雇用で支持率が 51.6%、パートで 68.1%、自営業で 73.2% と、家庭の外で就労する女性の間で「三歳児神話」の支持率は低くなっている。ここからは、働く女性たちは、これまでの母親規範にとらわれずに、仕事と並行して母親業を遂行している可能性が示唆される。

　本章では、働きながら子育てする女性たちが、母親であることにどのような意味づけをし、母親業と仕事のダブルシフトをこなしていく上でのジレンマとどのように対峙しているかを明らかにする。欧米の先行研究では、働きながら子育てする女性たちを「仕事志向」か「家庭志向」かに分類して把握する枠組みが多く使われてきた（Gerson 1985）。しかし、Garey（1999）はこの分析枠組みの問題点を、「女性たちが家族にも仕事にも従事していることの統合性や連続性を見失っている」（p. 7）と指摘し、代わりに、仕事と育児を「織り合わせる（weaving）」という枠組みを提案する。問われるのは、女性たちがどのように仕事と育児を織り合わせる戦略を行使し、「労働者である」と同時に「母親

である」ことに折り合いをつけているのかということである。Garey は、女性たちが仕事や母親業に関する支配的な価値規範との相互作用の中で、「母親業を実践する（doing motherhood）」過程に注目している[3]。

　本章では、仕事と育児を「織り合わせる」という Garey の枠組みを援用しながら、55 名へのインタビューをもとに下の問いを検討する。

(1)　働きながら子育てする女性たちは、どのような母親意識をもっているのか。

(2)　彼女たちは日常生活の中で母親業と仕事をどのように織り合わせているのか。

(3)　母親業と仕事の織り合わせに関して、保育制度はどのような役割を果たしているのか。

　各問いでは、ジェンダー秩序[4]と階層による影響と制約にも注目する。女性たちが仕事と母親業を織り合わせる戦略を通じて、「働く母親」を肯定的な存在として語り、体現しようとしていることを、ジェンダーと階層による限界を含めて明らかにする。

2.　女性たちの母親意識と時間負債

1)　子育てする女性たちを拘束する母親規範

　Hochschild（1997＝2012）は「時間負債」という概念を用いて、子育て中の働く女性たちが、仕事をしているために子どもと一緒に過ごす時間が限られてしまう負債を負っている説明する（p. 33）。Hochschild によれば、子どもは母親ともっと一緒に過ごす時間が欲しいと願い、大抵の母親もそう願っている。母親は「そこから生じるストレスと緊張の埋め合わせをするという感情的な汚れ仕事」を増幅させていき、「子どもの抵抗と自分自身の苛立ちをなだめる」という「感情労働」に携わることが指摘されている（p. 89）。

　今回の調査協力者の女性たちについても、時間負債と感情労働の語りがさま

ざまな形で吐露された。下記のインタビューの引用にみられるように、小さい
うちから保育所に預けてしまうことや、子どもの日々の成長を間近で見守れな
いこと、子どもと向き合う余裕が十分にないことについて、女性たちからは後
ろめたさが語られた。

　　ももかさん：やっぱり子どもは親子の関係で育つと思うから、その親子の
　　関係が一番。その次に保育園があって、他者の関係性があるから、ずーっ
　　と預けているのはやっぱりちょっとかわいそうというか。（4 歳、6 歳/団
　　体職員/大卒⁽⁵⁾）

　　うららさん：やっぱり専業主婦で関わっていれば、もっと子どもとの時間
　　って多く持てるでしょうし、だけど、やっぱり働きたいって気持ちもある
　　から、どちらかというと悪いなって。子どもに対して悪いなって思いなが
　　ら、ただ結果、自分に甘くて寝ちゃうんだけど。もっとやってあげたいな
　　と思いながらなので。（3、5 歳/介護士/高卒）

　　あいさん：足りないところは一杯あるなと思ってて。もうちょっと一緒に
　　遊んであげたいなと思いつつも、やっぱり何かついつい家のことやっちゃ
　　ったりとか。本人の言い訳かわかんないんですけど、朝になると「今日休
　　みたい」とか「ママと遊びたい」とか。それはほんとかはわからないんで
　　すけど、言われたりとか。「ちょっと早くお迎えに来てね」とか。「したら
　　一緒に遊べるから」みたいなことはたまに言われるので、なんかほんとは
　　もうちょっと平日とか遊んであげるといいのかなとは思うんですけど。
　　（5 歳/派遣社員/高卒）

　こうした時間負債の語りは、子どもが病気になったり、発達上の不安があっ
たりする場合に強く表れた。たとえば、子どもに吃音が出たというようこさん
は、その原因は自分が仕事をしていて子どもを十分ケアできていないためでは
ないかと自問している。

　ようこさん：やっぱ（子どもは）さみしいとかは言いますよね。子どもが、2歳、3歳になる前かぐらいに、ちょっと吃音っぽくなっちゃって（……）もう、「あのあのあの、あのあのあの」みたいになって、それは何か影響してんのかな、さみしいとかそういうのが影響あんのかなと思って。そういうところでやっぱ子どもに何か、見えない何かの影響与えてるのかなっていうので、ちょっと私自身神経質になりましたね。（4、8歳/会社員/大卒）

　ともこさんもまた、子どもを小さいうちから保育所に預けることに強い抵抗感を抱いていて、次のように語った。

　ともこさん：こんなに無垢（むく）でちっちゃい子を保育園に預ける。親がいない環境で朝から晩まで見てもらって、それを引き上げてくる。鬼じゃないかと思って。なので、ちょっと保育園（に預けること）を考えちゃったんですね。（2、6歳/会社員/短大卒）

　保育所に通わせるうちにともこさんの抵抗感は徐々に薄れていったが、やがて子どもの発達に気になる点が出てきたという。彼女は、自分が時間を子どもにかけられず、「愛情が足りなかった」ために、子どもに影響が出ているのではないかという思いを抱くようになっていた。⁽⁶⁾

　ともこさん：ちょっと愛情が足りてなかったのかなとか、親が働いてるせいでとか、いろいろ考えたりはしてますね、やっぱり。
　　――そういうふうに思います？　愛情足りなかったのかなって。
　ともこさん：もうちょっとゆっくり、横に座って。2人きりで勉強見てあげたりとか、何か教えてあげるでも、ながらで教えてあげるんじゃなく、じっくりちゃんと向き合ってやってるんだろうなって、専業主婦のお母さんとかはですね。そう考えると、ひどい親だよなと思いますけどね。

　このような語りからは、親は子どもの主体性を大切にして、子どもに寄り添

いながら、愛情かけてケアすべきだという子ども中心主義を内包する母親規範を女性たちが意識していることがわかる。この時、子どもと過ごす時間の長さが、愛情の深さの物差しとして用いられている。働いているために子どもに時間をかけられないことは、「愛情不足」になりがちと考えられ、ともこさんのように、自分を「ひどい親」「鬼か」と責める言葉も出てくる。

　さらに、子どものためを思い、子どもを生活の中心に据える子ども中心主義は、とりわけ「母親に特有の性質」として捉えられ、母親規範との結びつきを強固なものにしていた。ほなみさんは、「子どもが絶対的に優先という母親の心理」は、父親にはないものとして次のように話した。

　　ほなみさん：母親は自分を犠牲にしても子どもを守りたいというか、でも自分は好きなことできなくても、子どもに自分を捧げたいと思うんですけど、男の人ってそこをうまくやるというか。自分もテレビ見ながら適当に関わったりすることもできる。私の場合は変な話、子どもとの時間です、みたいなふうに割りきって子どもと関わるんですよね。そういった意味では違うかな。例えば自分の好きなものがあっても、子どもが好きだったらっていうふうになるけど、男の人は自分も好きだから自分のものは自分でとってみたいな感じで。自分の身を削るっていうことはあんまりしないかな。そういった意味で母親は身を削るっていうのが多いのかなって。（0、2、4歳/小学校教員/大卒）

　ほなみさんが発した「自分を犠牲にする」「捧げる」「自分の身を削る」といった言葉は他の協力者から聞くことがなかったが、子どもを自分の生活の中心に置いてケアするという意識は、大半の女性から共通して聞かれた。そして、父親には趣味の時間があるが、母親たち自身は自分が好きなことをする時間は出産後ほとんどないという語りも頻繁に表れた。ここからは、「父親とは異なる母親の特殊性」を強調する母性イデオロギー（舟橋 2000；大日向 2015）の浸透がみられる。

　なお、少数ではあるが、4名の女性は、子どもに対する時間負債の意識はほとんどなく、仕事が大好きなので可能であればもっと仕事に時間を割きたいと

話した。たとえば、ずっと派遣社員として働いてきたてるみさんは、明確に子ども中心主義から距離を取る発言をした。彼女は専門学校卒業後、ずっと派遣社員として働いてきたが、出産後に念願かなって人材紹介会社の正社員として働くことになった。子どもを一番に考えたほうがいいという考えについては、「それは全く思ってなくて、思っていない。」と回答した。彼女は「自己啓発も含めた仕事もしたい」と意欲を示し、「若干内緒なんですけど」と言い添えたうえで、土曜日に子どもを保育所に預けて「リフレッシュしてる」ことを打ち明けた。母親であることについては、「どっちかといえば意識しない」と言い、「ママっていうポジションも増えたなっていう、そういう感じですかね、ポジションじゃないけど。そういう肩書が増えた感じですね。」と、母親であることは複数ある自己アイデンティティの1つに過ぎないことを語った。

　しかし、今回の協力者の中で、てるみさんのように母親規範を相対化し、自分の意識を仕事や自己啓発に傾けていた女性は4名に限られた。その女性たちも、母性イデオロギーに対抗して仕事にまい進することの困難を経験している。てるみさんは、母親業よりも自分の仕事を優先することが「できない環境にある」現状を恨めしく思っていた。「日本はベビーシッター文化もあんまりないじゃないですか」と語り、自治体や企業が福祉を充実させてベビーシッターを安価で雇えるようになることを希望していた。

　このように、母性イデオロギーの強い影響のもとで、育児よりも仕事に時間をかけたい女性たちの就業意欲は挫かれている。そして、大半の女性は大きな疑問を抱かずに子ども中心主義を受け入れ、母親意識を強く持っていた。

　では、女性たちに共有される母親意識と子ども中心主義は、どのような過程でうえつけられていったのだろうか。ひとつは生育環境の影響が考えられる。専業主婦の母親に育てられた女性たちには、家に帰れば母親がいてくれた自分の経験と比較して母親が働くことによる子どもへの弊害を語る傾向がみられた。

　もうひとつは、成人してからの周囲の環境である。自分や夫の両親、職場の人々、あるいは専業主婦のママ友の言動を通じて、母親規範の圧力を感じていた女性たちが多くいた。たとえば、すみれさんは自分と夫の両方の親から、「子どもがかわいそうだから3歳までは家で見て」と「周りに説得されて」、子どもを保育所に通わせられなかったと話す。また、ぬのえさんは専業主婦の友

人から次のように言われて傷ついたと話す。

> ぬのえさん：「保育園行かせるなんてかわいそう」って言われて。「そんなかわいそうなことは、うちはさせない」みたいな。「かわいそう」って言われたのがすごい残ってますね。（5歳/看護師/短大卒）

女性たちは職場でも母親規範の圧力を感じていた。のぞみさんは、女性が多い職場であっても、母親を「子ども中心」に向かわせる「全体的な雰囲気」があると語る。

> のぞみさん：否が応でも、例えば仕事でも子どもが中心だからね、今は。仕事をまかす、まかさないに対しても、そういうふうな視線っていうか、全体的な雰囲気はあるよね、仕事場のね。じゃあ、かといって自分が「そうじゃない、仕事をやってください、普通の人と同じにやってください」って言われるとできないわけだから。時間的にも、物理的にも。だから、仕方ないのかなっていうところはある。（3歳/保健医療従事者/大卒）

こうした女性たちの語りからは、女性の就労が推奨され、その数が増えている現在でも母親規範が根強く社会において維持されていることがわかる。そして、親、友人、職場の人々のなにげない言動が、子育てする女性たちの意識と行動を「子どもとの時間」に向けさせる力として作用している。

2) 就業のリアリティを反映した「三歳児神話」の否定

調査協力者の女性たちは、子ども中心に生活を考えようとしていたが、伝統的な母親規範をすべて受け入れていたわけではない。全員が「子どもが三歳までは母親の手で育てた方がよい」という「三歳児神話」に対しては懐疑的あるいは否定的な見解を示した。

女性たちの「三歳児神話」への反論は4つに分けられる。それらは彼女たちが就業しているリアリティを参照点にしながら語られた。

第一に、共働きの核家族の方が多くなる中で、時代錯誤的な考え方であると

いう意見が聞かれた。

　　すみれさん：昔みたいに親がいて周りにも子どもがいっぱいいて、3歳ま
　　でみんなで一緒に育てるのだったらいいけど、今の状況で誰もいない状況
　　で、1人で3歳まで。絶対自分がおかしくなっちゃう。(0、6歳/看護師/
　　専門卒)

　子どもが小さいうちは母親がそばにいるべきという考えは、彼女たちが居住
する都市の現状に合ってないという見解である。
　第二に、母親も働かないと生活していけない状況の中で、「三歳児神話なん
て言ってられない」という憤りが表明された。5歳の子ども2人を育てて、高
卒後はアパレル会社で服飾技術職に就くことえさんに「三歳児神話」について
尋ねると、苛立ちを隠さず次のように語った。

　　ことえさん：じゃあ代わりにお金ちょうだいって思いますよね。全然言っ
　　てくれていいんですよ、3歳までみてあげなさいよって。「じゃあ3歳ま
　　での給料くれる？」って思うんですよ。「くれるならみますよ」って。そ
　　れだけです。(5、5歳/会社員/専門卒)

　ことえさんはキャリア志向だが、むしろこうした語りは、経済的に厳しく、
お金のために働いているという女性たちから聞かれた。第4・5章では女性た
ちの仕事への意味づけを「キャリア」と「ジョブ」に分類しているが(松信
1995)、家計補助のためのジョブとして仕事を意味づける後者の母親たちから
は、「三歳児神話」を実践できる経済状況にないことが指摘された。
　第三に、キャリア志向を持つ女性たちからは、「やりたいこと」を妨げる言
説として「三歳児神話」が批判された。小学校教員を務めるほなみさんは、専
業主婦であった母親の影響もあり、「良い母親」になろうとする意識が強い。
そのため時間負債の葛藤を強く感じている。しかし、「三歳児神話」について
尋ねると、「仕事をやめることはちょっと考えられない」として神話を否定し、
次のように続けた。

ほなみさん：母親が専業主婦っていう形で、母親がずっと一緒にいて。私なんか本当に勉強も全部母親に教えてもらったような感じで。結構なんでも早め早めにやってたタイプなんですけど、それを考えるとやっぱり一緒にいたほうがいいなとも思うんですけど。でもやっぱり仕事をしてる自分も自分の一部っていうか、仕事をやめるっていうのはちょっと考えられないというか。やっぱり仕事も楽しいので仕事もしたい。（0、2、4歳/小学校教員/大卒）

最後に、最も多かった意見として、育児に専念しすぎると母親の側にはストレスが溜まりすぎることや子離れできなくなること、親子関係に軋轢が生まれることなどが語られた。これは、「仕事が好き」と話す女性たちから特に強調された。たとえば、「仕事をバリバリやりたい」と話すわかなさんは、夫の転勤のために自身の仕事をやめざるをえなかった。転居先では多忙な夫を当てにできず、乳児の世話と家事を自分がすべて引き受けていたために激しい育児不安に襲われ、「心のバランスが崩れそう」になったと話す。しかし、契約社員の仕事が見つかり、子どもを保育所に預けられたことで、「元気になっていった」と語る。

わかなさん：絶対仕事のほうが楽なので。仕事に行って、大人と会話をして、平常心を保っているというか、人と会話をできたみたいな、ちょっと仕事が息抜きじゃないけど、そういう面も、やっぱり（子どもが）小さい頃はあったので。（5、5歳/契約社員/大卒）

仕事をしていることが母親のメンタルに良いという語りは、専業主婦願望をもつ女性たちからも聞いた。たとえば、福祉施設で働くさえさんは育休に入った後はそのまま専業主婦になりたいと思っていたが、夫婦の収入をみて「あ、だめだ、生活できないんだ」と思った。そして、実際に子育てしながら働きだしてみると、「いいバランス」になっていることに気づいたという。

さえさん：ママ的にも多分365日一緒にいないから。（子どもと）一緒に

いてみたいって、専業主婦になりたいって言ってるけど、実際ずっと一緒ってきついだろうなって思うんですよね。朝から晩まで、何かずっと子どもと一緒っていうのは、多分、苦しいと思う。(3、5 歳/福祉士/専門卒)

このように、母親規範を強く内面化する女性たちの間でも、就労を「心のバランスにとっていい」「むしろ育児にゆとりが出る」と肯定的に捉え、「三歳児神話」を否定する語りがみられた。女性たちは、「母親業もしながら仕事もする」という自らの状況を正当化する語りを紡ぎ出し、三歳児神話に抗っていた。彼女たちは、伝統的な性別役割分業を鵜呑みにしているわけではなく、子どもを中心に据えながら、就業のリアリティと母親業をすり合わせようと画策していた。つまり、Garey (1999) が示したように、女性たちは、「母親業か仕事か」のゼロサム的な関係を志向しているのではなく、「母親業と仕事を織り合わせる戦略」を編み出し、その技を通して時間負債を緩和しようと試行錯誤していた。

3. 母親業と仕事を織り合わせる女性たちの戦略

では、時間負債を緩和するための「母親業と仕事を織り合わせる戦略」は具体的にどのような実践として現れただろうか。Hochschild は (1997＝2012)、「人々は時間の資産家ではなく、人間関係を守るために時間を構築する時間の建築家なのだ」と指摘する (p. 90)。以下では、子育てする女性たちがどのように「時間を構築する建築家」になっているのかを検討する。

1) 子ども優先・仕事セーブ

第一に、働く時間を減らして子どもと一緒に過ごす時間を増やすという「子ども優先・仕事セーブ」の戦略が多く取られていた (額賀・藤田 2021)。調査協力者の大半は、もともと正規雇用であったが、出産後は時短勤務や、パート・契約社員、フリーランスなどの非正規雇用への切り替えがみられた。女性たちは、時短や非正規雇用に切り替えたことで、「子どもに手をかけてあげられるようになった」「心にゆとりができた」「いらいらしなくなった」と言い、

母親業と仕事のバランスがとれるようになったと話す。

　上記の「子ども優先」戦略は、Hochschild（1997＝2012）の調査で明らかになったことと対照的である。Hochschild は、アメリカの働く母親たちが時間負債を解決する戦略のひとつとして、「感情的禁欲主義者」になり、「感情をダウンサイズする」ことを指摘した。具体的には、「子どもたちだけで留守番をさせる」ことに対する自身の心配を封印し、親と一緒にいたいという子どもの感情的ニーズも最小化するという戦略である。子どもたちは、「母親から離れて他の子どもたちといる時間が必要だとされており、『依存しないようになる訓練』が求められる」（p. 344）。

　後述するように、「子どもの自立」は調査協力者の女性たちにも共有された価値観であった。しかし、Hochschild の調査で明らかにされたような「感情のダウンサイジング」や、「子どものニーズ最小化」戦略は、今回の調査ではみられなかった。女性たちは、子どものニーズに敏感であろうとし、子どもとの情緒的つながりを大切にしたいと考えていた。この背景には、先述のように、アメリカと比較したときの日本における子ども中心主義の強さと、自身の感情をコントロールしながら子どもの気持ちや関心を重視する日本の子育てに特有の価値観（恒吉・ブーコック 1997、Holloway 2010＝2014）があると考えられる。

　一方、こうした「子ども優先・仕事セーブ」の戦略は、時間負債を緩和する一方、女性たちの間に新たな葛藤を生み出していた。この葛藤は、女性の職業意識や経済状況によって異なる様相をみせた。

　まず、正規雇用に就いていてキャリア志向のある女性たちからは、時短にすることで「責任ある仕事を任せてもらえない」「キャリアアップの機会がみえない」という不満の声が上がった。たとえば、会計士の資格をもつるりさんは、「出産前はバリバリキャリアを追求したいと思っていた」が、「子どもができると大事なことが家族になる」と話し、現在は9時半から16時半という時短勤務をしている。るりさんは、子育ての時間を大切にしつつ、仕事もしっかりやりたいと考えているが、職場では戦力外とみなされていることに釈然としない思いを抱えている。

　るりさん：気の遣い方がちょっと違ったりとかっていう様な形で、子ども

45

いて大変だから、じゃあ仕事を任せない、みたいな。そっちになっちゃうんですね。やるだけやってみろじゃなくて、じゃあちょっと大変だから、いいよじゃあやんなくて、みたいな感じの方向に。(0、3、6、8歳/専門職/大卒)

大手メーカー企業で働くめぐみさんも、「全然働きやすい」職場だとは思うが、マミートラックがあり、女性のキャリアアップについては「やっぱ足りない」と考える。

　めぐみさん：全然働きやすいけど、やっぱ足りないなっていう。これは働きやすいけど、女の人は管理職にはなれないなとか。
　　──そうですか、今のトラックだと時短使ってて。
　めぐみさん：時短使って。今の雰囲気だと、「あの人はお母さんだから」。だから、いわゆるマミートラックじゃないですけど、「あの人お母さんだから、いいよいいよ、先帰って」って。「後は僕たちでやっとくから」。いや、お前も早く帰んなきゃいけないんだよ。お前が帰らない間、あんたの奥さんどうすんだよみたいな感じなんですけども、まだそういう意識なんで。まだまだ。働きやすいけどまだまだですね。(4、6歳/会社員/大卒)

　中野（2014）は、高学歴の「バリキャリ」志向の女性たちが、仕事に「やりがい」を強く求めるものの、出産後はマミートラックに追いやられることで急速に意欲を失っていく過程を明らかにしている。本調査の協力者たちも勤務時間を短くしても責任をもって仕事に対応し、将来的にはキャリアアップしたいと考える者が少なからずいた。しかし、職場は「仕事か母親業か」というゼロサムの価値観を押し付け、両者を織り合わせる母親たちの戦略は職場で阻まれていた。
　さらに、非正規雇用であったり、正規雇用でも低賃金であったりする場合、女性たちからは「仕事をセーブ」することで収入が低く抑えられることに不満や心配の声が聞かれた。特にこの悩みは、夫も低賃金の場合に深刻化する。たとえば福祉士の資格をもつさえさんは、出産前は夜勤もある障害者福祉施設で

正職員をしていたが、「子どもに求められたときに応えたい」という思いから、出産後は別の施設で非正規職員となった。夫婦の収入を合わせても経済的に厳しいと感じ、このままパート勤めすることに限界を感じている。

> さえさん：自分的にはやっぱり、何かちょっとお金が非常勤だと苦しいから、常勤になりたいとは思ってるんですけど、ただ、ちっちゃい子いて転職がちょっと。
> ——大変だ。
> さえさん：うん。そのいきなり時短でと言うか、短い時間で働かせてもらえる職場もないだろうし、なかなか条件が。また子どもおっきくなったら、もうちょっとかせぎのいい常勤に転職はしたいなとか思ってますけど。
> （3、5歳/福祉士/専門卒）

　このように、「子ども優先・仕事セーブ」の戦略は、夫の収入が低く、自らも低賃金の非正規雇用の女性の場合、経済的不安を増長させていた。

　なお、「仕事セーブ」の選択肢は、子どもが2人以上いて夫の収入が低い女性や、1人で家計を担っているシングルの女性には与えられていなかった。彼女たちは生活のためにフルタイムで働いていて、「子ども優先・仕事セーブ」の戦略をとるという選択を考慮できる経済状況ではなかった。

　また、正規雇用であっても職場から時短勤務を認められず、子育てしながらフルタイムで働くことに疲れて、仕事を辞めざるをえなかった女性もいた。時短や在宅ワークなど、柔軟な働き方が認められないという状況は大卒女性よりも非大卒女性の間で顕著にみられた。つまり、シングル、非正規、非大卒の女性たちは経済的な理由や厳しい職場環境の状況によって、「子ども優先・仕事セーブ」のライフスタイルを希望する場合でも、それを実現することは容易ではなかったといえる。

2) 子どもと過ごす時間のクオリティを意識する

　母親業と仕事を織り合わせる戦略の2つめは、子どもと過ごす限られた時間のクオリティを意識することである。日本よりも早く女性の就業率上昇を経験

したアメリカでは「徹底した母親業」のイデオロギーが支配的であり（Hays 1998）、母親が子育てに時間をかけないと子どもに悪影響が及ぶという言説が浸透している。その中で、働く母親たちは家事時間を減らしたり時短勤務を取り入れたりすることで子どもと過ごす時間を確保し、子どもの成長に資するクオリティの高い時間を捻出していることが明らかにされている（Bianchi 2000）。(8)(9)

　大事なのは子どもと過ごす時間の長さではなく、クオリティだという発言は、今回の調査協力者からも聞かれた。女性たちの間には子どもと時間を過ごせないと「愛情不足になる」と不安視する傾向があったが、「どのような時間を過ごすかが大事」という語りもみられた。

　　いずみさん：（自分は）ゼロ歳から預けられてたけど、別に母親からの愛情を感じなかったわけでもないし、自分で言うのも何だけど、ひねくれて育ったわけでもないし、なので、時間の長さじゃなくて、どのような時間を過ごしたかが大事なのかなと思います。（2歳/会社員/高卒）

　では具体的に、女性たちはどのような時間を子どもと過ごすことで、「愛情」を伝えようとしていたのだろうか。インタビューからは、「会話」「遊び」「しつけ・家庭教育」の時間をしっかり確保しようとする女性たちの意識が浮かび上がった。

　会話については、「今日どうだった？」「保育園で何食べた？」「何して遊んだの？」のように、子どもが保育所でどのような時間を過ごしたのかを聞き出そうと、女性たちは子どもに熱心に問いかけていた。また、帰宅後や週末はできるだけ子どもと遊ぶようにしていた。一緒に遊ぶことを子どもから要請されるので、アニメを観たり、おままごとやブロックや外遊びに付き合ったりするという語りが多く聞かれた。

　家庭教育については第2・3章で詳しく述べるので、ここではしつけについてみてみると、女性たちの間には、学歴や職業によらず、しつけに気を配る意識が共通してみられた。(10)

　　くみさん：しつけ。でも、食事のとき、今はテーブルですけど、ちゃんと

座って食べるとか。あとは、門限もやっぱりちゃんとあったりとか。あとは何だろう。なるべく自分のことは自分でやってもらうように。例えば、玄関の靴、ちゃんとそろえなさいとか。あと、お風呂上がった後、マット、ちゃんと掛けなさいとか。そういうのを、最低限のことは、ちょっと自分でできるようにと思って、口すっぱくは言ってるんですけど。（6、8、12歳/販売員/高卒）

みきさん：テレビとかゲームとか最近すごく興味があるので、やりたがるので。そうすると、まだ時間の感覚がないのでやりたいだけやっちゃうので、それは1日1時間とか。（6歳/看護師/大卒）

　母親たちがしつけの対象として挙げたことは、起床就寝時間、テレビの視聴、ゲームの時間、着がえや歯磨き、言葉遣い、挨拶、片づけ、食事の作法、食べ物の好き嫌い、掃除、洗濯、風呂洗いの手伝い、保育園の準備など多岐に渡った。どれも包括的に行っていた女性は少なく、どこに重点をおくかはバリエーションがみられた。とはいえ、彼女たちに共通していたのは、子どもが自分で自分のことをできるように「自立」を促す姿勢である。一般的に日本の子育てでは自立を重視すると指摘される[11]が、協力者の女性たちの間には、自分が働いていて忙しいからこそ、子どもは親に頼らずにきちんと自分で身の回りのことができるようになってほしいという期待がみられた。
　たとえば、そのこさんは小学生1人と保育園に通う2人の子どもを育てているが、「自分が楽になるために」「自分のことは自分で」という考えをもって、小学生と年長の子どもには自分で身支度をさせている。

そのこさん：準備とか、帰ってきてから洗濯物出すのとかも自分たちでやってもらってるんですけど、それをやってもらいたいんだけど、本人たちはテレビ見たいとか、遊びたいとかを、先にこっちやろうっていう誘導が結構大変で。（私が）自分でやったほうが楽なんだけど、自分でやっちゃうと自分の負担がどんどん増えちゃうじゃないですか。楽になるためになんとか誘導して、やってもらいたいんだけど、それが大変みたいな。

　　──そうですよね。最初結構、声掛けしないと。

　そのこさん：すごい言ってますね、もう。（2、5、7歳/歯科衛生士/専門卒）

　そのこさんが語るように、日常生活の細部に渡るしつけは、家庭内のルールを決め、子どもに随時声をかけるなど手間と時間がかかる。そのこさんは、「短い時間の中でいろいろ支度とかやらせてるのもあって、どうしてもいらいらしがちなんですよね。その辺の心の余裕が（ない）。」と時間負債を語る。このように、時間的資源が不足する中でも、女性たちは会話や遊びといった友好的で共感的な関係性と、しつけのような親の権威を示す関係性との両方を子どもと形成しようと画策していた。

3)　手抜きをする

　女性たちは、限られた時間の中で子どもに様々な形で関わろうとしていたが、同時にうまく「手抜き」をする様子もみられた。たとえば、ことえさんは「子どもと遊ぶのは楽しい」と言いつつも、仕事や家事で忙しいし疲れているので「片手間に付き合う」とも話す。

　　ことえさん：スマホ見ながらとかじゃないですけど、子どもが言ったことをくり返すみたいな、エンドレスでくり返すみたいな。聞いている風を装いつつ。子どものおままごとって、「何とかって言って」が多くないですか。

　　──あ、多いですね、向こうからね。

　　ことえさん：そう、指示があって。

　　──セリフ決められてね。

　　ことえさん：そう、決められるの。だからそれをくり返す。忠実にくり返すみたいな。頭使わずに遊んでますね。（0、5歳/大学職員/大卒）

　このような「手抜き」はしつけについても見られた。たとえば、女性たちからは、就寝時間やテレビの視聴時間を気にしつつ、実際は十分に守らせること

ができていないことを聞いた。「帰宅が遅いから、寝るのがついつい9時とか10時になっちゃう」「いけないなと思いつつ、掃除とか洗濯したいからテレビ見てもらう。通算すると1時間以上」といったような語りが見られ、一応ルールは設けるものの、それを厳格に守ることには諦めをみせていた。

Hochschild（1997＝2012）によれば、子育て中の働く女性たちは「本当に必要なケア」だけを見極め、子どもたちのニーズを最小化することで、時間の板挟み状態を回避しようとする。本調査の女性たちも子どもとの会話や遊びやしつけで「手抜き」をすることで育児のハードルを下げ、仕事と子育ての間の軋轢を緩和しようとしていた。

4)　働く理由や姿を子どもに伝える

女性たちの時間負債の意識が膨れ上がるのは、子どもになぜ一緒に時間を過ごせないのか、なぜ保育園に行かなくてはいけないのか、なぜ夜遅くまで迎えにきてくれないのか、と文句を言われたり、泣かれたり、駄々をこねられたりする時である。こうした子どもの抵抗に対して、女性たちの中には、自分が仕事をする理由を説明したり、仕事をしている姿を見せたりすることで、子どもたちに「働く母親」を受け入れてもらおうとする試みがみられた。特に子どもが言葉を理解する年齢になると、女性たちは仕事を頑張っていることや仕事をする理由を説明するようになっていた。シングルで子どもを育てるおりえさんは、5歳の「ヒロくん」に次のように話している。

おりえさん：「ヒロくんが保育園でお友達と遊んでいろいろ頑張ってる間、ママはお仕事頑張ってるんだよ」っていう話はします。
──ヒロくんはママが働いていることについてどう思っていると思いますか。
おりえさん：お仕事頑張ってるから旅行行けるとか、そういうふうに思ってると思います。（6歳/会社員/高卒）

0歳から小学生まで、4人の子どもを育てるるりさんも、親が働くことによって不自由のない生活を送れていることを説明している。

　るりさん：基本は子どもにもお母さんとお父さんが働かないと、ご飯食べられないしおもちゃも買えないよっていう説明はしてるんで、私自身もそれを自分に言い聞かせてる。

　——お子さんの、例えばお兄ちゃんとかはどんな風に、お父さんお母さんが働いてる事について思ってると思います？

　るりさん：1回言われたのが、繁忙期に自宅に資料を持って帰って子どもを寝かしつけた後に仕事したんですよ。それで結構大変だったんですけど、その姿を子どもなりに見てたんで。夜中にトイレに起きてきてお兄ちゃんに言われたのが、お母さん働いてる、お母さんかっこいいねって言われて。すごい、肯定的に。頑張って働いてるっていうのを、肯定的に思ってくれてるのかなっていうの何となく思ってます。私は。

　——そっか、なかなか外で働いてる姿見ないですもんね。お母さん、仕事してるっていう。

　るりさん：それこそ家でたまに忙しくやってると。

　——それを聞いて何か思うところありました？

　るりさん：なんか、親の言葉、行いがすごい影響を与えてるっていう印象に残った部分が大きいのかな。(0、3、6、8歳/専門職/大卒)

　性別役割分業を規範とするジェンダー秩序のもとでは、「働く母親」は逸脱的な存在であるため、彼女たちは働く理由を説明する責任を負わされている（Arendell 2000）。一方、父親は仕事をすることが自明視されているため、説明責任を負わない。るりさんが、「お母さんとお父さんが働かないと」と父母の区別なく子どもに働くことの意味を語っていることは、母親も父親と同じように、働く存在であることを子どもに印象づける効果があるだろう。

　さらに、子どもに働いている姿を見せることは、子どもの自立や成長にもつながる可能性があるという語りもみられた。親子支援を主な事業とするNPO法人で働くけいこさんは、職場に子どもをよく連れて行き、自分がやっている作業を一緒に手伝わせたりすることもある。下の語りにみられるように、彼女は自分が働く姿を見せることで、子どもに良い影響を与えられていると実感している。

けいこさん：（保育園に）預けていることに抵抗あったときは気がつかなかったけど、今、こうやって忙しく働いてるこの姿を、子どもが後ろ姿を見ることも大事なのかなって。今は年長になる娘なんて、「ママが大変だから」って言って手伝いもすごいしようとしてくれるし、「ママみたいに、W（職場の名称）で大きくなったら働こうかな」とかって言って。ここに来ると一生懸命、手伝いするんです。だから、そういうのもいいことなんじゃないかなって。（……）やっぱり働いてることの大切さっていうか、何かあたしが忙しくても何してても、その姿を多分うつして、大人になるまで、それを基本に育っていくだろうなと思うから、いろんなところを見せて、一緒に考えてもらうのも大事かなとは思ってて。それはいい場面も悪い場面もあると思うんですけど、職場に連れてくれば。（3、5歳/NPO職員/専門卒）

浜田（1966）によれば、高度経済成長期以前の日本の農家では、母親は家事や育児ではなく、生産労働の担い手であった。そのため、子どもたちは、働く母親の姿を日々間近で見ることで、感謝の気持ちを育み、労働力として早く手助けできるようになりたいという動機づけを育んでいったと指摘される。こうした労働者としての母親像は、高度経済成長期以降、「家事をする母親」から「育児＝教育をする母親」（渡辺 1999）へと母親規範が変化するにつれ、影が薄くなっている。調査協力者の女性たちの間には、こうした「働く母親」を再び子どもたちの前に現し、「生産労働の中に母親であることの意味を見出していく」（渡辺 1999: 111）戦略がみられたといえる。

留意したい点は、こうした戦略はるりさんのように在宅ワークも含めた柔軟な働き方ができたり、けいこさんのように子どもを連れて行くことが許容される職場で働く女性たちだけが行使できるという点である。ほとんどの女性は、子どもを連れて行くことは「無理」という職場で働いていた。在宅ワークは、専門職、外資系企業、NPO やフリーランスで働く女性には選択肢となりえたが、家に仕事を持ち込んだり、職場に子どもを連れていけない女性たちの方が圧倒的に多かった。仕事という「公」と家庭という「私」を分離する規範は強く、「働く母親」という公私の領域を横断する存在を子どもの目の前で示すこ

とは、大抵の女性には与えられていない選択肢だった。

4.　時間負債を緩和する保育制度とその限界

1)　「働く母親」の肯定的意味づけを支える保育所

　以上述べてきたように、働く女性たちは母親業と仕事を織り合わせるさまざまな戦略を編み出し、子どもに対する時間負債を緩和しようと試みていた。しかし、その選択肢の幅や成功の程度は、女性の雇用状況や職場環境に左右され、すべての女性が自由に戦略を行使して望む結果を得られていたわけではなかった。

　一方、今回調査に協力してくれたすべての女性が利用し、彼女たちの時間負債を軽減する上で重要な役割を果たしていたのが保育所である。女性たちは、職業に関わらず、保育所の存在を肯定的に捉え、保育所に子どもを預けられるから安心して働きに行けることを口々に語った。最初は「子どもがかわいそう」と預けることを躊躇していた女性たちもいたが、そうした時間負債の感情は、子どもが楽しんで保育所に行く姿を見たり、保育所に通うことで日々成長していると感じることで緩和されていた。下の引用に示されるように、自分が忙しくて手が回らないようなしつけや教育、十分に与えられないような体験の機会を保育所が与えていることに対して、女性たちからは感謝の言葉が述べられた。

　　　きょうこさん：現状、保育園はもう本当に感謝感謝で。
　　　──全部やってくれますもんね。
　　　きょうこさん：はい。ほんとに、いつの間にかお箸も使えるし、トイレでおしっこできるようになってるしみたいな感じなので、保育園で良かったなって感じなんですけど。(3歳/販売員/高卒)

　　　あいさん：今の保育園、ほんとにすごく感謝してて。そこの保育園は「人間力を育てる」っていうのが。毎日外に。園庭はもうほんのちっちゃいス

ペースで、でも近くに公園がすごいいっぱいあるので、そこに行って。朝、午前中と午後と。最近、暑いからちょっと中なんですけど。あとプールやったり。あと週に1回、商店街ツアーっていって近くのお店に行って。八百屋さんだったり、ケーキ屋さん。そこで質問をしたりとか。あと老人ホームに行ったりとか専門学校に遊びに行ったりとかほんとにいろんな活動を。稲刈りとか。田植えもありますし。キャンプとかもあるので。（5歳/派遣社員/高卒）

また、親子だけで過ごすよりも、保育所に行って多くの人に関わる経験をする方が、「遊びの幅やできることが広がる」「世界が広がる」といった声もあがった。

あきこさん：保育園で学ぶことって、でもすごいいっぱいあるから、保育園もありがたいなっていうほうがどっちかっていうと強いですね。人と関わって、この年であれだけ人と関わって生活してるっていうのは、やっぱり今までずっとママとしかいない世界で生きていた子たちよりは、すごく世界が広いんじゃないかなっていうことは思いますよね。（0、2歳/会社員/大卒）

これらの語りが示すように、女性たちは保育所に子どもを預けることがむしろ子どものウェルビーイングを保障しているというロジックを立てて、時間負債の感情を軽くし、「働く母親」の意味づけを肯定的に捉えるようになっていた。

2) 解消されない時間負債

このように、保育制度は職業の違いを越えて女性たちの時間負債を緩和し、就業意欲の維持・向上を促していた。つまり、女性たちが母親業と仕事を織り合わせる上で保育所は必要不可欠な制度として存在した。しかし、女性たちの中には保育所へのわだかまりを表明する者もいて、彼女たちの時間負債の意識や働くことによる後ろめたさが保育所の利用によって完全に解消されたわけで

はない。

　まず1つめに、いくつかの保育所では、母親が育児の主な責任者であるという性別役割分業規範と母性イデオロギーが強く維持されていた。たとえば、調査者らの子どもが通う保育所では、何かトラブルがあると父親ではなく、園長や保育士が父親ではなく母親に伝えてくるということがよくあった。

　　　　——結構、先生が何かパパにも言うみたいなんだけど、最初の頃はパパに言わないでなんか「朝遅刻してくるの困ります」とか私に言うから。
　　うららさん：お父さんに言わないでしょう、変なこと。
　　　　——そう、そう。だから、パパに言えばいい。なんで私。
　　うららさん：本当ですよね。本当です。なんかパパにはシーツがけとか時間間違って行っちゃっても「怒られたこと1回もない」と言ってて。私なんか「お母さん、今日違いますから」とか言われる。「間違えちゃった」とか言って。「俺には言わないよ」って言って。（3、6歳/介護士/高卒）

　別の保育所でも、子どもが1歳未満の間はなるべく親と一緒にいた方がいいので、お迎えを17時までにしてほしいという園長からの「助言」があった。反発を覚えつつも、女性たちは言う通りにしないと「小言を言われる」から、時短を取って早く子どもを迎えに行くようにしていた。これらの言動の背景には、「母親は仕事よりも子どもを優先するべき」という母性イデオロギーがみられる。こうした保育所に子どもを通わせる女性たちは、園長や保育士の言動を通して母親役割を果たす責務を突き付けられ、仕事との間のジレンマを経験していた。

　2つめに、保育所が子どもにクオリティの高い時間を十分に提供していないのではという迷いと不安が一部の女性たちの間にみられた。特に言及されたのは、保育所の教育機能に対する不安である[12]。協力者のうち13名は、幼稚園と比較しながら、保育所が子どもの教育という点で十分な機会を与えていないのではないかという懸念を表していた。彼女たちは、自身が幼稚園に通って色々な活動をした経験や、幼稚園に子どもを通わせるママ友からの情報を参照点としながら、保育所に子どもを通わせることが子どもの教育機会を制約するリス

クに言及している。

　　あきこさん：やっぱり幼稚園に行ってる子とかのほうが、勉強的なことを
　　いろいろやるっていうふうに横からは聞いたりするから。
　　　──なんか誰かからそういうこと言われます？
　　あきこさん：昔、そういうひろばとかに行ってたときに、幼稚園出の子は
　　小学校入るときには読み書きができて、平仮名書けて、保育園はやっぱり
　　そこまでやらないからみたいなことをおっしゃってるママがいて。保育園
　　で同じクラスの子の親が、「幼稚園のここの教育は結構英語に力を入れて
　　るから」って提言してたりとかはしてて。ああ、そういうこと考えてるん
　　だってちょっと焦ってみたりとか。(0、2歳/会社員/大卒)

　　ねねさん：結局、保育園は保育園で、保育してくれるっていう安心感はあ
　　るけど、幼稚園のような教育的観念みたいなのがないじゃないですか。平
　　仮名を練習するとか、あとは季節の行事を体験するとかっていうのがちょ
　　っと薄めじゃないですか。そのまんますんなり小学校に入れるようになる
　　ってことを考えると、やっぱり幼稚園にしといたほうがいいのかなあと思
　　ってて。(0、3歳/会社員/大卒)

　このように、一部の女性の間には、「幼稚園の方が保育所より教育的」とい
う考え方がみられた。しかし、2008年に改訂された保育所保育指針では保育
所でも幼児教育を行うことが推奨され、幼稚園における教育内容との整合性を
図ることが謳われている。ベネッセ教育総合研究所の「第3回・幼児教育・保
育についての基本調査」(2012)によれば、こうした改革の流れを受けて私立
の場合は幼稚園でも保育所でも約半数が平仮名の読み書きを、約3割が数や計
算を実施している。また、同調査の「教育・保育の目標として特に重視してい
ること」についても、幼稚園と保育所の間にはほとんど違いがみられなかった。
幼稚園でも「教育的」な内容が上位に挙げられるわけではなく、保育所と同様、
「基本的な生活習慣を身に着けること」「健康な体をつくること」がいずれも上
位であった。ただし、体操や英語のような課外活動は幼稚園の方が充実してい

る傾向がみられたり、新設の保育所の中には敷地の問題で広い園庭がなかったりするなどの制約もいくつかみられる。幼稚園では降園後に音楽や英語、野球やサッカーなどの課外活動を有料で提供しているところも多い。

　調査協力者の女性たちの中には、最初は幼稚園の方がいいと思ったが、子どもを保育所に通わせるうちにそうした考えが払拭されたという人たちもいた。おりえさん（6歳/会社員/高卒）は「私の世代って保育園の印象がすごく悪かった」ので最初は絶対に幼稚園に入れたいと考えていたが、就業するためにしぶしぶ保育所に入れてみたところ、「月に1度、英語とかリトミックがあったりとか。体育指導が月2回あったりとか。あとクッキングが月1回あったりとか、絵画指導とかもあって。ちゃんと園服があって、通園バッグってあって。何かあまり幼稚園と変わんないなって」と考えを変えたという。

　その一方、保育所の教育機能を不安視する女性のうち4名は、子どもが年少に上がるのをきっかけに、延長保育のある幼稚園に子どもを転園させていた。全員が専門職や企業の総合職に就く大卒の女性たちで、教育関心が高かった。彼女たちは仕事で忙しくするかたわら、子どもの社会性や学力を伸ばすのに効果的な教育環境を用意したいと考え、近辺の幼稚園情報を熱心に収集し、事前に見学にも行っていた。しかし、保育所の教育機能に不安を覚えている女性たちの大半は、そこまでの時間や労力を割いて子どもを転園させることはなかった。保育所から幼稚園の転園は、特に教育関心が高く、情報収集するスキルや時間のある女性たちに限定的な選択肢といえる。

5.　本章のまとめ

　本章では、冒頭の問いに従って、①働く女性の母親意識と時間負債、②母親業と仕事を織り合わせる女性たちの戦略、③時間負債を緩和する保育制度の役割について順に考察してきた。各問いについて明らかになったことをまとめ、最後に階層とジェンダー秩序の影響を考察する。

　第一に、子育てしながら働く女性たちの間には、子ども中心主義を内包した母親意識が共通して見られ、子どもと一緒に十分な時間を過ごせないことに対する時間負債の意識や子どもに対する後ろめたさが見出された。その一方で、

「三歳児神話」に対しては、自らが就業しているリアリティを根拠にしながら否定する声が圧倒的に多かった。「三歳児神話」は、共働き家庭の方が多い都市の現状に合わない時代錯誤的な考えであることや、むしろ働いている方が子育てに集中しすぎてイライラしたり、不安になったりすることが少なく、「いいバランス」になるという考えが聞かれた。また、収入の少ない女性たちからは、夫の稼ぎが少なく、働き続ければいけない経済状況にあること、一方でキャリア志向のある女性たちからは仕事の「やりがい」から、子どものために仕事をやめる考えはないことが語られた。「三歳児神話」を否定する女性たちのロジックは、経済状況や就業意識によって異なることが示唆される。

　先行研究では、「三歳児神話」が社会的言説としても母親の意識としても日本社会において強固に維持されていると指摘されてきた（大和 1995；江原 2000；舩橋 2000、2006；品田 2010）。しかし、今回の調査からは、就業している女性たちは、子どもが小さいうちから働いているという自らの現実を肯定的に受け入れ、「三歳児神話」に抗うロジックを作り出していることが明らかになった。彼女たちは、子どもを大切にして母親としての役割を果たしたいと考えているが、母親が仕事をやめてずっと子どものそばにいるべきとは考えていない。母親が仕事をすることは、自分にとっても子どもにとっても良い効果をもたらすというロジックを立てて、「働く母親」に肯定的な意味づけをし、それを実践していたのである。

　本章で明らかにしたことの2点目は、女性たちが時間負債を緩和するために編みだす、母親業と仕事を織り合わせるさまざまな戦略である。女性たちの語りから、「子ども優先・仕事セーブ」「子どもと過ごす時間のクオリティを意識する」「手抜きをする」「働く理由や姿を子どもに伝える」といった戦略が構築されていることを描き出した。女性たちが編みだすこれらの戦略には、ジェンダー秩序に対する抵抗があらわれる。

　「子ども優先・仕事セーブ」は、女性が男性並みに働くことを奨励する「総稼ぎ手モデル」（フレイザー 1997＝2003）への抵抗である。彼女たちは、長時間労働を厭わない「理想的な労働者」（Christopher 2012）を理想化せず、子どものケアに必要な時間を確保していた。

　一方で、女性たちは、子どもと過ごす時間の長さではなく、時間のクオリテ

ィへと意識をずらすことで、母性イデオロギーと三歳児神話も否定していた。さらに、子どもとの会話や遊び、しつけを大切にしつつ、「手抜き」をしているという点も重要である。欧米と比較すると日本では母親に向けた「役割完璧主義」の規範が強く、母親たちが子育てに高い基準を求めて疲弊しがちなことが指摘されてきた（Holloway 2010＝2014）。しかし、今回の調査からは、こうした「役割完璧主義」や「徹底した母親業」（Hays 1998）のイデオロギーから距離を取り、「手抜き」する様子が女性たちの間にみられたのである。そして、子どもに「働く母親」の姿を伝えたり、見せたりすることは、高度経済成長期以降の日本では後退してしまった、「生産労働の中に母親であることの意味を見出し」（渡辺 1999：111）、「働く母親」に積極的な意味づけをしていく行動といえる。一方、高度経済成長期以前の農村の母親と違うのは、現代の働く女性たちが子どもを生活の中心に据え、子どものウェルビーイングを何よりも優先するという子ども中心主義を強く支持していたという点である。

　以上をまとめると、女性たちは子どもの幸せを中心に据えるという点では従来の母親規範を維持し続けているが、その一方で性別役割分業を軸とするジェンダー秩序に抵抗をみせている。彼女たちは子ども中心主義を背景にしながら母親業と仕事の間を架橋する戦略を編み出し、「働く母親」を肯定的に意味づける新たな価値観を構築していることが分かった。

　3点目に、母親業と仕事を織り合わせ、「働く母親」に肯定的な意味づけをしていく上で、保育制度が非常に重要な役割を果たしていることも明らかになった。女性たちの間からは、自分の手が十分に回らないしつけをきちんと実践してくれたり、家庭ではできないようなさまざまな活動を提供してくれたりすることについて、保育所への感謝の気持ちが表明された。また、小さいうちから親子だけではなく、保育士や他の子どもと触れ合うことはむしろ成長にとっていいという語りもよく聞かれた。つまり、女性たちは、自分が働いて保育所に通わせることでよりよい生育環境を子どもに与えられているというロジックを立て、母親の就業に肯定的な意味づけを付与しようとしていた。そうしたロジックが成立するのは、実際に子どもが楽しんで保育園に通う姿や、保育所での生活を通じて成長していく姿を確認できているからである。欧米諸国に比べて日本では保育所に子どもを預けることの抵抗が強いと指摘されてきた（舩橋

2000)。しかし、本調査では、保育所を拠り所にして女性たちが時間負債を緩和し、「働く母親」を肯定的に捉えて実践していく様子が明らかにされた。

　最後に、階層とジェンダー秩序の影響を考慮して、女性たちの戦略の限界についてまとめよう。今回の調査では、母親意識の強さや「三歳児神話」の捉え方に関して、女性たちの学歴や収入の影響はあまりみられなかった。階層にかかわらず、彼女たちの間には、母親業と仕事を織り合わせ、「働く母親」に肯定的な意味を付与する戦略がみられた。

　だが、こうした戦略をどれだけ柔軟に、主体的に選択できるかについては、女性の学歴や雇用形態、世帯収入状況が関わっていたといえる。夫婦ともに大卒で正規雇用の女性たちは、仕事時間のセーブの方法についてかなり柔軟性があり、また時短を取るにしても夫の収入があるので金銭的に困るということはなかった。ただし、「子ども優先・仕事セーブ」の戦略をとることによって、職場で責任ある仕事を任せられなかったり、軽んじられたりすることは、キャリア志向の女性たちの大きな不満になっていた。ここには、「働く母親」に否定的な評価を与え就業意欲を削いでいく強固なジェンダー秩序が見出せる。

　一方、非大卒あるいは非正規雇用であったりする場合、仕事をセーブすることで家計が厳しくなるというジレンマに陥った。そもそも、非大卒で夫婦の収入が低かったり、シングルマザーであったりする場合、「子ども優先・仕事セーブ」を望んでも、経済的理由や柔軟な働き方が認められない厳しい職場環境によってそれは選択肢になりえなかった。

　また、自分が働く姿を子どもに見せることができるのは、在宅勤務が可能であったり、子どもを職場につれていける柔軟性がある場合に限られ、それは専門職や企業の総合職に就いている女性たちであった。さらに、保育園から幼稚園の転園の事例にみられるように、「良質な時間」を意識して子どもの教育環境を複数の選択肢から選び取っていくのは、大卒で教育関心の高い女性たちだった。

　要するに、母親業と仕事を織り合わせる戦略についてより多くの選択肢をもち、「働く母親」を肯定的な存在として実践していく条件がより揃っていたのは、大卒で収入の高い職業に就いている女性たちであった。非大卒や非正規雇用で収入の少ない女性は実現可能な戦略の幅が狭く、より多くのジレンマを経

験していた。女性たちの間には、働きながら子育てするという困難から生み出される共通の意識や、時間負債を緩和するための戦略の構築がみられるが、その実行可能性や成功の程度については、階層によって違いがみられたということである。

　こうした中で、子どもを預かってケアする保育制度は、母親業と仕事を織り合わせる機会格差を埋める上で一定の役割を果たしているといえる。女性たちの間にはベビーシッターに子どもを預けることへの抵抗感が見られたが[13]、保育所には高い信頼を寄せていた。ただし、保育所の日々のやりとりを通じた母性イデオロギーの再生産や、誤った理解や偏見を含む保育所と幼稚園の間の制度的な溝は、女性たちの時間負債の意識を高める方向に働いていた。このことからは、待機児童の解消はむろんのこと、保育所の隠れたカリキュラムとして存在する性別役割分業や母性イデオロギーの規範を見直し、子どものウェルビーイングのために保育の質を高めていく必要性が提起される。

　　注
(1)　『家庭動向基本調査』は、国立社会保障・人口問題研究所による全国規模の調査で、有配偶女性（妻）を対象に1993年から5年ごとに実施されている。「結婚後は、夫は外で働き、妻は主婦業に専念すべきだ」への賛成割合は毎回減少傾向にあり、2018年に実施された第6回調査では4割を切っている。しかし、「子どもが3歳くらいまでは、母親は仕事を持たず育児に専念したほうがよい」への賛成割合は低下傾向にあるとはいえ、第6回調査では7割を超えている。つまり、性別役割分業には反対でも、女性たちの子ども中心主義や愛情規範（大和 1995）は根強く維持されているということである。
(2)　Garey（1999）はたとえば、Gerson（1985）の著作 *Hard Choices* を挙げ、フェミニスト社会学者でさえ、「仕事にコミットする女性」「家庭志向の女性」と志向性を分断したカテゴリーをつかって働く女性を解釈しがちであることを批判する。
(3)　「母親業を実践する」という分析枠組みは、West and Zimmerman（1987）の「ジェンダーを実践する（doing gender）」を参照している。「母親業を実践する」ということは、母親が行うべき活動に関する支配的な価値観との相互作用の中で自らの行動を調整し、それを実践することによって母親としての自己を形成する過程を指す。つまりそれは、母親規範を参照する女性たちの意識や行動によって、「母親」が社会的に構築されていく過程であり、変化を孕みながら更新されていく「母親」や「母親業」という見方を可能にする枠組みである。
(4)　ジェンダー秩序とは、「女」という性別カテゴリーと「家事・育児」あるいは「人の世話をする労働」を結びつけ、一方で「男」を「自分自身の欲求や必要性に

基づく活動」に位置づける強固なパターンとしての性別役割分業として定義される（江原 2001：127-129）。それは「男は活動の主体、女は他者の活動を手助けする存在」（p.129）に位置づける権力ともいえる。江原はこのほか「異性愛」をジェンダー秩序の構成要素としているが、本書では舛橋（2006）の枠組みと同じく、性別役割分業としてのジェンダー秩序に注目する。

(5) 括弧内は、子どもの年齢、職業/資格、最終学歴の順で表示した。職業については匿名性が保たれる範囲で情報を掲載した。

(6) 母親の就業効果については末盛（2005）が詳細にレビューをしている。母親の就業が子どもに与える影響については世帯収入、母親の就労形態、子どもの年齢などの諸要因によって左右されることが明らかにされている。母親の就業が子どもに悪影響を与えるという一貫した結果は出ていない。

(7) 「自己犠牲や献身を母親の愛情の証」とする伝統的母性観（大日向 1988）は1960年頃までは日本社会のイデオロギーとして浸透していたが、60〜70年代に子育てした母親はもはやこの伝統的母性観を内面化していない。自己犠牲を自己肯定に結び付ける回路が断たれていたために、「子育て」と「自分の生き方」との葛藤が明確になってきたと指摘される（江原 2000：34-5）。

(8) 「徹底した母親業」イデオロギーへの反論として、Milkie et al.（2015）は大規模なパネルデータを用いて、母子が一緒に過ごす時間の多寡は12〜18歳のティーン世代の学力や問題行動にはわずかな影響を与えるが、3〜11歳の子ども世代にはなんら影響を与えないことを実証している。

(9) 家族研究や親子研究の分野でも、親子が過ごす時間の長さ（quantity）にばかり注目が集まっていたことが反省され、親子がどのようなクオリティの時間を過ごしているかを測る方法論の必要性が提起されている。たとえば、一日の過ごし方を時系列で尋ねて具体的な活動内容を聞き取るタイムダイアリーインタビューはよく使われている（Bianchi 2000；Lareau & Weininger 2008）。本調査でもその方法を踏襲してインタビューに取り入れた。

(10) ベネッセ教育総合研究所の『第3回子育て生活基本調査報告書（幼児版）』（2008）では、働く母親のしつけや教育についての意識と実態を5年前の調査結果と比較して分析している。それによると、専業主婦と同様に、常勤の母親の間にも「さまざまな制約の中で子どもの規則正しい生活リズムや食への配慮、しつけなどに気を付けている母親が増えている」傾向がみられる（p.118）。

(11) ベネッセ教育総合研究所が4か国の保護者を対象に実施した『幼児期の家庭教育国際調査』（2017）では、日本では母親の子育て意識として「自分でできることは自分ですること」「社会のマナーやルールを身につけること」「基本的生活習慣を身につけること」が上位に入り、自立や社会性の重視が際立つ結果となった。

(12) ベネッセ教育総合研究所の『第3回子育て生活基本調査報告書（幼児版）』（2008）によれば、常勤の母親は長時間預けられることや給食があること以外に、「しつけや保育・教育内容を重視した園選び」をしており、その傾向は5年前よりも強くなっていると指摘される。ペアレントクラシーの影響で、働く母親の間にも専業主婦

と同様、早くから子どもを「より良い」教育環境に入れようとする行動がみられる
ようになっている。

⒀　北米の母親研究は、働く女性たちがベビーシッターを活用することで、徹底した
母親業のイデオロギーを相対化し、「拡張型の母親業」(extensive mothering)
(Christopher 2012) を新たに実践していることを明らかにしている (Blair-Loy
2003)。しかし、今回の調査でシッターを利用しているのは 2 人に限られた。欧米
に比べ、日本では親族ではない者に子どもを預けることに対する忌避感が強く、子
育ての社会化が進みにくい状況がある。

第2章　家庭教育へのかかわり方と就業意欲
——「親が導く子育て」と「子どもに任せる子育て」

1.　はじめに

　第1章では、女性たちが母親業と仕事を織り合わせる戦略として、子どもと過ごす時間の長さではなく、クオリティを意識していることを考察した。本章では、「子どもの地位達成や学校教育の学習面での補完を目的とした親の意図的働きかけ」（天童・多賀 2016）としての家庭教育が、子どもの「良質な時間」を考える上で重要な意味を付与されていることに注目する。高度経済成長期以降の大衆教育社会の中で「教育する母親」の規範は広範に広まり（神原 2004；苅谷 2009）、2000 年代以降はペアレントクラシーのもとで親の教育責任が一層強化されている。そうした子どもの地位達成に対する母親の不安は、就学前から生じている可能性があるが、これまで十分に明らかにされていない。

　国内外の先行研究は、親の学歴や収入によって、子育ての考え方や実践のありかたに差異がみられることを明らかにしている（本田 2008；Lareau 2011；金南・伊佐 2019）。これらの研究では、階層が高い母親ほど、周囲の資源を動員して子どもの地位達成をめざした家庭教育を熱心に行うことが示唆されている。しかし、働く女性に焦点化して家庭教育のバリエーションを明らかにしたものや、家庭教育へのかかわりと就業の関係性を考察した研究は希少である。ペアレントクラシーが過熱している状況を考えると、母親業と仕事を織り合わせる困難やジレンマを検討するにあたっては、母親に課せられる家庭教育の負担にもっと注目する必要があるだろう。先行研究では、計量的手法を使って家庭教育の重圧が母親の就業にブレーキをかけることが明らかにされてきた（本田 2005；喜多 2012；品田 2016）。しかし、働く女性たちが限られた時間の中でどのように家庭教育にかかわり、そのことがどのように就業意識に影響しているかを具体的に明らかにした質的調査はみられない。本章では先行研究の知見を

さらに掘り下げるため、働く女性たちをとりまく家庭教育の圧力を描きだし、女性たちの家庭教育へのかかわり方が就業とどのような関係にあるのかを質的に捉える。そのため、以下の問いを考察する。

(1)　子育てしながら働く女性たちは、家庭教育をどのように意味づけ、実践しているのか。
(2)　家庭教育の実践に、階層はどのような影響を与えているのか、
(3)　家庭教育の実践は、女性たちの就業意欲とどのように関係しているのか。

　本章では、2 歳以上の子どもを育てる大卒 23 名と非大卒 23 名の計 46 名を対象に分析を行う。なお、ここにはシングルマザー 4 名（大卒 1 名、非大卒 3 名）が含まれる。

2.　2 つの子育てタイプ

　46 名のうち 23 名は、教育的働きかけの大切さを強く意識し、積極的に子どもの教育環境を整え、小さい頃から子どもの知的好奇心や学習態度を培って、多様な子どもの能力を開花させることが親の役割であると考えていた。残りの 23 名は、親が積極的に教育的な働きかけを行うことに対して否定的で、むしろ「本人がやりたいこと」を重視し、親は後方から応援するという考え方を支持していた。本書ではその特徴を対比的にとらえて、前者を「**親が導く子育て**」、後者を「**子どもに任せる子育て**」と呼ぶことにする。その違いをまとめたものが表 2-1（p. 68）である。各項目の説明の後に、その根拠となるインタビューの抜粋を記載した。以下では、それぞれの子育てタイプについて事例を示しながらみていくことにする。

1)　「親が導く子育て」

「親が導く子育て」では、就学やその先の進学に備えて学習習慣を身に着け、習いごとや体験活動を通じて様々な経験を子どもにさせることが重視されている。習いごとは乳児のころから検討されていて、子どもの年齢が上がるにつれ

て文字や数字を家で教えたりすることもみられる。外出先は幅広く、子どもの
知的好奇心への刺激や教育的意義を考慮して活動が選ばれている。こうした子
育てを志向するはるかさんのケースを紹介しよう。

【はるかさん（2歳/会社員/大卒）】

　2歳の子どもを育てるはるかさんは、海外の大学を卒業した経験を活かして、
外資系の人材派遣会社で働いていた。北米出身の上司は子育てに理解があって
働きやすいが、子どものことを考えて出産後は仕事をやめようかどうしようか
逡巡した。自分については、「あまりガツガツ働いていたいタイプではない」
が、「専業主婦になりたいとも思わない」と話す。結局、夫と話し合う中で
「働けるのに働かないのももったいない」という結論に至り、9時から16時の
時短勤務で働いている。専業主婦だと「子どもに集中しすぎちゃうので、今は
いい距離を保っている」という。子どもが小学校1、2年くらいまでは仕事を
セーブし、「そこを越えたらまたしっかり働きたい」と考える。

　子育てで大事にしていることを尋ねると、はるかさんは次のように語った。

> やっぱり夕飯の前に必ず勉強するとか、そういうのはすごく大事だから。
> 後から自分で身につけられるものでもないですよね。本当に基礎的なこと、
> 自分で読んでとか、読み取る力とか、そういうところまでは親がしっかり
> やって、あとは本人次第ですけど。

　この語りからは、はるかさんが学習習慣や読解力を子どもが早いうちから身
に着ける必要性を意識し、その基礎固めをするのは親の役割と考えていること
がわかる。彼女の子どもはまだ2歳なので、はるかさんは文字や数字を今から
教えようとは思っていない。自分が仕事で疲れていて「教える気力がない」こ
ともある。一方で、読み聞かせはできるだけ行うようにしていた。家には英語
の本も数多くあり、日本語の絵本と混ぜて読んであげるようにしている。年齢
的にまだ言葉を流暢に話せないが、「会話の時はちゃんと文章で終わらせるよ
う」注意を与えて、子どもの言葉づかいに気を遣っている。大学進学は当然視
していて、できれば留学してほしいと考えている。

表2-1　2つの子育てタイプ

	親が導く子育て	子どもに任せる子育て
子育ての理念	就学や進学に備えて学習習慣を身に着けさせ、様々な能力を開花させるために習い事や体験活動を取り入れる。せいこさん「今ほんとに機械化がすごいから、何か1つの能力がないと、何か1つでも、2つでも能力がないと生きていけないというか。そういう環境での今の私たちぐらいまで普通の生活ができるようにはなってほしいなっていうのは思います。」（看護師/専門卒）	子どもが小さいうちはのびのび自由に遊ばせて、自主性を持たせる。いずみさん「勉強させたいとかはあんまり思わなくて。今はとにかく体を動かして、自然と触れ合って、遊んでほしいなっていう思いがより強い。」（会社員/高卒）
親の役割（幼児期）	子どもの興味関心を大切にしつつ、積極的に子どもの教育環境を整えていくのが親の役割。けいこさん「今の時期、幼児期ってすごく大事だなと思うから、楽しみながら何か習得できないかなんて思って、モンテッソーリの真似をして家でもいろいろ教具とか用意してあげたりとか」（NPO職員/専門卒）	子どもの興味関心を大切にして、子どもが「やりたい」と言ったことに寄り添って応援するのが親の役割。てるみさん「一人前の大人に育てるっていうのが任務っていうか、責任だと思ってるから、別に自分がそうであればどういうふうでもいいっていって思ってて。健康であればいい。健康で普通に素直に育ってくれればいいなって思ってるぐらいで」（会社員/専門卒）
時間の使い方	習い事やイベントを通じて、好奇心を刺激して視野を広げる機会を与える。学習習慣や何かのスキルを身に着けさせる。わかなさん「習いごとで何かいろいろ経験させてみて、好きなことが見つかれば続けたらいいしと思って。見せないことには、何があるかも分からないので、一応、選択肢は並べて、というのはやってあげないといけないとは思います。」（会社員/大卒）	子どもの好きに過ごさせる、家族でゆっくり過ごせる時間を大切にする。あいさん「何か本人が興味があること。絵描こうと思ったら、自分で紙と色鉛筆出してきて、何か一生懸命、絵描いたりとか。何か作ってたりとか。特に「あれしなさい」「これしなさい」っていうふうには、あんまり言わないですね」（派遣社員/高卒）
子どもへの学歴期待	大学以上を期待・自明視。あきさん「大学は行ってほしいです。もう行かないとダメダメ。できるだけいい大学に行ってほしいです。」（会社員/大卒）	基本的には「子ども次第」。本人が望めば/経済的な余裕があれば大学進学そのこさん「私も特に大学は行ってないので、行った方がいいとは思ってはいなくて、本人たちの意志で行きたいのであれば行けばいいぐらいですかね」（歯科衛生士/高卒）
家庭での読み聞かせ	なるべく習慣化する、絵本を購入したり図書館から借りたりすることに積極的。べにこさん：「結構図書館でいっぱい借りてきて。子どもが自分で選んだのもあるし、私が選んだのもいろいろあるんで、借りたら読もうとか言って。それ読んであげるとすごいいいみたいですね。うれしいみたいで。気に入った本は買おうかとか言って買ったりしてますね。」（会社員/大卒）	子どもに催促されたら行う。ようこさん：「（読み聞かせは）読んでくれと言われれば。昔はしていましたけどね。なんかもう飽きちゃって。子ども用の本って面白いですか。だって、「グルグル、バルバル、ボロロロ」とか書いてあるんですよ。何だよこれ、みたいな。」（大学職員/大卒）
就学に備えた学習（文字や数字など）	親が関わって学習の構えや文字や数字などの知識を身に着けさせる。知育玩具やドリルの購入・活用。れいこさん：「最初は保育園の行き帰りの自転車に乗ってて、何がきっかけだったんだろう。1+1=2みたいなのが初めて、それをなんか3+4=7みたいな、猛烈早かったからこれは面白いと思って。自転車乗りながらまずは10までの足し算をずっとやってた。」（会社員/大卒）	ほとんど行わない。たまに行う場合は遊びの延長で行う。さえさん：「（文字や数字は）全然教えてなかったんですけど、保育園で興味を持ってきて、本とかテレビとかの見て「これ、何て書いてあるの」って言ったり。あんまり普段は教えないですね。」（福祉士/専門卒）

習いごと	積極的に習いごとをさせる。情報収集に熱心で、複数の習いごとをかけもちしたり、乳児から習いごとを始める場合もみられる。 ねねさん「(保育園に通わせていると)土曜日とか日曜日とかの習いごととかで、クオリティを担保していくしかないかなあと思って。日曜日は休息日にして、土曜日はなるべく習いごとをと。」(会社員/大卒)	習いごとは少ない。習いごとに時間を費やすよりも家族団らんや親が休息する時間を重視。 ななさん「本人がやりたいって言ったらやろうかな。本人によりますね。ただ単にやりたくないって言ってたら、やらせても意味ないなと思っているだけで。自分とか夫も習いごとちょこちょこ、やりたいって言ったのをやってたから。やりたくないものを続けてもって感じかな。」(保育士/短大卒)
体験活動	活動の中に教育的意義があるかを考えて選ぶ傾向。 わかなさん「(博物館は)そろそろ行きたいんですけど、せっかく東京にいるので、そういう所にも、視野を広げさせたいなと思うんですけど。年齢的には、そろそろ連れ出したいなとは、すごい。東京に残った理由の1つが。」(会社員/大卒)	親子ともに楽しめることを重視。 かずみさん「自分たちの趣味を通しても子どもとも触れ合いたいし、子どものことも考えながらどっか行けたらいいなとは常には思ってますけど。」(介護員/高卒)
外出先	公園のほかレジャー施設やイベントなど幅広い。 ろみさん「ちょっと土日とか、本当は1人だったら多分家で寝ているところを,,一緒に楽しむ時間を考えなきゃという、そういうのの焦りはありますね。季節に合わせてとか、ちょっと電車に乗って水族館に行ったりとか、今週はお友だちと遊んだりとか。」(会社員/大卒)	公園やショッピングモールなど近所。 りえさん「週末、うち特に習いごととかはしていないので、普通に家で家族で何かしてる。何も予定がなかったら公園とか子どもの楽しめるところに行こうかとか、あと買う物とかあったらそれを優先して買い物に行こうかとか、疲れ具合とかもいろいろ。そんな感じです」(公務員/大卒)

　はるかさんは「小学校受験は自分の価値観に合わない」と話す一方、小さいうちに色々な体験をして「視野を広げてほしい」と願っている。その思いを反映して子どもには習いごとを多くさせている。スイミングとリトミックをそれぞれ週1回、そして隔週で英語ネイティブの家庭教師を家に招いている。すべて土日に入れているので、「どんどん習いごとが増えてどうしよう」と思うが、夫と送迎や付き添いを分担して何とかこなしている。さらに、はるかさんはイベントの情報収集を熱心に行い、週末は親子でさまざまな場所に遠出をすることが多い。その目的について、次のように語った。

　　──出かけるのは、子どものためと思って？　それとも自分が楽しいから？
　はるかさん：どうなんだろう。子どものためが多いかもしれないですね。
　　──いろんな何かを選ぶときの基準とかってあります？
　はるかさん：やっぱり子どもが参加できて、何かこう体験できる。今日の東北六魂祭とかも。お祭りがすごい好きなので、「行きたい？」って言っ

たら「行きたい！」って言ったからっていうのもあるんだけど、何か本物を見せてあげたいなあみたいなのは常に思ってます。

このように、はるかさんは子どもの意欲や好奇心を喚起する目的で、習い事やイベントを活用して教育環境を整えている。また、読み聞かせや言葉づかいへの注意に見るように、親自身が子どもの教育に直接関与し、子どもたちを就学後の学習に向けて準備させている様子がみられた。

2)　「子どもに任せる子育て」

こうした「親が導く子育て」とは対照的に、「子どもに任せる子育て」では、子どもをのびのび自由に遊ばせることが重視され、親は子どもの「やりたいこと」に寄り添う姿勢が示された。子どもの自立や自主性への期待が高く、親が関わりすぎることへの懸念も示された。時間の使い方としては、「親が導く子育て」では「教育時間」を作ることへの注力がみられたのに対し、「子どもに任せる子育て」では親子それぞれの「自由時間」が重視されていた（額賀・藤田 2021）。このため、習いごとや様々な体験活動を計画するようなことは少なく、近所でのんびりと親子がいっしょに余暇を過ごすことが多くみられた。以下にくみさんのケースを紹介しよう。

【くみさん（6、8、10歳/販売員/高卒）】
くみさんは、6歳、8歳、10歳の子どもを育てている。高校卒業後に食品関連会社に就職して販売の仕事をしていたが、20代前半で結婚して3人の子どもを出産した。育休を2回とって正社員で働き続けていたが、時短が取れず、子どもが病気の時に休むことに対して上司の「対応が冷たく、辛い部分があって」、仕事をやめることを決意した。その後、第3子が年少に上がったのを機に、販売員とコールセンターの仕事をパートでかけもちしている。働き始めた理由については、第1子、2子のサッカーの習いごとの出費に触れ、「先を見込んだ感じで、ちょっとお金の面でも心配だなと思って、ためとかないと思って」と語った。母親意識は強く、子どもが小さいうちは「手元に置いて成長を見たい」が、専業主婦は向いてないと思う。「やっぱり働いて少しでも自分の

お小遣いになったほうがいいかなって」と話し、今のパートは「本当に子ども
に影響がでないから働ける」。はるかさんと同じように、時間負債の緩和策と
して、「子育て優先・仕事セーブ」を取っていることがわかる。

　くみさんに子育てで大事にしていることを尋ねると、次のように回答した。

　　こっちからあんまり要求してもあれかなっていうのはあって。習いごとも
　　そうなんですけど、これを親からやってとか、そういう感じではなく、も
　　うとりあえず自分がやりたいと思ったらやってもらい、自分の好きなよう
　　にっていう感じですかね。

　習いごとについては、上の2人が小学生になってから土日にサッカー教室に
通っている。幼稚園の頃は習いごとは何もせず、一番下の保育園児についても
習いごとをさせる予定はない。一番下の子との時間の過ごし方を尋ねると、平
日は仕事を終えて14時半に保育所に迎えに行った後、公園で遊ぶことが多い。
週末は、兄2人のサッカーの予定に左右されるが、ショッピングモールに行っ
たり公園で遊ばせたりする。文字については、「最近ようやく興味をもった」
そうで、「自分で書いたりとかして、分からない字があると「どうやって書く
の？」と尋ねてくる」という。お風呂場にひらがな表を貼って一緒に読んでみ
たりするが、くみさんが積極的に教えることはなく、遊びの延長として子ども
に付き合っている。読み聞かせは、子どもが保育所から毎週金曜に1冊借りて
くるので、子どもに読んでと言われれば読むようにしている。

　将来の進学についても、「子ども次第」として、次のように話す。

　　もし、私自身、私も主人も大学出てないんですけど、でも、もう、本人が
　　やりたい目的があり、行きたいっていうんであればサポートしていこうか
　　なと思ってます。

　くみさんのケースに示されるような「子どもに任せる子育て」では、子ども
の「やりたい」という意識を大切にし、それを可能な範囲でサポートするとい
う親の寄り添い的な役割が強調される。習いごとの数や家庭学習の時間は相対

的に少なく、母親たちは子どもを自由に遊ばせ、時にはそれに付き合って親も一緒に遊ぶという時間を大切にしていた。

3.「親が導く子育て」の規範圧力とコスト──習いごとブーム

　このように、女性たちの語りからは「親が導く子育て」と「子どもに任せる子育て」に分けられる意識と、この違いを反映した家庭教育への対照的なかかわりが見出された。しかし、この 2 つのモデルは理念型であり、女性たちの子育てを上記のように明確に分けられるわけではない。インタビューからは、女性たちが「親が導く」ことと「子どもに任せる」こととの間で何がより良い子育てなのかを悩む様子がうかがえる。

　「親が導く子育て」を行う女性たちの間でも、「子どもに任せる」ことの重要性が語られた。親が手をかけすぎることによって子どもの自立を妨げてしまうのではないか、習いごとを詰め込みすぎることによって子どもがバーンアウトしてしまうのではないかといった迷いが見られた。しかし、大学進学や学歴社会への懸念は強く、「親が導く」という理念は手放せないでいた。たとえば、4歳の子どもを公文塾に入れるまいさんは、子どものやる気を引き出す方法を次のように話す。

　　　まいさん：全部「今からやりなさい」とか言うと嫌になっちゃうと思って、
　　　さりげなく、「今日、公文やってないから、やったほうがいいんじゃな
　　　い？」とかって言うと、「ああ、そうだね」とかって言ってやってるんで、
　　　あんまり何か無理強いとかはさせないで、それとなく「やっといたほうが
　　　いいんじゃないかなあ」みたいな感じで。(4 歳/専門職/大卒)

　このように、「親が導く」子育てを支持する母親たちは、権威的な「教育ママ」の弊害を十分理解していて、「子どもに無理強い」させる親にはなりたくないと考えていた。まいさんの語りに示されるのは、親子の情緒的絆を基盤として母親が子どもの様子をみながら「さりげなく」アドバイスをし、望ましい行動を子ども自らが「主体的に選ぶ」よう誘導する、目に見えにくい管理のあ

りかたである。母親は子どもの様子をよく観察し、自分の感情をコントロールしながら子どもの気持ちに寄り添っている。ここには、子どもの意思や主体性を尊重する子ども中心主義が反映されている。そして、子どもの意欲関心を汲み取りながら教育的目標に向かってうまく誘導するためには、手間ひまだけでなく、感情労働（Hochschild 1997＝2012）も必要になってくる。このことが、「親が導く」子育ての負担を一層母親たちにとって重いものにしていた。

　一方、「子どもに任せる子育て」を行う女性たちにしても、「親が導く子育て」を意識していなかったわけではない。むしろ、「親が導く」ことは強い子育て規範として認識されていた。「親が導く子育て」規範の強さが最も明確に出るのが、習いごとに関する語りである。幼児を対象とした習いごとブームの始まりは 1980 年代にさかのぼる（汐見 1996）。習いごとの開始は徐々に早期化していき、2015 年に実施されたベネッセ教育総合研究所の「第 5 回幼児の生活アンケート」の報告書（2016）によれば，4 歳時の 47.9％、5 歳児の 71.4％、6 歳児の 82.7％ が習いごとをしている。

　今回の調査の中でも、女性たちの語りの中には習いごとへの関心の高さが顕著に表れた。「子どもに任せる子育て」を行う女性でも、全員が習いごとを検討したことがあり、子どもにやらせたほうがいいか迷ったと話す。語りの中では他のママ友からのピアプレッシャーへの言及が多い。たとえば、かずみさんは、「子どもに任せる」ことを子育ての中心に置いているが、専業主婦のママ友が子どもに英語を習わせ始めたことを聞いて「焦ってた」と話す。[(2)]

　　かずみさん：周りのその教育ママじゃないけども、ママ友の 1 人のお母さんは、保育園には行かせてないけど 0 歳児から英会話行ってるとか、そういうの聞くと焦ります、私も正直。確かに今後、英語とかの時代じゃないですか。それを聞くと、「もうこの年から行かせてるのか。すごいなあ、東京のお母ちゃんたちは」とは思いますけど。最初は焦ってたんです。一応、主人にも言っちゃったりもして。ただ、この子なりのスピードだったり、私も主人もやっぱ田舎で伸び伸び育ったので、その時々、いつかそういうときが来れば、正直、通わせたりしなきゃいけないのかなとは思うんですけど。でなければ、このときはもう目いっぱい遊んで、子どもらし

くいる部分が、それが大事かなと。（1歳/介護員/高卒）

　また、子どもを1人で育てながら看護師をしているぬのえさんは、「親から勉強しなさいと言われたことはない」が、自分がやりたいことは「全力で応援してくれた」ので、自分もまた子どもに対して好きなことをやらせたいと考える。彼女は「子どもに任せる子育て」を実践しているが、周囲が習いごとを始めて子どもからの希望もあったので、英語の習いごとを検討していると話す。

　　ぬのえさん：なんかもう、5歳なので、周りが習いごとを始めてて。「やりたいやりたい」って言って、友達がやってるので。体験とかは行くんですけど、やっぱ結構、英語とかもやりたいって言って。2万ぐらいするんですよね、1万、2万、月に。年会費、教材費だのかかって、結構何十万みたいなかかる。まだ習いごとしてないんですけど、やっぱ本人がやりたいことをやらせてあげたいなっていうのもあって。そういうのがまず、すごい高いじゃないですか。（5歳/看護師/短大卒）

　この語りに表れているように、「親が導く子育て」はコストを伴う。1つは、金銭的コストである。習いごとなどにかかる教育費に関しての心配は、特に収入の低い女性たちの間で聞かれた。1歳の子どもを1人で育てながら人材紹介会社で正社員として働くてるみさんは、「子どもに任せる子育て」を志向しているが、習いごとはさせたいと考える。しかし、お金の心配がつきまとい、先延ばしにしている。

　　てるみさん：ほんとはもう（習いごとに）行きたいんですけど、まだキャッシュブックも安定してないんで、そこがもうちょっと安定したら。
　　──そうですよね。お金かかりますもんね。
　　てるみさん：3歳ぐらい、無償化したらやろうかなと思っていて。でも今も保育料かかってないんですけど、そんなに。もうちょっとしたらでいいかなって。（1歳/会社員/専門卒）

　「親が導く子育て」のもうひとつのコストは、親の時間と労力である。特に
幼児の習いごとは送迎が必須であり、習いごとのスケジュールに合わせて親が
予定をすり合わせ、送迎を行う必要がある。しつけも教育も「あまりできてな
い方だと思う」と話すさえさんは、子どもに体力をつけさせたいと考えて上の
子をスイミング教室に通わせている。下の子にもスイミングか体操を習わせた
いが、金銭面と平日の送迎の負担を考えて断念している。

　　さえさん：下の子やらせたいけど、お金、スイミングやらせたいけどお金
　　がないっていうので。体操教室をスイミングでやってて、あるんだけど、
　　通わせたいけど、平日のど昼間だから通わせられなくてっていう。やらせ
　　たいなと思ってるぐらいかな。（3、5歳/福祉士/専門卒）

　このように、習いごとは親の時間と労力の捻出を伴うために、働いている親
にとっては容易くできるものではなかった。また、お金もかかることから、世
帯収入の低い女性たちの間に、金銭的な理由で断念する様子がみられた。「親
が導く子育て」は、親の経済力と時間と労力を要請し、それは徹底した母親業
のイデオロギー（Hays 1998）に支えられているといえる。

4. 子育てタイプと階層差

　では、子育てタイプと階層はどのように関係しているだろうか。[3] 学歴別では
「親が導く子育て」の内訳は、大卒女性が14名に対して非大卒女性が9名、
「子どもに任せる子育て」の内訳は、大卒女性が9名に対して非大卒女性が14
名であった。つまり、「親が導く子育て」を実践するのは大卒女性が多く、「子
どもに任せる子育て」を実践するのは非大卒女性が多い傾向がみられる。これ
は、学歴の高い女性ほど、子どもの全方向的な能力の涵養をめざして、子ども
の生活を計画的にきっちり管理する子育てをする傾向を指摘する先行研究と重
なる結果である（本田 2008；金南・伊佐 2019）。学歴の高い女性ほど子どもの
地位達成への意識は高く、学力および学歴獲得のために「親が導く」ことの必
要性を強く感じている。さらに、「親が導く子育て」は労働集約的で経済力を

必要とするため、大卒で高収入の女性に実践されやすいと考えられる。

　しかし、留意したいのは、「子どもに任せる子育て」を実践する大卒女性も 23 名中 9 名いるということである。彼女たちは、周囲の習いごとブームを気にしつつ、「子どもに任せる」ことは自分にとっても子どもにとっても良いことだと述べていた。たとえば、大卒で大手メーカー企業で働くめぐみさんは「親が導く子育て」に惹かれつつ、「子どもに任せる」子育てに踏みとどまっている。その背景には、自分が「子どものスケジュール管理をしたくない」ことと、「普通に遊ぶ時期を大切にしたい」という思いがある。

　　　めぐみさん：結構これは悩むんですけど、それに、結構不安ですけど、ちょっとこれは我慢してます、（習いごと）やらせるの。やらせたらやらせたで、なんか私は安心するんですけど、運動させてるとか、こういうことさせてるって。私的には安心するけれども、ちょっと我慢してますね。まだそういう時期じゃないだろうっていう気もするし、なんか月曜日は何とかでしょとか私が言うのが嫌で。私がスケジュール管理したくないんですよ。なので、自分でスケジュール管理できて、自分で進んでいくような何かがあればやらしてもいいと思うけど、私からはいいやっていうのと、やっぱりなんか、何も予定がなくて、普通に遊ぶのが、遊ぶ時期って、もうちょっとしたら貴重じゃないですか。
　　　──ちっちゃいときだけですもんね。
　　　めぐみさん：ちっちゃいときだけなんで、まあ今はいいやっていう。何も予定なくって、ただだらだら遊ぶ時期。
　　　──すごい大事な、貴重な時間ですよね。
　　　めぐみさん：それをちょっと優先、ほんとはすごい不安ですけどね。周りがみんな何かやってて。（4、6 歳/会社員/大卒）

　上の語りの中で、めぐみさんは「親が導く」ベクトルに引きずられそうになりながらも、子どものスケジュール管理に伴う自分の負担や、「子どもがただだらだら遊ぶ時期」をなくしてしまうことのデメリットの方を重視する見方を示している。彼女のように、大卒女性の間では子どもが幼少の時期に限定して

「子どもに任せる」ことを語る傾向がみられた。小学校以降は「親が導く」子育てに切り替える可能性が言及され、「親が導く子育て」が大卒の母親たちの間で強い規範となっていたといえる。

さらに、彼女たちの語りにおいては、「親が導く子育て」が、働く母親の現状に適していないことも指摘される。就労による時間的資源の不足を考慮すると、「子どもに任せる子育て」の方が母親にとって都合がいい。「親が導く子育て」は親の時間と労力が必要であるため、高学歴で働く女性の中には、教育関心は高くても、「親が導く」ことに合理性を見出さない者が一定数存在すると考えられる。

5. 子育てタイプと就業意欲の関係

では最後に、子育てタイプと就業意欲の関係について考えてみたい。「親が導く子育て」と「子どもに任せる子育て」は就労意欲とどのように関連しているだろうか。

1) 「親が導く子育て」による就業意欲への影響

母親の時間と労力を要請する「親が導く子育て」は、女性の就業意欲にブレーキをかけやすいことがインタビューから明らかになった。たとえば、3人の子どもを育てる小学校教員のほなみさんは、日常生活の中に「学習っぽいこと」を入れたいと考えている。「やらせたいことはたくさんあるけど時間がなくて自分もいっぱいいっぱい」「親が働いているからって習いごとできないのはかわいそうだから、できるだけ色々やらせたい」と時間負債を語る。平日は職場を出るのが18時すぎになってしまう忙しいスケジュールの中で、ほなみさんは子どもに文字や数字を教えるだけでなく、お風呂の時間に理科の実験のような遊びを入れるなどの工夫をこらしている。こうした時間を作ることが安心につながっているが、それはいつもできることではない。

　　ほなみさん：こういう活動を（子どもに）させてあげられたっていうふうに自分を納得する時間でもあるんですね。今日も何も学習っぽいことはさ

せてあげられなかったなっていうと、結構へこむんですけど。（……）で
きるときは絵描いたりとか、よく本を読んだりとかはしてるんですけど、
結構時間なくなっちゃうことが多くって。そこが結構ストレスかもしれな
いですね。（0、2、4 歳/小学校教員/大卒）

　この語りからは、「親が導く子育て」を志向し、それを十分に遂行できない
ことがほなみさんのストレスになっていることがうかがえる。彼女は教員の仕
事が好きで、「仕事も自分の一部」と考えているが、子育てにかけたい時間や
労力を考えると、「今は仕事を追究することは難しい」と語る。
　「親が導く子育て」の意識が、仕事へのコミットメントにブレーキをかけて
いるケースは他にもみられた。おりえさんは 1 人で 5 歳の息子を育てながら、
テレビ局で正社員として働いている。子どもの教育に熱心な彼女は、経済的に
厳しい中、家計を切り詰めて子どもにピアノとダンスと水泳の習いごとをさせ
ている。文字や数字も家で教えたいが、「平日はそういう時間がまったくない」。
通信教育を取っていたが、「どんどん教材たまっていっちゃって。結局やっぱ
時間がないんですよ」と時間負債を語ってため息をついた。親が子どもの教育
に携われていないという気持ちは、彼女の専業主婦志向を一層強いものにして
いた。

　　おりえさん：いまでも専業主婦になりたいです。ずっともう、そうですね。
　　それこそ（子どもと）一緒にいる時間を増やすと、それこそ一緒に勉強で
　　きたりとか。（5 歳/会社員/高卒）

　「親が導く子育て」による就業意欲の抑制は、大卒で正規雇用の女性のあい
だにもみられた。2 歳と 4 歳の子を育てるひかりさんは大手広告代理店に勤め
ている。出産前に管理職に昇進し、プロジェクトリーダーを担当するなど責任
ある仕事をまかされている。ひかりさんは仕事にはやりがいを感じているが、
子どもの教育への関心も強い。子どもの小学校受験を視野に入れて、上の子ど
もは水泳、ピアノ、絵画教室、下の子は体操教室に通わせている。

ひかりさん：小学校受験どうするのかとか、そういうのも若干気になっているので、そういうのを含めるとほんとは平日にそういうのが、塾とかもし入れるとしたら入って、土日は休養するというか遊ぶとか、そういうふうにメリハリをつけてれば一番理想的なんだけど、働いてたら土日に突っ込むしかないじゃない。塾もプールとかピアノとかやらせたいこといっぱいあるけど全部やらせたらもうキリないし。実は時間割も決まってるわけで、そううまくはいかないから。そういうことでいうと、ああなんか働いてなきゃそういうこともやらせてあげられるし、自分もなんだかあれだけど、そこは常に思ってるところで。(仕事を)やめたほうがいいかなと思うのはそういう時間のやりくりのところ。(2、4歳/会社員/大卒)

　習いごとにしてもお受験にしても、ひかりさんは親の時間と労力が必要なことを強く認識し、仕事との間に葛藤を覚えていた。出世願望について尋ねると「そういうことは一切かなりどうでもよくて。もう細く長く。」と語り、子どもに「何か悪影響があったら全然そこはやめるつもり」と話した。ひかりさんのケースは、「親が導く子育て」が、女性たちの時間負債意識をさらに高め、キャリアの追求が可能な大卒女性たちであっても、「仕事セーブ」を促す方向に作用していることを示している。

2)「子どもに任せる子育て」による時間負債の緩和

　「親が導く子育て」に比べると、「子どもに任せる子育て」を実践する女性たちは、時間負債を緩和することに、より成功しているようにみえる。休日の習いごとはゼロかあっても1つが大半で、家族で近所の公園やショッピングモールに出かけてのんびりと過ごす時間がつくられている。母親たちは子どもに促されたりして一緒に遊んだりもするが、それは教育的な目標を伴った母親主導の活動ではなく、子どもと楽しいひとときを過ごす余暇として理解されている。子どもの教育的活動に追い立てられて「時間が足りない」と焦る様子はみられなかった。

　実際、「子どもに任せる子育て」は、母親業と仕事を織り合わせるために、一部の女性たちが意識的に選択していた戦略であったといえる。ここではもも

かさんのケースをとりあげよう。修士号をもつももかさんは、自分が大学院時代に研究していた領域にかかわって、市民団体等3つの組織で非常勤職に就いている。5歳と7歳の子どもの教育方針について尋ねると、「放任、放任」という回答が返ってきた。「私の教育方針として、小学校に入るまでは勉強は教えたくないって思ってたのね」と語った。その理由はふたつある。ひとつは、子どもが大人に管理されず、自由に遊べる時間を大切にしているからである。[4]もうひとつの理由は、「面倒だから、仕事が忙しいから」である。ももかさんは非常に仕事に熱心で、現在は非常勤に甘んじていて収入も少ないが、キャリア志向も強い。在宅の仕事が多いが、「仕事モードの時は「ほんと静かにして」って子どもに怒鳴ってしまう」と反省している。子どもとの時間は大切にしたいが仕事に集中したい気持ちもあり、ももかさんは「矛盾しているんですけど」と言い添えた。この場合、相対的に時間と労力が少なくてすむ「子どもに任せる子育て」は、仕事と母親業を織り合わせる戦略の1つとなっている。

このように、「子どもに任せる子育て」には、働きながら子どもを育てる女性たちの心理的ゆとりをもたらす可能性が見出せる。しかし、前述のように、現代の日本社会では「親が導く子育て」の規範が強く、その方向へと母親を促す力が働いている。そのことに敏感なのは学歴の高い女性である。非大卒よりも大卒の女性の方が「子どもに任せる子育て」を選択することのリスクを認識し、不安を語る傾向がみられた。

6. 本章のまとめ

最後に、本章で明らかにしてきたことを冒頭に示した問いに従ってまとめよう。

第一に、家庭教育の意味づけと実践について、本章では「親が導く子育て」と「子どもに任せる子育て」という理念型に分類して、その内実を詳しく描いた。前者では習いごとなどを通じて積極的に子どもの教育環境を整え、子どもの知的好奇心や学習態度を培い、様々な能力を開花させていくことを親の役割とする考えが強調された。後者では、親は子ども本人が「やりたいこと」を重視して子どもに寄り添いつつ応援する姿勢が全面に出て、時間の使い方として

は「教育」ではなく「自由な遊び」が大事であるという考えが主張された。

　このように2つの理念型に分類できたものの、女性たちの語りの中身はより複雑で、「親が導く」ことも「子どもに任せる」こともどちらも大事だという葛藤が語られた。広田（1999）は近代日本の子育てが「学歴主義」「厳格主義」「童心主義」の側面を併せ持つと指摘したが、女性たちの語りからは、「親が導く子育て」の背後にある学歴主義や厳格主義と、「子どもに任せる子育て」の背後にある童心主義のせめぎあいが起こっているといえる。子ども中心主義はこうした矛盾した要素を孕むイデオロギーであり（石黒 2015）、女性たちの語りからはそのジレンマを経験している様子がうかがえた。

　しかし、習いごとに対する関心の高さからも分かるように、より強い規範圧力として働いているのは、「親が導く子育て」であった。「親が導く子育て」は親の時間、労力、費用を伴うコストの高い子育てであると女性たちに認識され、時間や経済力が不足する働く女性の間に葛藤を生んでいた。

　この点と関連して、第二の問いである階層と子育てタイプの関係について分析したところ、「親が導く子育て」が大卒女性に、「子どもに任せる子育て」が非大卒女性により多く実践されるゆるやかな傾向が見出された。「親が導く子育て」は経済力、時間、労力を要するため、高学歴で高収入の女性ほど実践しやすい条件をもっていた。ただし、教育関心の高い大卒女性の一部に「子どもに任せる」ことを志向する人々がいたことは注目に値する。彼女たちは、幼少期の子どもにとって自由時間が重要であることに言及するだけでなく、自分が働くうえで「子どもに任せる」ことは合理的であることを語った。先行研究では、階層と子育てタイプの間の結びつきが指摘されてきたが（Lareau 2011；本田 2008；金南・伊佐 2019）、今回の調査結果からは、就業している女性の場合、階層と子育てタイプの結びつきは従来考えられていたほど強くない可能性が示唆される。特に幼児期に大卒女性が家庭教育から距離をとる様子がみられることから、家庭教育のあり方を検討する際は、それを規定する要因として階層だけではなく、子どもの年齢や母親の就業状況を十分考慮する必要があるだろう。

　最後に、子育てタイプと女性の就業意識の関係について考察し、「親が導く子育て」が女性たちの就業意欲にブレーキをかけていることを指摘した。これは、キャリア志向の大卒女性たちの間でもみられた傾向である。日本では大卒

女性の就業率が他国に比べて極端に低く、高学歴であることが労働市場への参入につながりにくいと指摘される（白波瀬 2002；西村 2014）。本調査からは、その要因のひとつとして子どもの教育に熱心な女性が「親が導く子育て」に邁進し、自分のキャリアを後回しにすることを明らかにした。この結果は、高学歴女性が学歴を労働市場参入のためよりも、子育てや家庭教育に活用するという Brinton（1993）の指摘を具体的に裏付けるものである。

　一方、「子どもに任せる子育て」を実践する女性たちの間には、子どもを自由に遊ばせたり、習いごとをさせずに親子でゆっくり過ごす時間を確保することで、時間負債を緩和している様子がみられた。女性たちの中には、自分が子どものスケジュールにふりまわされず、仕事に打ち込むためと考えて意識的に行っているケースもあった。つまり、「子どもに任せる子育て」は、女性たちが母親業と仕事を織り合わせる戦略のひとつになっていたといえる。

　神原（2004）は、「教育する家族」が大衆化した社会において、女性は「教育する母」にならざるをえない状況におかれていると指摘する。本章でも「親が導く子育て」の規範が語りの中に強く表れ、習いごとブームに表れるようにその圧力を意識していない女性は 1 人もいなかった。しかし、全員が「教育する母」として子どもを熱心に導くわけではないことを本章では示した。女性の中には、「親が導く子育て」から距離を取り、母親業と仕事を織り合わせる戦略として「子どもに任せる子育て」を実践するケースがみられた。第 1 章で、働く女性たちの間には「徹底した母親業」への抵抗が見られることを考察したが、その様相は家庭教育においても見出されたということである。その一方で、主に非大卒層の間からは経済力、時間、労力の点で「親が導く子育て」の実践が難しいという声も聞いた。働く女性たちの間には、動員できる資源の差がみられ、階層差を反映した子育てタイプのゆるやかな分化が子どもの就学前から起こっているといえよう。

　続く第 3 章では重要な子育て資源である「父親のかかわり」に注目して、働く女性たちの間にみられる子育ての分化と格差形成をさらに考察する。

　　注
　⑴　調査では 55 名の子育て中の働く女性にインタビューを実施したが、本章では仮

説生成の過程で理論的飽和（Glaser & Strauss 1967＝1996）に達したため、近似する教育的志向（「親が導く子育て」）をもつ大卒9名を省くことにした。

⑵ 近年、幼児の習いごと人気ランキングの中に英会話が入る傾向が顕著にみられる。学研総合研究所（2021）の全国調査によると、小学1年生の習いごとは多い順に水泳教室（32.5%）、英会話教室（16.0%）、通信教育（15.0%）、音楽教室（11.0%）であった。今回の調査でも特に英会話教室への関心が母親の学歴や職業を問わず広く聞かれた。一般的に大卒の母親の方が教育的関心が高く、習いごとの情報収集に熱心であったが、英会話教室に関しては非大卒の母親も興味を惹かれていた。その理由として、「英語やってると将来役に立つんじゃないか」「周りのお友達が英語始めたから」といったことが挙げられた。小学校の英語教科化を背景に民間の英語教室が乱立する中で、母親たちは英語ブームをピアプレッシャーの中で感じている様子がみられた。

⑶今回は家庭を単位として子育てタイプを分類したが、子どものジェンダーや出生順といった変数によって、1つの家庭内でも親の教育期待や実践が変わることが明らかにされてきた。たとえば、母親による大学進学の期待は、女子よりも男子に向けられることや（藤原 2009）、女子の場合、資格や技術の取得といった専門性の獲得を期待する（金南 2020）といった点である。さらに、多子世帯では、親の教育期待や教育投資は第1子で最も多いことも分かっている（中西 2004；苫米地 2017）。本調査でも子どものジェンダーによる親の学歴期待が異なることが見出せたが、「親が導く」か「子どもに任せる」かという親の役割認識が、子どもが男子か女子かによって異なるという傾向はみられなかった。出生順に関しては、先行研究の知見と同様に、第1子に時間や労力をかける傾向がみられた。小学校に上がった第1子には「親が導く子育て」、就学前の第2子以降には「子どもに任せる子育て」を実践するというケースが3例あったが、本章では就学前の子どもに焦点をあてているため、そのようなケースは後者に分類した。本章では十分に分析できなかったが、1つの家庭内でも出生順や子どもの年齢によって、子育てタイプが変容することには留意が必要である。

⑷ 小中学生の子どもをもつ母親へのアンケートを分析した本田（2004）によれば、時間的資源が不足するため、有職女性が「教育ママ」化する確率は専業主婦に比べると低くなる。さらに有職女性の場合、「子どもが小学生であるということが「非教育ママ」化する重要な要因になっている」（p. 176）として、こうしたパターンを「〈まだまだ型〉非教育ママ」と類型化している。この〈まだまだ型〉は、「子どもに任せる子育て」を実践する大卒女性にもみられた傾向である。彼女たちは学力が重要な意味をもつようになった段階で、「親が導く子育て」に移行する可能性をほのめかしていた。

第3章　家庭教育における父母の役割分担
——4つの類型

1.　はじめに

　前章では、働く女性の間に「親が導く子育て」と「子どもに任せる子育て」の理念型が見出されることを明らかにした。しかし、全般的には、母親が子どもの教育環境を積極的に整える「親が導く子育て」の規範圧力が強く働くために、働く女性たちの時間負債が積み上がり、葛藤が生じていることを指摘した。

　では、父親は家庭教育にどのようにかかわっているのだろうか。これまで、家事や子どもの世話に関する父母の役割分業に関する研究は豊富に蓄積されてきた。たとえば、舩橋（2006）は、家事や子どもの世話についての役割分担において、女性をケア労働、男性を仕事へと差し向けるジェンダー秩序（江原2001）の強さが、日本、フランス、スウェーデンに共通して見られたことを指摘している。ここでは、平等主義の夫婦であっても、ジェンダー秩序のベクトルに常に晒されていて、それに抗う意識的な戦略なしには平等を維持することが難しいという重要な指摘がなされている。

　一方、ペアレントクラシーの下で一層負担が増している家庭教育については、父母の分担・協働状況は十分解明されていない（天童・多賀 2016）。「教育する家族」は、家父長制を反映した権威としての父親像を想定しており、実際に子どもの教育環境を整え、子どもを指導するのは母親の役割とされてきた（広田1999）。しかし、近年はペアレントクラシー言説のもとで、受験に向けた家庭教育を熱心に行う大卒の父親が増えていることが指摘されている（多賀 2011）。また、日本家族社会学会による「第4回全国家族調査」の計量データを分析した西村（2022）は、高学歴層の父親の場合、労働時間が長くても子どもの教育的活動に携わる傾向がみられることを明らかにした。父親の家庭教育への参加について、階層差が顕著にみられるようになってきたということである。それ

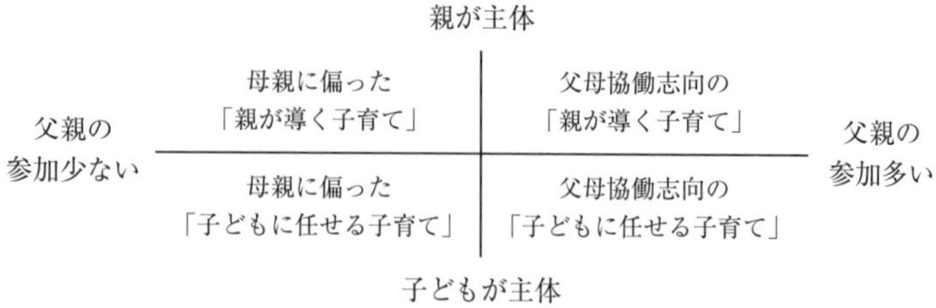

親が主体

	母親に偏った 「親が導く子育て」	父母協働志向の 「親が導く子育て」	
父親の 参加少ない			父親の 参加多い
	母親に偏った 「子どもに任せる子育て」	父母協働志向の 「子どもに任せる子育て」	

子どもが主体

図 3-1　子育て理念と父親の参加の違いによる子育てタイプの 4 類型

はすなわち、子どもが家庭において享受する教育機会の質量に差異が生じていることも意味する。しかし、具体的に父親がどのように関わっているのかについての階層差は明らかにされていない。特に母親が就業している場合、父親による教育的活動の分担と協働は増えるのだろうか。

　本章では、「親が導く子育て」と「子どもに任せる子育て」について、さらに父親の育児参加に注目して考察し、共働き世帯における「教育する家族」の分化と格差を明らかにする。ここで検討する「格差」とは第一に、母親の時間負債や子育て不安に関して生じている差異であり、第二に、子どもの生育環境や教育機会に関連する差異を指す。いずれも父母の学歴や収入といった階層要因と関連していることが推測される。

　以上をふまえ、本章では具体的に以下の問いを検討する。

(1)　「親が導く子育て」または「子どもに任せる子育て」を遂行する中で、母親は父親とどのように話し合い、分担・協働しているのか（あるいはしていないのか）。
(2)　分担・協働状況に、ジェンダー秩序はどのように働いているか。
(3)　学歴や収入といった階層要因は、分担・協働状況とどのように関連し、働く母親のジレンマや子どもの生育環境に関する格差を生じさせているか。

　第 2 章では 46 名のデータを扱ったが、本章では父母の役割分担に焦点を当てるため、夫のいない女性 4 名のデータを除外した。その結果、分析対象者は42 名（大卒 22 名、非大卒 20 名）となった.

　結論を一部先回りして述べると、共働き家族の子育ては左頁の図のように4つのタイプに分類することができた。それぞれ、①父母協働志向の「親が導く子育て」（11名）、②母親に偏った「親が導く子育て」（10名）、③父母協働志向の「子どもに任せる子育て」（11名）、④母親に偏った「子どもに任せる子育て」（10名）である。

　上記の4タイプの間では、女性たちが抱えるジレンマや、子どもの生育環境に関して、階層を反映した格差がみられた。以下では、それぞれの子育てタイプについて事例を通して紹介する。(1)

2. 子育てタイプの4類型

1) 父母協働志向の「親が導く子育て」

　まず、父母協働志向の「親が導く子育て」を見ていこう。このタイプでは、父母が子どものしつけや教育について頻繁に相談をし、父親もしつけ、読み聞かせ、学習、習いごとの検討と送迎、園のイベントや保護者会などによく関わる様子がみられる。第2章では、「親が導く子育て」が親の時間と労力を要する実践であることをみたが、そのコストを父母が相談しながら分かち合っているのがこのタイプである。以下ではふゆみさんとけいこさんの事例を紹介する。

【ふゆみさん（0、4歳/会社員/大卒）】

　ふゆみさんは、外資系企業で働く。夫も別の外資系企業に勤務し、夫婦ともに時間的融通が利く勤務体制で在宅勤務も可能だ。ふゆみさんが「もう完全に折半か、折半以上に彼がやっている」というように、今回の調査協力者の中でふゆみさん夫婦は最も平等に家事や子どもの世話の分担をしていた事例に当たる。最初からそうした分担が成立していたわけではなく、ふゆみさんがイライラを「もろに態度に出す」ことで、夫を家事と育児に「巻き込み巻き込み」やってきたという。

　ふゆみさんは子どもの教育について関心が高い。育児書や育児・教育のブログをよく読み、子どもを通わせる園や習いごとの情報収集を熱心に行っている。

のびのびと育てたいし、「付き合いきれないと思う」ので小学校受験は考えていないが、周りのママ友の教育熱や環境的に「いろんな選択肢がある」ので、学校や習いごとが気にはなっている。保育所に入れていた上の子どもは、年少から幼稚園に転園させた。さまざまな習いごとを園内でできるというオプションがあるのが魅力の1つだったという。ふゆみさんの子どもは水泳、体操、ピアノを習っていて、現在は子どもの興味次第で英語のレッスンも検討している。

　一方、ふゆみさんの夫は子どもの教育にさほど関心がない様子である。夫は子どもと休日によく遊ぶが、子どもの教育に関して自分から提案や行動することはほとんどないという。

　　　──どっちかっていうと、教育熱心なのはふゆみさんの方？
　　　ふゆみさん：私のほうが、やっぱりアンテナを立てて、目、張ってるよね。女の人のほうが。（……）興味もあったし。あんまり、あれよね。子どもの教育に対して、ものすごい、いい意味でのシリアス感がないよね。

　ふゆみさんの夫は自分から子どもの教育についてあれこれ言うことはないが、ふゆみさんが相談をもちかけると一緒に考え、話し合う。習いごとの送迎は夫がしていて、新しい習いごとを始めるときの見学は夫が行った。保育所のイベントにもふゆみさんと一緒に積極的に参加している。子どもの教育に関する情報はふゆみさんが収集、管理し、ふゆみさんが主導権を取って自分が立てた教育プランに夫を巻き込んでいく関係ができている。夫は穏やかな性格で、「反論してこない。言いなりになる」。その一方で、ふゆみさんは夫を「立てる」ことを忘れていない。

　　　ふゆみさん：そうはいっても、うちとして大事なことの最終決断は、彼のイエスなりノーなりのコメントで決めたってしたいなと思ってて。私が、「M幼稚園にする」って言ったわけじゃなくって、「M幼稚園もいいと思うんだけど、見て、一緒に考えてくれる？」っていう感じになるべくしているんだけどね。（……）やっぱり、夫婦で決めていきたいっていう感じかな。あとは、やっぱり、彼のプライドもあるよね。そこは傷つけちゃま

ずいよね。

　子どもの教育については明らかにふゆみさんが主導権を持って進めているが、彼女は夫のプライドを傷つけることを気にして、「夫婦で決める」という形式を大切にしたいと考えている。

　ふゆみさんの例は夫が家事、子どもの世話、遊び、教育にコミットしているパターンである。一方、家事や子どもの世話はしないが、教育には関心があって夫が携わっているパターンもあった。けいこさんの例をみてみよう。

【けいこさん（3、5歳/NPO職員/専門卒）】

　けいこさんは専門学校で保育士資格を取得し、いくつかの保育所で勤務した後、現在はNPOにパート勤務している。仕事にやりがいを感じているが、「子ども優先・仕事セーブ」の戦略を実践して今は週3～4日で9時から15時までパート勤務に落ち着き、「ちょうどいい」と満足している。

　けいこさんに子どもの教育について尋ねると、「もうすごい気になっちゃう」と答えた。幼児期は大切なので、「楽しみながら何かできないか」と考え、モンテッソーリ教育を参考に、100円ショップで材料を揃えて教具を自分で作っている。絵本は「本棚にぎっしり」で、「おもちゃを買うくらいなら本を買ってあげたい」と語り、読み聞かせはできるだけ毎日欠かさず行っている。「教育ママみたいにではない」が、文字や数字も教えている。習いごとは上の子がピアノと合唱、下の子はサッカーをしている。ピアノは毎日練習に付き合ってチェックしている。時間がないので大変だが、子どもの教育に費やす時間は「家事なんて放棄してでも大事にしたい」と話す。

　父親について尋ねると、けいこさんは、「私よりも教育熱心かもしれない」と言う。けいこさんの夫は高卒後に国家公務員になり、朝6時に出勤し、21時より早く帰宅できることがほとんどないという多忙ぶりである。けいこさんは「激務だから家事を求められないし、求めない」と自分を納得させ、「最近はもう健康でいてくれたらいい」と思うようになった。このように、けいこさんの夫は家事や子どもの世話はほとんどしない。しかし、子どものことは「大事に思って」いて週末は一緒に遊ぶ時間を長くとっている。そして、けいこさ

んと夫は、子どもの教育についてよく話しあう。たとえば、習いごとについては次のような会話が展開している。

　　──ピアノは何で始めようと思ったんですか。
　けいこさん：ピアノ、何で始めようと思ったんだろう？　でも何かやらしてあげたいなと思って、やっぱり指先を使うと脳にもいいなと思ったし、いろいろスタートにはいいんじゃないかなと思ったんだと思うんですよね、確か。
　　──すごい。そういうご相談ってパパとします？　「ピアノを習わせようと思うんだけど」とか、「習い事、どう思う？」みたいな。
　けいこさん：します、します。で、「いいんじゃない？」って言って。
　　──大抵言うのってママのほうからですか。パパから、「何か習い事やらせたほうがいいんじゃない？」とか。
　けいこさん：パパは、下の子はけっこう今暴れん坊だから、「今からみんなの集団行動っていうのを学ばせたほうがいい」って。意識高過ぎ。まだ２歳のときとかですよ。

　工作や絵画が得意なけいこさんの夫は、モンテッソーリの教具づくりをけいこさんや子どもたちといっしょに楽しんで行っている。しつけに関しては、けいこさんよりも夫の方がきびしい。食べ方や鉛筆の持ち方など細かく子どもに注意をする。夫婦ともに自然体験や神社巡りが大好きで、「教育的な面でいいんじゃないか」という意見も一致して、地図を見ながら家族で旅行することが恒例のイベントになっている。夫は、地域の学力が低いので小学校の環境のために引っ越した方がいいと話し、その意見を聞いてけいこさんも引越しを考えるようになった。
　このように、けいこさんの夫は子どもの教育への関心が高く、けいこさんと話し合いを重ねあいながら教育環境を積極的に整えているように見える。しかし、読み聞かせや習いごとの送迎、文字や数字を教えることなど、より多くの時間を捻出しているのはけいこさんの方だった。また、子どものスケジュールを細かく把握するのもけいこさんの方であった。

けいこさん：（夫に伝えても）「で、何の話だっけ？」とか。いま目を見て話してたのにみたいなことがあるから、大事なことは LINE で送ります。で、あらためて「今日送った LINE の件ですが」みたいに（笑）。

　　──それ、いい考えですよね。

けいこさん：そうそう。こっちからいろいろ試行錯誤して、伝え方を工夫して。絶対忘れてほしくない行事のこととか、そう。「ああやって送ったけど」とか、カレンダーに大きく書いてあげたり。

このように、「教育熱心」と妻から言われる夫であっても、率先して家庭教育に手間暇をかけているのは母親の方であった。

2）　母親に偏った「親が導く子育て」

「親が導く子育て」を支持する女性のうち半数は夫と相談しながら子どもの教育に携わっていたものの、残りの半数は夫の関与を得られていなかった。彼女たちは、「（夫は）基本なにも言ってこない」「別にやりたいようにやればいいじゃんって言ってくるだけ」「関与は習いごとの月謝ぐらい」「私がやるもんだと思っている」などと夫の無関心を指摘していた。子どもの教育についての相談をもちかけてもそっけない返事が返ってくるだけで、「母親だけが導く」ことが常態化していた。夫が子どものしつけや教育にほとんど関わらないタイプを、**母親に偏った「親が導く子育て」**と名づける。

　以下では、わかなさんとせいこさんの事例を紹介する。

【わかなさん（5、5歳/会社員/大卒）】

わかなさんは IT 企業の事務職で契約社員として働いている。大学卒業後、地方大都市の企業で転職を何回か重ね、「正社員の資格をようやく勝ち取った」。しかし、子どもたちが1歳になったときに、夫の東京転勤に伴って仕事を辞めざるをえなかった。わかなさんの夫は「月の半分か、3分の1は出張」で、普段は深夜に帰宅することも珍しくない。平日の家事・育児分担は「全部私」で、週末は10のうち「3くらい」だという。不満は大きいが、「夫の力だけで変えられるものではない」ので、「文句は会社に言いたい」と話す。

　わかなさんは正社員の職を辞したことを「もったないことをした」と振り返る。しかし、東京に引っ越したことのメリットは、「子どもの視野を広げるため」の場所やイベント、習いごとが沢山あることだと話す。わかなさんは、子どもには「いろいろなものに出会って興味があるものをみつけてほしい」と考える。自分の母親が「教育ママ」で、子どもの時は毎日習いごとをしていたことに言及し、「週6はやりすぎだけど、学校以外にもいろいろな場所があることを知ってほしい」と習い事への意気込みを語る。現在、子どもたちはスイミングと粘土教室に通うが、今後さらに増やす予定だ。

　わかなさんに夫の関わりについて尋ねると、子どもの教育について話し合う機会は少ないという。わかなさんが習いごとの相談をもちかけても夫の反応は薄い。

　　わかなさん：夫は、逆に習いごととか全くしてこなかった人なので、なんかちょっとそういう話をされても、俺、分からないみたいなところがあるみたいで。好きなようにしていいよみたいな。一応、「ここ見学に行くよとか、こういう所があるよ」って言うと、「いくらだよ」とか言うけど。ああ、そうなの。子どもが興味持っているのかとか、楽しそうにしているのかっていうのを夫は気にしていて。それだったらいいんじゃないっていう感じで。いろいろ調べてはこないけど、文句も言わないので。私の好きなように進められるので、まあ、物足りない感じもするけど、反対されるよりいいなと思って。説得するのとか大変だしと思います。

　スイミングの習いごとは、水泳経験の長い夫が自分から言い出し、お風呂でも熱心に練習させたりしている。しかし、そのほかの習いごとや学習には関心が薄く、わかなさんがほぼ1人で情報収集し、計画を立てて実践している。

　たとえば、わかなさんはドリルや通信教育を購入し、「問題文をすらすら読めないので、私がそばについてやるものって決まっている感じ」になっている。わかなさんの夫は、「やる時間があればやる」そうで、実際はほとんどわかなさんの担当になっている様子がうかがえる。

　——そういうのって、パパが一緒に付いてやってあげることはあります？

わかなさん：休みの日、やる時間があればありますね。

　——パパもやる。自分からやりますか、それ。

わかなさん：いやいや、言わないとやらないですね。

　——ママが指示を出し。

わかなさん：2人同時に質問がきたときとかに、ちょっと1人お願いって言ったら、のそのそっとやって来る感じ。

　——自分からは、やっぱりあんまり行かないですね。

わかなさん：やらないですね。私がやるものと思っているので。

　しつけについても、「お行儀は口やかましいくらい私が言っている」が、夫は「平日いない」し、「何も言わないから許容してくれてるのかなと思っています」とわかなさんは語る。

　一方、わかなさんは夫の「育児感覚が昭和みたい」と話し、「挙げた拳を収められない」ので、子どもは父親のことを怖いと思っていると心配している。わかなさんは、育児感覚を「アップデート」してもらいたくて育児本を勧めたりするが、夫は聞く耳をもたない。休日は子どもと外で遊ぶ時間があるので、それで「フォローができてるかな」と思うことにしている。

【せいこさん（1、3歳/看護師/専門卒）】

　せいこさんは、専門学校卒業後に病院で看護師をフルタイムで勤めていたが、子どもを育てながら夜勤もある病院勤めを続けることに限界を感じ、時短制度のある保育所に転職した。夫は運転代行の仕事を経て、現在は建築現場の作業員をしている。朝早くに出勤し、夕飯前には帰宅するが、家事や子どもの世話の負担は10のうち「2」しかしない。せいこさんによれば、夫は家事や育児は「お母さんがやるもんだと思っている」ので、それを腹立たしく感じている。

　子どもの教育に関しても、せいこさんの夫は無関心を貫いている。将来の進路についてせいこさんは大学まで行ってほしいと強く考えているが、夫は興味を示さない。

　　せいこさん：夫は何も考えてない。別に、自分もたぶん高卒だからってい
　　うのもあると思いますけど、別にやりたいようにやればいいんじゃん、先
　　になってみないと分かんないって言う。私がいろいろ、先を、先を、先を
　　って考えるタイプで、主人はその場になって考えるタイプなので。

　せいこさんは、「人並みに生きていくためには何かひとつでもふたつでも能
力がないと」と考え、子どもに今どんな経験や教育環境が必要かを思案してい
る。そして、「数は生活の中でお菓子を挙げるタイミングとかお風呂あがると
きに 10 まで数えるとか」など、日常生活の中で意識して教育的な働きかけを
行っていた。絵本を図書館で借りてきて毎日読み聞かせをしている。夫はほと
んどすることはなく、「9 割 5 分私」であるという。
　習いごとは今は水泳だけだが、今後はピアノも習わせたいと計画している。
一方、夫にはその意義を分かってもらえず、話し合いにならないという。

　　せいこさん：ピアノやったところで、別に何も身に付かないって。
　　――なるほど。それに対して何か言いましたか？
　　せいこさん：私はピアノをやることで、右手と左手で、右脳と左脳を同時
　　に使うから、結構いい、今後使えるようになるって言ったんですけど。別
　　に、ピアノ習ってても自分たちと変わらないような生活をしてたりとか、
　　ピアノを弾けるからといって別にすごい人になってるわけじゃないみたい
　　な。

　せいこさんは子どもの教育に関して「父親は極端」で、「やらない人はほん
と今のうちの主人みたいに、ほんとに無関心」と話す。教育熱心な知人の父親
を話題に出しながら、「それはそれで私に合わない」し、「ちょうどいい人はや
っぱりいない。仕方ないですね」と諦める様子をみせる。

3)　父母協働志向の〈子どもに任せる子育て〉

　3 つめのタイプは、子どもの「やりたいこと」を支える環境を父母で協力し
て作っていく、**父母協働志向の「子どもに任せる子育て」**である。教育的はた

らきかけを意識して行うことは少ないが、父親は母親と一緒に子どもの教育や
しつけや将来について話し合い、子どもの生活リズムを整え、遊びに付き合い、
保育所の保護者会や行事に参加している。このタイプに該当する父母の教育的
関心と関係性は 2 つのパターンに分けられる。

　1 つめは、父母の教育的関心が比較的高く、明確な意図をもって「子どもに
任せる」ことを選択するパターンである。めぐみさんの事例を紹介する。

【めぐみさん（4、6 歳/会社員/大卒）】

　めぐみさんはメーカー大企業で専門職に就き、時短勤務にして 4 歳と 6 歳の
子どもを育てている。夫は研究職である。

　めぐみさんに夫との家事育児分担を尋ねると、「やっぱり私の方が多い」が、
「わたし今日残業するからとか、あとよろしくねって言えば普通にやる」と話
す。家事にしても「レベルはちょっといろいろある」が、「文句言わず、普通
のこととしてやるんでまあいいやって感じ」と大きな不満は抱いていない。

　子どもの教育について、めぐみさんは「親が導く」規範圧力を感じつつも、
子どもが小さいうちは「子どもに任せる」方針を採ることを語る。めぐみさん
の住む地域は中学受験の割合が高く、幼児期から習い事をさせる家庭が多い。
そうした状況を見て、めぐみさんは「周りがみんな何かをやっていてほんとは
すごい不安」だが、「ただだらだら遊ぶ時期はちっちゃい時だけ」なので、今
はあえて習いごとをさせていないと言う。こうした子育ての方針には夫の強い
影響力が伺える。

　　　──じゃあ下のお子さんも、しばらくは習いごととかはやらせない予定
　で。
　めぐみさん：うん。やんなくていいんじゃないかなって感じですね。大変
そうだし、なんかそこもやっぱり夫はいろいろ考えてるみたいで、そうい
うなんか、管理されない権利、なんかそういうのも問題になってるって言
ってて、全部子どもがそのスケジュールでガチガチにされてるのも、一種
の虐待とかなんか言われてるんですか。

　この語りからは、めぐみさんが夫と相談して意見を交わす中で、子どもが小さいうちは習いごとをさせずに、「子どもに任せる」方針を固めたことが分かる。習いごとがないので、土日は家族で近所の公園でのんびり過ごしている。

　めぐみさん夫婦は「親が導く」ことの弊害を意識して、積極的に子どもに文字や数字を教えたり、習いごとをさせたりということは控えている。だが、子どものしつけには気を配り、保育所や学校の行事には熱心に参加している。保護者会は夫が参加することの方が多い。上の子どもの担任教員のやり方に問題があると考えた際は、「保護者会でなんか夫がガツンと言っちゃったらしいんですね」と話す。このように、「子どもに任せる」ことを子育ての中心にしながら、子どもに良くない事態が生じていると判断したら、積極的に介入するという方針がめぐみさん夫婦の合意事項になっている。

　めぐみさん夫婦の場合は、父親と母親が「子どもに任せる」ことで意見が一致しているパターンであるが、父親が「親が導く子育て」を、母親が「子どもに任せる子育て」をそれぞれ主張しつつ、相談の中で子どもが小さいうちは「子どもに任せる」ことに重きを置くようになっている場合もある。このパターンにあたるるりさんの事例をみてみよう。

【るりさん（0、3、6、8歳/専門職/大卒）】

　るりさんは大学卒業後に公認会計士の資格を取得し、今は時短勤務で会計事務所に勤めている。夫も会計士で、企業で働いている。

　家事について、るりさんは「料理は全般手抜き」「掃除も手抜き」と話す。夫は「結構頑張ってくれるので3、4割」は家事を負担している。負担はるりさんの方が多いが、自分の方が労働時間も年収も少ないので、「やれる範囲でやってくれればいい」と考えている。

　一方、子どもの教育については、るりさんの夫の方がコミットしている様子が語られた。るりさん自身は、「勉強とか別に、宿題忘れても死なないよとか言っちゃうタイプ」で、「私の方が適当というかゆるい」と話す。絵本の読み聞かせは子どもに言われれば読むが、自分から言い出すことはない。文字や数字も自分が教えようとはあまり思わない。夫は「お母さんがしっかりしてないから俺がやらなきゃ」と考えて、子どもの勉強を見ていると言う。

るりさん：勉強見てるのは基本お父さんなので、旦那なので。私あんま見てないんですけど。どうですかね。

——パパは結構勉強に関しては言います？

るりさん：パパの方が熱心です。宿題とかはやらないとダメみたいな。公文とかも、旦那からすごい言ってくるんで、なので、じゃあ見てあげてっていう感じで（笑）。勉強面は結構まかせっきりで。

この語りにあるように、夫が希望してるりさんの子どもたちは年長から公文に通い、文字や数字を学習しはじめた。学習のチェックは夫が行っている。このほかに、一番上の子がサッカー、真ん中の2人が水泳を習っている。習いごとやしつけの話は、常に夫婦で相談して決めるようにしていると言う。

るりさん：なんか約束事をする時は夫婦で話し合ってからやってるんですよ、うち。夫婦で言ってる事が違うと子どもが混乱するから、両親ですり合わせてからやろうっていうの何となくあって、ベースに。これはダメなのか、どこで線引きをするのかとかたまに話し合ったりしてます。ここまではオッケーみたいな。

——じゃあ、すごいきっちりね。割とよく子どもの事に関して話してるんですね。

るりさん：そうですね。2人でかなり子どもの事を話しますね。

——将来、例えば大学は行かせたいよねとかそういう話とかはします？

るりさん：将来は私はもうあんまり考えてないですけど、旦那がやっぱ大学、今の時代学歴は関係ないとは言っても、学歴を見られる場面は多々あるから、やっぱり行った方がいいよねっていう。（……）　大学までは行って欲しいよねっていうのが旦那の見解。私はもう、義務教育全うすれば（笑）。

——結構楽観的に考えて。でもだんなさんの言う事に反対はしないわけですよね。納得って言うか。

るりさん：そうですね。行かせたいなら行かせればって。でもその子が、意図もあるからねって。その子どもの意欲にまかせたいなとは私は思う。

　このように、るりさんは「子どもに任せる」、夫は「親が導く」ことをそれぞれ重視するが、具体的に何かを行うときには、「両親ですり合わせてから」実践することを心がけている。るりさんの夫は小学校に上がった一番上の子どもの学習を特によく見ていて、返却されたテストは確認し、間違えたところをやり直すように子どもに伝えてその様子を傍でみているという。一方、就学前の子どもたちに関してはそこまでのコミットはなく、母親と過ごす時間が長いことから、「子どもに任せる」子育てが中心になっている様子だった。夫婦が相談しながら、子どもの小学校入学を機に「子どもに任せる」子育てから「親が導く」子育てに徐々にシフトしていっていると考えられる。

4)　母親に偏った「子どもに任せる子育て」

　最後の母親に偏った「子どもに任せる子育て」は、父母それぞれが可能な範囲で子どもの「やりたいこと」を尊重するパターンである。父母の間には「本人次第で」「自由に」育てようとする合意が緩やかに形成されていた。一方、母親の方には「子どもに任せる」ことを基本にしつつも、しつけをきちんとすることの重要性や、習いごとへの関心が表明された。しかし、父親のしつけへの関与や子どもの教育、進路に関する父母の会話は多くない。以下では、そのこさんとかずみさんの事例を紹介する。

【そのこさん（1、4、6歳/歯科衛生士/専門卒）】
　そのこさんは専門学校を卒業後、歯科衛生士として歯科医院に勤めている。夫は高卒後にメーカー企業で働いている。夫は朝6時半に出勤するので、子どもの身支度や朝食づくり、保育所に送り届けるのはすべてそのこさんが担当することになり、「すごく大変」と話す。そのこさんから見ると、家事育児の分担は10のうち夫は「3」くらいだが、「だいぶ良くやってくれていると思う」と話す。

　子どもの教育や将来について夫婦で話し合うことがあるかを尋ねると、「まだあんまりしない」と言う。子どもの大学進学については、「私も特に大学は行ってないので、行った方がいいとは思ってはいない」と述べ、「本人たちの意思」を重視する姿勢を見せていた。習いごとは、「平日時間がない、時間が

合わない」し、「土日も見てみたけどそこまでじゃないかなって」思い、やらせるつもりはない。ただ、小学校に上がった一番上の子どもは卓球教室に通い始めた。夫が学生時代に卓球に力を入れていて、一緒にテレビを見ていたら子どもがやりたいと言い出したからである。卓球教室は夫のツテで探し、車で1時間近くかかる教室に、夫が車で週末送迎している。

そのこさんが子育てで大切にしているのは、「自分が楽になる」ために、早く子どもが「自分で自分のことをやれるようになる」ことである。そのこさんは文字や数字を教えることには関心がないが、食事の配膳と片付け、保育所の準備、歯磨き、洗濯物の片づけなど、細かく指示を出して、「声掛け」し、子どもを誘導している。しかし、仕事が忙しく、「時間も限られた中、短い時間の中でいろいろ支度とかやらせてるのもあってどうしてもイライラしがち」と葛藤を語る。

そのこさんが語るような、子どもへの指示出し、声掛け、誘導といったしつけについて、夫はあまり関与していない様子である。そのこさんによれば、「パパの帰りを待ってられない」ので、自分がやってしまう。しかし、「パパの存在」があるだけで、子どもたちをやるべき行動に向かわせることができるとも話す。

　　そのこさん：たぶんパパのほうが怒ったら怖いっていうのがあってからか、パパが帰ってきたら、もうパパのガチャっていうドアの音で、あ、やばい、やっちゃわなきゃみたいなのがあるんですよ。やばい、まだこれ終わってないんだったみたいなのが、慌ててやるみたいなのがあって。なんでそれをやってくれないんだみたいな、さっきから散々言ってるのにっていう。
　　　　──じゃあ、パパが帰ってくるとほっとしますよね。
　　そのこさん：パパがいるだけで、ちょっと子どもの気が引き締まるというか、やらないと怒られちゃうからやんなくちゃとか、そういうちょっと促されるんですよね、パパの存在だけで。

父親は威厳のある存在として、そのこさんのしつけの実践を支えていることがわかる。そのこさんは、夫の方が稼ぎがいいので、子どもの世話やしつけが

自分に偏っていることについては大きな不満を抱いていない。その一方で、父親が休日でもスマホゲームに熱中して、「あんまり子どもを見ていない」ことを改善してほしいと話す。

　　そのこさん：もうちょっとちゃんと、ちゃんとしなさいって気がしますね。どうしても、携帯、スマホをすぐいじっちゃうので。パパ今呼ばれてたよ、話しかけられてたよとか、そういうのがちょこちょこ気には。

　そのこさんは「子どもに任せる」ことを子育ての基本的な方針としつつも、任せられるようになるまでには子どもの様子をよく見て、指示を出したり、促したりすることが必要だと考え、その実践に苦労している。一方、そのこさんの子ども中心的な視点は夫にはあまり共有されておらず、その点を改善してほしいと思っている。

【かずみさん　（1歳/介護員/高卒）】

　かずみさんは、高校卒業後に高齢者介護施設で働き始め、第1子出産後はパートで働ける児童福祉施設に転職した。夫は自動車会社で整備工をしている。

　夫婦の家事育児分担を尋ねると、夫は10のうち「1」くらいだという。お風呂掃除以外の家事や子どもの世話の大半はすべてかずみさんが担当している。負担は大きいが、パート勤務なので、夫に対して「後ろめたさが半端なく」、負担感は伝えないようにしている。

　子育ての方針について尋ねると、「あんまり型にはめすぎるのもよくないので（……）この子はこの子らしくここにいれば、が一番の願いで」と答えた。大学進学についても、「本人の行く意思だったり、本人のなりたいものによって決めればいい」と考えている。このようにかずみさんは、子どものやりたいことを尊重して、「子どもに任せる」ことを子育ての中心に据えている。

　その一方で、親しい専業主婦のママ友が習いごとをたくさんさせているのを聞いて、心を揺さぶられている様子もみえた。「保育園行ってないけど0歳児から英会話行ってるとか、そういうの聞くと焦ります、あたしも正直」と話すように、彼女はママ友に影響されて子どもに英語を習わせることを検討した。

そのことを夫に相談したが笑い飛ばされたと言う。

　　──旦那さんは教育のこととか結構、関心あります？　お子さんの。
　かずみさん：ないですね、全然。
　　──全然ない感じ？
　かずみさん：ないというか、ちょっと英語の話も笑ってましたけど、「この子、こんなちっちゃいのに英語言ったって分かんのかよ」ぐらいの感覚で。ただ、本当に今、もう子どもは子どもらしくじゃないですけど、「それでいいんじゃないの？」みたいな感じです。

　かずみさんによると、夫も「田舎育ち」なので「自由に育ってきた」し、子どもにも同じように育ってもらえればと思っている。しかし、話をよく聞くと、かずみさんは子どもをしっかりしつけようとしている。「学校からの宿題が出たらちゃんとやっちゃいなさいと言うとは思います、そういう時期が来れば」「遊ぶときは遊ぶ、やるときはやる。そういうところはしっかりしたほうがやはりいいのかなって」と話すように、基本的な生活習慣を子どもに身に着けさせることに関心が高い。まだ子どもが1歳なので、宿題や生活習慣の指示や確認といったことはないが、やってはいけないことについてきちんと叱ることを心がけていた。
　一方、夫は子どものしつけにあまり関与できないでいる様子である。かずみさんは「もちろん男だし、子どもとの接し方がよくわからない」と理解を示す一方で、「怒り役もなだめ役も全部私がやってる」ことに嘆息する。

　かずみさん：むしろ、主人が（私に）怒られてるような感じなんで。でも、あえて言います。「パパなんだから、いい、悪いはちゃんと怒んなきゃ駄目よ」とは言うけど、「何がいい、良くて、悪いか分かんないんだったらそれは相談して」とか。自分で決めれないんだったら。ただ、お父さんの威厳じゃないけど、「お互い若いからとか、今の人たちだからといって、あたし手抜くのは嫌だ」っつって。やっぱお父さんはお父さんっていう認識はしっかり持ってほしいし、あたしが怒り役でも全然いいんだけども、

怒り役が家庭に2人いては良くないと思うから。でも、「やっぱお母さんって一番、なだめ役に最適じゃないけど、何かにしても子どもってお母さん頼りにすんのが多分、強いとは思うんだよね」みたいな話は昔、したことがあって。

　この語りには、かずみさんが夫に威厳を求め、自分は「母親として最適ななだめ役」に徹したいという願望が表れている。夫婦の間の会話について尋ねると、かずみさんは「自分がマシンガンのようにしゃべることが多い」ので、「喋らせるような感じでうまく誘導している」と話す。子どもの話をしたいので、「もっと自分の意見を言ってほしい面もある」と言う。

　かずみさんから見ると、夫は子どもに対して「ドライ」だが、遊びを通して徐々に「パパになっていってる」。2人でじゃれあって遊んでいる姿をかずみさんは微笑ましく眺めているが、夫はスマホゲームに没頭することもあり、そういう時は「行けーって子どもを行かせて背中に乗らせる」という。子ども中心的な視点が不足している夫に対して、かずみさんは「自分の時間も大切だから」と寛容な態度をみせる。「彼は努力してると思います。彼っていうか、主人はそうやって仕事で疲れて帰ってきてもそうやって気遣って」と語り、自分に偏る負担を受け入れている。

3.　家庭教育の父母分担に作用するジェンダー秩序

　以上、父母分担と子育て理念を交差させて4つのパターンをみてきた。以下では、「父母協働志向」と「母親偏重」それぞれの場合に表れるジェンダー秩序の作用について考察する

1)　父母協働志向におけるジェンダー秩序の再編

　まず、父母協働志向の子育てでは母親と父親が子どものしつけや教育について話し合い、「すり合わせ」をして、共に意思決定している様子がみられた。特に、父母が「親が導く子育て」を支持している場合は、両者が共に子どもの教育環境を整え、学習、習いごとに関わる様子がより一層明確にみられた。こ

の場合の父親のかかわり方としては、消極的な場合と積極的な場合がある。前者はふゆみさんの事例にみられるように、父親は必ずしも教育的関心が高いわけではないが、母親の教育関心に促され、「巻き込まれる」形でかかわっている。一方、けいこさんやるりさんの夫は後者の場合で、父親は子どもの教育に熱心で、習いごとや進路を気にかけ、子どもの学習活動に直接かかわっている。今回の調査では、父母協働志向の大半は父親が消極的な事例であった。22 名中、自分と同じくらい、あるいは夫の方が教育関心が高く、積極的に子どもの教育に関わっていると答えた女性は 5 名のみだった。石井（2013）は、父親の育児参加は母親からの働きかけの影響が大きいと考察するが、家庭教育の場合も、母親による「巻き込み」戦略が、消極的な父親の関与を促していると考えられる。

　こうした父母協働志向の事例では、女性のみを育児の担い手とする従来の性別役割分業体制からの変容がみられる。母親たちは子どもの教育について夫と「分かち合い、交代、共同決定」を行い、〈平等〉な関係（舩橋 2006: 101）を築こうとしていた。また、父親も母親からのそうした働きかけに呼応し、父母が協働して子どもの教育に携わっていくという合意と体制が家庭内に形成されていた。

　しかし、夫婦の平等主義は「女性はケアをしたり生活環境を整えたりするものであるという性別分業への圧力」に絶えず晒されている（舩橋 2006: 101）。舩橋は、そうしたジェンダー秩序のベクトルによって、夫婦が平等を志向している場合でも、家事分担が女性に偏りがちであることを指摘した。今回の調査からは、家庭教育についても父母協働志向を挫くジェンダー秩序が作用し、①母親の方がより多くの労力と時間を捻出していること、②父親の権威性を維持する交渉が父母間で行われていること、の 2 点を指摘できる。

　まず 1 点めであるが、ふゆみさんの事例では、母親の働きかけによって父親が子どものしつけや教育に「巻き込まれていく」ことを見た。夫が教育に積極的なけいこさんの夫の場合であっても、子どもの細かいスケジュールを把握して、伝えるのは彼女の役割であった。このように大半のケースで、子どもの教育情報を集めたり、子どものスケジュールを計画・調整・管理し、それを遂行できるように自身の予定を調整したり、父親に相談をもちかけたりするのは母

親の役割であった。

たとえば、父母協働志向で「親が導く子育て」を実践しているのぞみさんの場合も、習いごとの情報収集をして、話をもちかけるのも彼女の方である。

> のぞみさん：例えばここは一緒に見に行って、どうだったって言うと、ここはこうだと思うとか、そういうことは言うけど、自分からっていうのは、あんまりないですけど。資料さえそろえれば、私がプレゼンして、実際見に行って、あーだこーだ言って、じゃあどうするっていう感じだから。（……）別に話を聞いてくれないとか、そういったことは別にないので、多分、そんなことしたら怖いんだと思ってると思うんだけど。（3 歳/保健医療従事者/大卒）

このように、父母協働志向であっても、多くの場合、家庭教育にまつわる手間ひまのかかる仕事は母親が担い、父親は母親の主導権や段取り、下働きに促されて支えられる形で、子どものしつけや教育に関わっていたといえる。

父母協働志向の中に内包されるジェンダー秩序の 2 点めは、権威ある父親像の維持である。天童・多賀 (2016) は、父親の教育的関与が必ずしもジェンダー平等な共同育児に直結するわけではなく、「家庭内における父親の権威の復権を目指すジェンダー・ポリティクスや個人戦略とも容易に結びつく」(p.230) と指摘する。今回の調査では、けいこさんの事例のように家事への参加は少ないが、子どものしつけや教育には関わる父親たちが 5 ケースみられた。これは、家事は父親の権威性には直結しないが、しつけや教育は子どもに対する父親の威厳のアピールになり、「権威としての父親」(多賀 2011；杉原 2011) を維持しようとする父親の側の意識的・無意識的な選択であるとも考えられる。

さらに、今回の調査からは、父母協働志向の母親たちの間にも、夫の意見を尊重し、家庭内に「父親の権威」を確立しようとする姿勢があることが明らかになった。彼女たちは語りの上では、夫の「（私のことを）怖いと思っている」「言いなりになる」という言葉を使って夫婦の関係性を表現するが、夫の意思決定には従う意向が強くみられた。たとえばふゆみさんは子どもの教育で主導権を発揮するが、「大事なことの最終決断は彼」「プライドを傷つけちゃまず

い」と言うように、男性/父親としての権威を損なわないように配慮を重ねている。

このように、父母協働志向の子育てでは、父母が子どもの教育を共に考え、実践していこうとする姿勢が共有されている。それは部分的には成功しているものの、母親への負担の偏りや父親の権威性維持など、既存のジェンダー秩序の影響が消えたわけではなかった。

2) 母親に偏った子育てにおけるジェンダー秩序の維持

一方、母親に偏った子育てでは、子どものしつけと教育に父親が無関心で、ほとんど関与していなかった。このパターンには、上記で論じた、①母親への家庭教育負担の偏り、②父親の権威性維持、というジェンダー秩序がより明確に表れた。

まず1点めの母親への家庭教育負担の偏りだが、なぜ彼女たちの家庭ではこうした不平等が生まれ、維持されているのだろうか。母親たちの語りからは、まず夫の多くが「育児は母親のやるべきこと」という固定的な役割分業意識を強く持っていることが分かる。たとえば、「親が導く」ことを志向するわかなさんやせいこさんは、子どもの教育について夫に相談をもちかけて意見を求めるが、夫は「母親がやるべきこと」として取り合わない。その過程の中で、2人は夫を子どもの教育に巻き込むことをあきらめ、自分だけで遂行しようとしていた。

また、夫だけではなく、母親自身も性別役割分業意識が強い場合がみられる。「子どもに任せる」ことを志向するそのこさんとかずみさんは、父親がゲームばかりして子どもがきちんと子どもをしつけたり、子どもに向き合ったりしないことに不満をもっているが、母親が中心的な役割をしつけにおいて果たすことに大きな疑問を抱いてはいない。

こうした父親の、あるいは父母双方の性別役割分業意識によって、教育やしつけの負担が母親に偏ることは正当化され、維持されていた。ここには、母性イデオロギーを孕むジェンダー秩序の作動をみることができる。

舩橋（2006）は、夫婦間の権力関係について考察した Komter（1989）の理論を紹介し、「対立し合う意思の調整における交渉というコストに片方が耐え切

れず要求をのみこんでしまい、意思対立が潜在化されてしまった緊張関係」を
「潜在的権力」の概念で説明する（p.15）。わかなさんとせいこさんの場合は、
無関心な夫を子どものしつけや教育に巻き込むことを試みたが、無理だと断念
して自分が引き受けてしまっていることから、夫婦間にはこの潜在的権力が働
いているといえる。

　さらに、夫婦間には「不可視的権力」も存在する。これは「要望自体が自覚
されず、自発的に社会秩序に従う場合」（舩橋 2006: 15）を指す。そのこさん
やかずみさんは、教育やしつけは母親が担うべきという分業意識と母性イデオ
ロギーを内面化している。そのため、夫をしつけに巻き込んで行くという発想
自体が弱く、しつけに関わらない夫に対して大きな不満を抱いていなかった。
ここには、不可視的権力のメカニズムが作動している。

　なお、4人の事例に示されるように、このパターンにおいては子どもの教育
だけではなく、家事分担も圧倒的に母親に偏っている事例が大半であった。つ
まり、女性たちは家事、子どもの世話、しつけ、教育のすべてをほぼ1人で担
っていた。父親が子育てで担っていたのは主に「遊び」に限定された。

　ジェンダー秩序の2点めとして、母親に偏った子育てでは、家庭内における
父親の権威がより一層強調されていた。わかなさんの場合、夫の「理不尽に怒
っている姿が年々増している」ために、子どもが父親を怖がっていることを心
配していた。それに対して、そのこさんやかずみさんのように、権威的な父親
像を期待する女性たちの声もあった。2人とも父親の威厳によってしつけがう
まくいくと考えており、そのこさんは、「パパがいるだけで子どもの気が引き
締まる」と話し、かずみさんは「お父さんの威厳」をもっと全面に出してほし
いと願っている。

　このような父親への役割期待は他の女性たちからも聞かれた。たとえば、く
みさんは、夫は子どもの世話もしつけもしないが、「父親の存在は大きい」と
話す。

　　　──じゃあ、子どもを育てる上で、お母さんが育てるのと、お父さんが
　　育てるのって、同じぐらい重要だと思いますか。それともお母さんのほう
　　が重要だと思います？

くみさん：いつもいろいろやってるのは母親ですけど、やっぱり父親の存在も大きいですね。特に何をやるっていうわけではないんですけど、やっぱり何かあったときに、ぴしっと締めるのは父親だったりとかするので。
(6、8、10歳/販売員/高卒)

このように、「母親に偏った子育て」では、性別役割分業と父親の権威が家庭内で再生産されている。

しかし、このタイプの子育てでも、子どもの習いごとに熱心になる父親が一部みられる。たとえば、わかなさんの夫は水泳教室、そのこさんの夫は卓球教室に子どもたちを熱心に通わせていた。習わせようと考えたのは夫で、教室を探したり、うまくなるために練習に付き合ったりするのも夫だった。かれらがこれらの習いごとに特化して興味を示すのは、自らが経験し、過去に打ち込んできたものだからである。大和ら（2008）は、父親の育児参加が増えてきたとはいえ、父親は育児を「子どもと楽しいことをする」こととしてとらえがちで、「育児のレジャー化」が進んでいるという見解を示している。これを踏まえると、父親の習いごとへのコミットは、母親たちのように子ども中心的な意識を背景とした行動ではなく、自己充足的な意味合いが強い。家庭教育の「楽しい」部分を父親が引き受け、しつけや教育にかかる手間ひまは母親が背負うことになっていた。

4. 階層の影響と格差の形成

次に、階層の視点から、母親が仕事と育児を織り合わせる上での葛藤と、子どもの教育機会の格差について考察する。

1) 母親の葛藤格差

「父母協働志向の子育て」と「母親に偏った子育て」を比較すると、前者では母親の家庭教育の負担が父親の関与によって軽減されていた。とくに「親が導く子育て」では、母親が多くの労力と時間を割くことが求められるが、父親もしつけや教育に携わることで、母親の時間負債は緩和されているようだった。

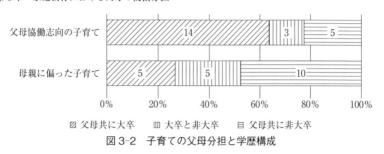

図3-2　子育ての父母分担と学歴構成

　一方、家庭教育が母親に偏っている場合、子どもの教育について相談しても父親が無関心であること、父親が自分の余暇を重視して子どもの教育やしつけにきちんと携わらないことなどについて、母親たちからは不満が語られた。特に、「親が導く」ことを支持する母親たちは負担が重く、父親の参加を求める声が多く聞かれたが、わかなさんやせいこさんのように、父親が無関心であったり、仕事で家にいる時間がないために、交渉をあきらめてしまう様子が見られた。また、母親自身が性別分業意識を強く持つために、不満が潜在化する傾向もみられた。

　こうした母親の葛藤には階層の影響がみられる。図3-2に示すように、父母協働志向に該当するのは「父母共に大卒」が最も多い。一方、母親偏重は「父母共に非大卒」が最も多い。父母の学歴が相対的に高いと、父親の家庭教育への関与が増す傾向がみられる。母親が高収入であるほど夫に対する家事育児分担の交渉力が増し、父母の平等志向が高まるとされているが（松田 2006；大和ほか 2008）、一般的に学歴と収入は相関関係にあるので、本調査の結果もそうした知見に沿うものである。

　つまり、学歴や収入が高い女性の方が、夫婦間の交渉の積み重ねの中で夫を家庭教育に巻き込んでいき、葛藤を緩和することに成功している。一方、一部の大卒女性や、学歴や収入が相対的に低い女性たちは、夫をしつけや教育に巻き込むことができていなかった。この背景として、長時間労働によって母親が夫を当てにできなかったり、父親あるいは父母双方の伝統的な性別役割分業意識によって、不平等な分担が正当化されているということが考えられる。

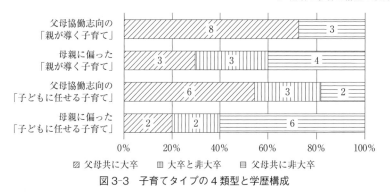

図3-3　子育てタイプの4類型と学歴構成

2) 子どもの教育格差

　また、この4つの子育てモデルからは、子どもの教育機会に関して親の階層を反映した格差が生じている可能性が示唆される。図3-3に各子育てタイプにおける父母の学歴構成をまとめた。

　「父母とも大卒」が多いのは、順に、父母協働志向の「親が導く子育て」、父母協働志向の「子どもに任せる子育て」、母親に偏った「親が導く子育て」、母親に偏った「子どもに任せる子育て」である。特に、父母協働志向の「親が導く子育て」の中には、上場企業に勤める父母が多く、世帯収入の高さが際立った。一方、母親に偏った「子どもに任せる子育て」を実践する母親の半数は、共働きでも収入が限られ、経済的不安を抱えていた。こうした学歴や世帯収入の違いを反映して、父母の教育的かかわりや教育資源についても、父母協働志向の「親が導く子育て」と、母親に偏った「子どもに任せる子育て」の間には格差が見出せる。

　大卒・共働き高収入の父母が共に子どもの教育に関わるということは、家庭の経済資本のみならず、文化資本や社会関係資本の伝達も増強することになり、子どもの学業達成に有利に働くことが予想される。子どもの中学受験にコミットする「教育する父親」を調査した多賀（2012）は、都市在住高学歴ミドルクラスの男性たちの直接的な教育的かかわりが、階層間教育格差の維持・拡大に寄与しうる可能性を指摘している。これに関連して、本調査からは就学前の段

階から、子どもをより良い学校に進学させるため、大卒の父母が子どもを熱心に導いていることを新たに指摘できる。また、父母協働志向の「子どもに任せる子育て」を実践する母親の間には、子どもが小学校に上がる段階で徐々に「親が導く」方向にシフトしていく傾向が見出された。この結果からは、少なくとも都市部では、学歴獲得を念頭に置いた父母協働志向の「親が導く子育て」が、主に大卒層を中心に数を増していく可能性がある。

　こうした父母協働志向の子育てに比べると、母親に偏った子育てでは子どもに与えられる教育的資源は相対的に少なくなる。母親1人が働きながら、習いごとの送迎をしたり、学習に根気強く付きそったり、自立できるようにきっちりしつけをすることには時間や労力を捻出する上で限界があるからである。とくに母親に偏った「子どもに任せる子育て」は父母ともに非大卒であるケースが多く、母親たちは家計の厳しさに言及し、習いごとや子どもの大学進学費用について不安をもっていた。父親が関わらないためにマンパワーが不足していることに加え、収入面でもひっ迫した状況にあったことは、大卒共働きの父母協働志向の子育てに比べて、子どもの教育機会が限定的にならざるをえない状況を生み出していた。

5.　本章のまとめ

　本章では、⑴家庭教育に関する父母の分担・協働状況、⑵分担・協働状況におけるジェンダー秩序の作用、⑶分担・協働状況と連動した母親のジレンマと子どもの教育機会に関する格差の形成、の3点について考察してきた。

　1点めについては、前章の子育てタイプを父母の分担に注目してさらに分類し、①父母協働志向の「親が導く子育て」、②母親に偏った「親が導く子育て」③父母協働志向の「子どもに任せる子育て」、④母親に偏った「子どもに任せる子育て」の4タイプを女性たちの語りから抽出した。現代の日本社会では「教育する家族」が一般化していると言われているが、その内実は一様ではないことが明らかになった。家庭教育における父母分担の研究がほとんど見られない中、本調査は、父母協働志向の家庭教育が大卒父母の間にみられ、母親1人が家庭教育を担う傾向が非大卒父母の間にあらわれることを明らかにした。

大和ほか（2008）は、共働き家庭の父親は専業主婦家庭の父親に比べて子育てに全面的に関わる意識を持つ傾向があると指摘する。しかし、本調査からは共働き家庭の中に、「しつけや教育」にほとんど関与しない父親が多く存在し、さらにそうした父親は家事や子どもの世話についても多くを担っていないことが新たに分かった。

　2点めについては、父母協働志向の女性たちの間では、夫と「相談する」「すり合わせる」「一緒に決める」といった実践が行われていて、実際に父親が教育やしつけに直接的に関わる様子が語られた。つまり、これらの事例では、ケアや教育を母親のみの責任とするジェンダー秩序の再編がみられたということである。

　しかし、こうした協働志向においても、子どものジェネラルマネージャー（広田 1999）として奔走したり、実際に子どものしつけや教育に手間ひまかけるのは母親であり、父親は受動的・消極的な補佐役に終始することが多かった。[2]さらに、父母協働志向の子育ての中には、しつけや教育を通じて、権威ある父親像を体現しようとする父親の意識的・無意識的な戦略（多賀 2012）が潜在している可能性がみられた。さらに、協働を志向する母親自身からも、父親の威厳や権威を期待する声が語られた。要するに、性別役割分業や父親の権威を再生産するジェンダー秩序の影響は、父母協働志向の子育てにおいてもみられたということである。

　母親に偏る子育ての場合、家庭教育における時間と労力の捻出はほぼ母親のみの負担となり、権威ある父親像を期待する母親の意識も一層明確に語られた。ここには、ジェンダー秩序の維持・再生産がみられる。こうした不平等な家庭教育の分担について母親たちは不満を語っていたが、「仕方がない」と受け入れる姿勢もみられた。ここには、不平等な分担が、長時間労働が要請される父親の職場環境や、父親または父母双方の伝統的な性別役割分業意識、そして母親の子ども中心主義によって正当化される傾向がみられた。母親たちの葛藤は、「家庭の平和」のために潜在化していたり、不可視的権力の作用によって意識に上らない可能性が示唆される（舩橋 2006）。

　最後に、家庭教育にまつわる母親の葛藤や子どもの教育機会に関して、階層を反映した格差が生じていることを明らかにした。

　父母協働志向の子育ては、大卒共働き家庭に多く見出された。これらの家庭では、父親が教育に関わるために母親の時間負債が緩和されていた。さらに、共働きによる収入面のゆとりに加え、父母が協働しながら子どもの教育に携わることによって、子どもが享受する教育資源が多く存在した。とくに、父母協働志向の「親が導く子育て」では、子どもの進学に向けた意識と実践が行われており、教育を通じた階層再生産戦略が父母の協働の中で行われていたといえる。

　一方、母親に偏った子育ては、父母の学歴が相対的に低い家庭に多かった。母親たちの間には、働きながら子どもをしつけたり、習いごとをさせたり、学習につきそったりすることの葛藤が多く語られた。つまり、非大卒の母親に関しては、夫がしつけや教育にかかわらないため、母親業と仕事を織り合わせることに多くの困難を抱える傾向が見出されたということである。こうした母親の葛藤状況は、子どもが享受できる教育機会の制約へとつながっていた。特に、母親に偏った「子どもに任せる子育て」では、子どもへの主な教育的働きかけは母親のしつけで、子どもの就学後の学習への備えはあまり検討されていない。マンパワーが限定的であることに加えて、経済的にひっ迫しているために、子どもに習いごとをさせたくても送迎や金銭の面でさせてあげられなかったり、主眼とするしつけにも十分手間ひまをかけてあげられなかったりする状況が生じていた。このパターンで最も多いのは、両親とも非大卒のケースである。

　つまり、大卒の女性たちの間には日々の交渉の中で夫を子育てに巻き込み、時間負債を緩和し、夫婦で共に子どものケアや家庭教育に携わる傾向が見られたのに対し、非大卒の女性たちは夫を子育てに巻き込むことに関して様々な障壁があり、子どものケアと家庭教育を 1 人で負担する事例が目立ったということである。こうした母親の負担と葛藤の格差は、子どもの教育格差の形成と連動している。子育てによる階層差が明確なアメリカの場合と比較すると、日本では家庭教育を通じた「連続的なグラデーション」の格差（本田 2008）が小学校段階で形成されていると指摘されている。本章ではそうした教育格差が、父母の分担・協働状況および子育て理念の違いによって、就学前から生じていることを明らかにした。このことは、父親の子育てへの乏しい関与が、ジェンダー不平等の問題であるとともに、子世代に続く不平等再生産を促す可能性を示

唆するものである。

注

(1) 1、2章では、「母親」は社会的に構築されるという見方にたって、インフォーマントやその夫を言い表す際には、「女性」「女性の夫」という表現を用いた。本章では、子どもの教育を媒介とした父親と母親の関係性が焦点となるため、読者の理解を分かりやすくするためにも、「父親」「母親」という表現も併用する。

(2) Lareau（2011）のアメリカのミドルクラス家庭の研究では、父親よりも母親の方が圧倒的に子どもの習いごとにまつわるさまざまな仕事を引き受け、自分の時間を融通していることが指摘されている。この結果をふまえ、Lareauら（2008）は、父母それぞれが子育てに費やす時間の長さだけではなく、その時間がどのように使われているかを明らかにすることが重要であると指摘する。本書でもこの指摘をふまえ、データ分析においては母親による時間への意味づけや使用方法を丁寧に検討した。

第 II 部
仕事・家事

第4章　大卒女性の稼ぎと職業に対する意識

1. はじめに

　今日、新自由主義的な「女性活躍」推進の流れの中、働く母親の両立支援を進めることで、少子化問題と労働力不足を解決することが企図されるようになった。しかし、新自由主義は有能な女性の活躍の場を広げるとともに、女性の低賃金雇用での活用をも進め、新自由主義下での女性の社会進出は女性の階層化をともなう（三浦 2015: 66）。既婚女性について、非正規雇用の増加、正規と非正規の賃金格差の拡大、女性管理職の増加等から女性間の格差が深化していることも明らかになっている（岩間 2008: 102-106）。

　この状況の中、女性たちは子育てしながら働くことをどう考えているのだろうか。戦後、「近代家族」が大衆化し、「夫＝稼ぎ手役割、妻＝ケア役割」という性別役割分業が日本社会に浸透し（落合 1994；山田 1994）、妻の就業は妻・母役割の延長として家族を支えるものとみなされた（上野 1990）。だが、男性の雇用が不安定化するにつれ、女性には、ケア役割にくわえて、新たに稼得役割が期待されるようになった。小笠原（2018）による聞き取り調査では、大企業で両立支援制度が整備される中、高学歴女性がやりがいや社会貢献のために働くというよりも、家計の責任を負うという意味づけをするなど、男性の意識に近づきつつある事例もみられる。その一方で、大卒よりも技能や資格がより少ない非大卒層は相対的に安定した雇用を得ることが難しい。しかし、格差が拡大する現在、子育てする非大卒女性たちが働くことをどう意味づけているのかは明らかではない。

　そこで4・5章を通して、育児期に就業する女性たちが稼得役割と職業役割をどのように考えているのか、大卒層と非大卒層の差に注目しつつ考察していきたい。

2. 育児期女性の稼ぎと職業

　序章で、本章に関わる先行研究のレビューを行ったが、ここでその要点を確認しておきたい。これまで「伝統的な」家族では夫が稼ぎ手で、妻は家事育児をすることで家庭を支えると考えられてきた。しかし、欧米では女性の社会進出が進むにつれ、妻が夫と同じ程度に稼ぐ可能性について議論されるようになった。妻が大学卒業以上であると、夫と妻が「同等の稼ぎ手」、あるいは妻が「主な稼ぎ手」となりやすい傾向も明らかになっている。

　欧米と比べると、日本は女性の学歴と働くことの関係が緩いといわれている。つまり、夫に安定した雇用や収入があると、学歴が高い妻でも働かない傾向がある。そのため日本では、女性が働くことは、「家計補助のため」、あるいは「働くことを通しての自己実現」として解釈されてきた。しかし 1990 年代以降、男性の雇用が不安定になり、妻が稼ぐことも期待されるようになっている。先行研究が少ない中、小笠原（2005）は女性の「働く行為の意味」に注目し、大卒・高学歴層の共働き夫婦を中心に調査を行い、「生計維持分担意識」という語を用いて考察した。この語は、家計を分担しようとする意志を意味し、就業継続しようとする志向性を伴うものとして用いられている。以前は、女性が生計維持に対して責任を持とうとすることは例外的であったが、最近では両立支援に積極的な大企業に勤める女性の一部に、自らを生計維持の責任者と位置づける様子が明らかにされている（小笠原 2005、2018）。

　また、女性の働き方は、夫・妻がそれぞれ自分や相手の職業をどうとらえるのかに左右される。すなわち、妻が家計補助を目的として働く場合と、妻も夫と同様にキャリアを目的として働く場合では異なってくる。この働き方の違いは、「ジョブ」と「キャリア」という語で区別されてきた。「ジョブ」は、昇進や永年の勤務に対する報酬の増加が契約されていない仕事のことである。妻の職業が「ジョブ」である場合は、妻や母としての役割の延長として働き、家計を補助するために収入を得る。他方、妻の職業が「キャリア」である場合は、ライフワークとして働く。職業のための教育やトレーニングが必要となり、高いレベルでのコミットメントが要求される。妻が「キャリア」として働いてい

　る場合は、妻の職業も夫の職業と同じように重要だとみなされる（松信 1995）。

　日本では、男性稼ぎ手型システムの下、子どものいる女性は母親役割を中心とし、キャリアの見通しがつきにくかった。しかし最近では、「子どもができてもずっと働き続けた方がいい」と考える女性の割合が増えつつある。とくに、両立支援に積極的な企業では、女性が働き続ける見通しがより確かになっているという（小笠原 2018）。そこで、4・5 章では、序章で詳述した先行研究の議論に基づき（序章Ⅲ-1・2）、女性たちが稼得役割と職業役割をどうとらえているのかを明らかにしようと試みる。そのために、次の 2 つの問いを設定する。

(1)　育児期に就業する女性は、生計維持分担をどのように意味づけているのか。
(2)　育児期に就業する女性は、自分自身の職業をどのように意味づけているのか。

　この 2 つの問いに答えるために、本研究のインフォーマントのうち大卒女性 20 名、非大卒女性 17 名を合わせた計 37 名のデータを分析する。これまで、仕事と家族に関して、大卒女性を対象とした質的研究は成果をあげてきたが（小笠原 2005、2018；三具 2018）、非大卒の女性の状況については十分に明らかにされてこなかった。そこで 4・5 章を通して、大卒と非大卒の女性たちの比較を試みる。この 4 章では本調査の大卒女性のケースについて分析し、先行研究の議論を検討する。つぎの 5 章では、先行研究で取り上げられてこなかった非大卒女性のケースについて、より詳細な記述を用いて考察を行う。では、まず大卒女性のケースをみていきたい。

3.　誰が稼ぐのか

　調査協力者のうち大卒女性 20 名は、大学や高校の教職員、大手企業（IT 企業、広告代理店、金融など）の総合職など、その半数が比較的収入の高い職業に就いている。残りの半数は、中小企業の事務や NPO 勤務などである。20 名のうち、仕事を辞めずに夫と 2 人で家計を分担し続けようとする意識（以降、「生

表 4-1　生計維持と職業に関わる意識と分担

	文中の仮名	職業	就業形態	勤務時間	生計維持分担意識	職業の位置づけ	家事育児分担比
大学卒	むつみ	会社員	正	フルタイム	高	キャリア	妻＞夫
	ようこ	会社員	正	時短	高	ジョブ	妻＞夫
	ひかり	会社員	正	フルタイム	低	キャリア	妻2倍
	ふゆみ	会社員	正	フルタイム	高	キャリア	妻≒夫
	うたえ	会社員	正	時短	高	ジョブ	妻2倍
		会社員	正	フルタイム	高	キャリア	妻＞夫
		会社員	正	フルタイム	高	キャリア	妻全部
		会社員	正	フルタイム	高	キャリア	妻＞夫
		看護師	正	フルタイム	高	キャリア	妻＞夫
		大学職員	正	フルタイム	高	キャリア	妻≒夫
		会社員	正	フルタイム	高	キャリア	妻2倍
		看護師	正	フルタイム	低	キャリア	妻2倍
		高校教師	正	フルタイム	高	キャリア	妻2倍
		会社員	正	フルタイム	高	キャリア	妻≒夫
		会社員	正	フルタイム	高	キャリア	妻全部（夫単身赴任）
		会社員	正	フルタイム	高	キャリア	妻全部（夫単身赴任）
	わかな	契約社員	非	パートタイム	高	ジョブ	妻全部
		フリーランス	非	パートタイム	高	ジョブ	妻全部
院卒	やよい	大学教員	正	フルタイム	高	キャリア	妻≒夫
		NPO職員	非	パートタイム	低	キャリア	妻2倍

計維持分担意識」とする）の高い者は 17 名（正規雇用 15 名、非正規雇用 2 名）で、低い者は 3 名（正規雇用 2 名、非正規雇用 1 名）である。5 章で記述する非大卒層と比較すると、大卒層には、生計維持分担意識が高い傾向がみられる（表 4-1）。

　また、夫婦のどちらが「主な稼ぎ手」と考えているのかについても質問し分析したところ、「自分が主な稼ぎ手」（3 名）、「2 人はほぼ同等の稼ぎ手」（4 名）と考えている者もいたが、半数以上は「夫が主な稼ぎ手」（13 名）と考えていた。よって、家計を分担しようとする意識が高くても、より多く稼ぐのは夫だと考える傾向があることがわかった。

　では、生計維持分担意識の高い 17 名は、具体的にどのような働き方や稼ぎ

方をしているのだろうか。まず、「自分が主な稼ぎ手」と考えている女性の例を見てみよう。

【やよいさん（0、4歳／大学教員／大卒）】

　医療系の大学教員として働くやよいさんは、週5日働きながら2人の幼児を育てている。平日は9時から17時まで大学で働き、その後に保育園へお迎えに行っている。仕事は、実習の準備や指導、こまごまとした雑用、事務的な書類のやりとりなどたくさんの作業があり忙しい。以前は、海外で医療系のボランティアをしていた時期もある。やよいさんと夫は海外志向があり、夫も以前、海外の大学院に留学をし、やよいさんと子どもも同行した。このような経歴があるにもかかわらず、やよいさんの夫はキャリア志向ではなく子育てを第一に考えていて、子育てがしやすいように非正規で大学職員の仕事をしている。やよいさんいわく、「彼はガツガツ仕事をしなくてもいいと考える」タイプだという。稼ぎは3対2でやよいさんの方が夫より多いが、相手がどれくらい稼いでいるかということは気にしていない。

　このように、やよいさんのケースは、夫の方が子育てを優先して仕事を調整し、妻の方がやや多く稼いでいる。家事育児だけでなく稼ぎもほぼ同じくらいの割合で分担している先進的な夫婦の例は、メディアにしばしば登場するものの、本調査では55組中3組しかみられなかった。程度の差はあるけれど、調査協力者の大半は、夫の稼ぎが多いという状況にあった。

　また、生計維持分担意識の高い妻は17名いるが、そのうち10名は「主な稼ぎ手は夫」と考えている。この10名は、夫と「同等の稼ぎ手」となりたいと望んでいるけれども子育てのために仕事をセーブしているパターンと、「夫が主な稼ぎ手」でよいと思っているが夫の収入だけでは足りないので稼ぐ意識が高いというパターンに分かれた。では、前者のパターンにあてはまる、むつみさんの例をみてみよう。

【むつみさん（4、6歳／会社員／大卒）】

　むつみさんは、上京して首都圏の難関大学に通った。卒業後は大手金融会社で総合職として働き始めた。夫も同じ会社に勤めていて、職場は都心にある。

むつみさんは出産前には責任ある仕事をまかされていたが、出産したという理由で「戦力外」とみなされてしまった。夫が子育てのために早退・欠勤すると会社での評判が悪くなるため、女性であるむつみさんがなるべく多く休むようにしているという。むつみさんは勤めている会社への不満が大きく、次のように批判する。

　　「しょせんは女」っていわれてるのも知ってる。でも、夫も同じように（子育てのために）会社を休んだりとかしてるんで、それでいろいろいっている人がいる。で、夫に同じ思いをしてほしくないなと思っているので、私が多く休む。

会社は男性育休の実績を作るために、男性社員に 1 日だけ育児休業を取得するよう勧めてくる。しかし、男性が長期の育休を取得すると「飛ばされる」という。むつみさん自身は「どっちが稼いでもいい」と考えているが、このような職場環境上、夫の方が仕事にコミットしていて稼ぎも多い。むつみさんの夫は家事育児分担も可能な限りしているので、夫への不満はなく、主にむつみさんが 2 人の子どもの世話のために働き方を調整している。むつみさんはしだいに会社でのキャリアに将来的な希望を見いだせなくなり、後に転職した。
　このようにむつみさんは、子育てのために自分が仕事をセーブし、働き方を調整していた。むつみさんは、子育て中の女性に対する理解がない職場で働いていたために、仕事と子育ての両立に葛藤していたのである。
　つぎに、夫が「主な稼ぎ手」であることに納得しているが、夫の収入だけでは足りないので妻の生計維持分担意識が高いという後者のパターンをみてみよう。具体例としてようこさんをあげる。

【ようこさん（4、8 歳／会社員／大卒）】
　ようこさんは大学卒業後、専門商社に就職し、正社員として事務の仕事をしてきた。出産後は時短を取得しつつ、幼児と小学生の 2 人の子どもを育てている。3 人目を妊娠中である。ようこさんの夫は金融の仕事をしている。朝は 6 時台に家を出て、夜 8 時頃帰ってくるため、子どもが寝る頃に少し会うだけで

ある。稼ぎは夫の方が2倍ほどある。夫の方が稼いでいるということもあって、ようこさんが平日の子どもの世話や家事をすべて受け持ち、保育園への送り迎えも1人でしている。

　ようこさんの勤め先は「昔の会社みたいな感じ」と、役職についているのは男性のみだという。ようこさんは、「女性で活躍してる人がいないっていうのもあって、時短だし、周りに負担してもらっているのに昇進なんてできるわけない」と話しつつも、「矛盾するんですけど、責任っていうんですか、もうちょっと私もできるよ、みたいな感じはあるんです」と葛藤もしている。パートタイムや専業主婦になることについては、自由に使えるお金がなくなるので仕事を続けるしかない、と次のように話した。

　　自分のペースで働くのもいいなと思うんですけど、実際それで給料見たときに、「んー、こんだけか」みたいになるのが目に見えてると思うと、なかなか踏ん切りがつかなくて。……今までずっと自分の好きなものを自分のお金で買ってくるみたいな感じでやってたので、（仕事をやめて自分の収入がなくなると）いちいちそれを承諾取ったりって思うと。主人はむしろ（ようこさんに対して）「働いてくれ」って。

この話のように、ようこさんはお金のことを考えると、子どもの世話との両立が大変でも辞める選択肢はないという。

　その一方で、生計維持分担意識の低い女性3名は、むつみさんやようこさんのケースとは異なる様子がみられた。彼女たちは、夫の稼ぎで暮らしていける経済状況にあり、場合によっては仕事をやめたり一時中断したりしてもいいと考えている。このうち、2名が正規雇用、1名が非正規雇用である。例としてひかりさんをあげる。

【ひかりさん（2、4歳／会社員／大卒）】
　ひかりさんは、都心の広告代理店で営業の仕事をしている。広告の仕事は労働時間が長く、「若い頃は終電も逃して、タクシーで毎晩帰ってた」という。

最近では、出産して復帰する女性が増えたが、会社にとって「子どもを産んで休んで復帰してっていうのは、まだかなり黎明期」であり、子育てしながら管理職になったロールモデルは周囲にほとんどいないという。

　ひかりさんは、第1子・2子と育休を取得し、会社に復帰してからは保育園へのお迎えがあるため毎日16時に退社している。同業の夫は平日多忙で23時頃に帰宅するため、お迎えから帰宅後のセカンド・シフトはすべてひかりさんが担当している。ひかりさんは、「今やってる仕事は好きだから」続けているが、「業務内容が大幅に変わって、そこまでしてやる仕事かってなったら、ちょっと考えるかもしれない」と話す。つまり、仕事にやりがいが見いだせなくなったら、より重要な子どもの教育のために仕事を辞める可能性もあると考えている。

> プールとかピアノとかやらせたいこといっぱいあるけど、全部やらせたらもう切りないし。……働いてなきゃそういうこともやらせてあげられるし、そこは常に思ってるところで。（仕事を）辞めたほうがいいかなと思うのは、そういう時間のやりくりのところ。

ひかりさんのケースは、「夫が主な稼ぎ手」であり、金銭面では夫の収入で足りるが、子どもの教育に必要な時間が足りない。そこで、お金＜時間という状況から、仕事を辞めるという選択肢が浮かび上がってくるといえる。

　以上にみてきた点をまとめると、大卒女性20名のうち17名は生計維持分担意識が高かった。残りの3名は、夫を主な稼ぎ手と考え、収入よりもやりがいを重視して働いていた。本調査の調査協力者には生計維持分担意識が高い女性が多くなったが、日本で働く女性全体からみればまだ少数派だと推測される。[1]そうであっても、このような大卒女性たちには、家計を担おうとする意識がすでに現れていることが明らかになった。

　では次に、彼女たちが、自分の職業をどのように意味づけているのかをみていこう。

4. ジョブかキャリアか

　大卒女性20名が調査時に就いていた職業に関して、彼女たちの語りから次のように2つの類型に分類して考察する。

　「キャリア」型——「教育やトレーニングが必要」であり、「ライフワークとして従事、継続する」「高いレベルでコミットメントする」といった意志を持つ者。
　「ジョブ」型——「社会参加や家計補助のために収入を得ること」を主目的に考える者。

その結果、大卒女性の場合、「キャリア」型が16名、「ジョブ」型が4名となった。「キャリア」の例としてふゆみさんをあげる。

【ふゆみさん（0、4歳／会社員／大卒）】
　都心の外資系IT企業で働くふゆみさんは、外資系企業に勤める夫とともに2人の幼児を育てている。夫とは家事を半々で分担している。ふゆみさんは、在宅で17時頃まで働いて、保育園にお迎えに行く。週に1回はベビーシッターがお迎えをしていて、子どもの世話もしてくれる。勤務先は海外研修や国際会議があるグローバルな職場環境で、女性の管理職も多い。ベビーシッターも上司や同僚から聞いて利用するようになった。仕事はやりがいがあり、将来的に管理職になることもめざしていると話した。

　　私はね、それ相応の職に就いて、采配を振るうっていうことができたほうが楽しいだろうなとは思っている。けど、もうちょっと子どもたちが落ち着いてからでいいかな。それに向けて、訓練はしていきたいなと思ってる。

ふゆみさんのケースは、アメリカで1970年代以降に起きた「女性たちの静かな革命」（Goldin 2006）と呼ばれる変化に関連付けることができる。三具

（2017）の整理によると、それ以前にみられた女性労働力の量的拡大とは異なる「革命」の指標として、①「女性が職業に関して将来を展望することが可能になった」、②「キャリアが女性のアイデンティティに大きな意味を持つようになった」、③「夫婦間で妻の労働の重要度が増した」の3点である（Goldin 2006）。本調査でも、ふゆみさんのケースのように、職業に関して将来を展望し、職業アイデンティティを大切にし、妻がキャリア形成できるように家事育児をほぼ平等に分担している状況が、一部の大卒女性にみられたのである。

その一方で、大卒女性にも「ジョブ」に就いている者が4名いる。例として、中小企業で働くうたえさんのケースをみてみよう。

【うたえさん（1、1歳／会社員／大卒）】

うたえさんは上京して首都圏の大学に通い、卒業後、色々な仕事を経験した。編集プロダクションの仕事はやりがいがあったが、終電で帰るなど労働時間が長かった。出産後は、より両立しやすい仕事を探し、自転車で通える自宅近くの会社で事務の仕事をみつけ、働きながら双子を育てている。夫は車の整備士をしていて、平日帰宅は遅い。うたえさんはいまの会社に最初はパートで入ったが、給料を上げるための交渉をして正社員にしてもらったという。そのときの出来事について次のように語った。

> お給料もらって3カ月間働いても時給が上がらなくて、このままじゃ駄目だと思って。社員になるしかないと思って社員になりたいっていったら、「社員にならなくてもいいんじゃない」みたいにいわれた。「社員なら子どもで休んでも給料はもらえるからだろ」とか、会社の男の人たちが話し合っていた（のをたまたま聞いてしまった）。

このような不快な経験をしてもうたえさんは、同じ会社で働き続けている。家にいるよりは外で働いていることが好きだという。キャリア志向ではないけれども、次の話のように、働くことに楽しさを感じている。

> 人が気付かないことを率先してやったり、みんなのかゆい所に手が届くみ

たいな存在というか、それを影ながらというか。……そういう手伝いをいろんな人にできたらいいな。それが楽しいですね。

うたえさんは、できれば夕方6時頃まで働きたいのだが、ひとりで双子を保育園にお迎えに行き、夕食を作って食べさせなければならない。そのため、夕方4時までの時短勤務にしている。うたえさんがジョブを続ける1つの理由は家計を支えるためであるが、もう1つの理由は働くこと自体が好きだからである。

【わかなさん（5、5歳／契約社員／大卒）】

うたえさんとは異なり、葛藤しながらジョブを続けているケースもある。例をあげると、地方出身のわかなさんは、大学を卒業後、人材派遣会社など複数の会社で事務や経理の仕事をしてきた。会社員の夫が転勤になり、わかなさんは会社を辞めて東京について行った。夫の仕事は忙しく、月の半分〜3分の1程度、出張で家にいないか帰宅が遅い。実家も遠く、友人もおらず、見知らぬ土地で、「ワンオペ育児」をすることになった。東京でIT企業に正規雇用の職を見つけたが、2人の子どもの世話との両立は予想以上に大変であった。わかなさんは体調を崩してしまい、仕事をセーブせざるをえず、契約社員の仕事に変えてもらった。夫の転勤と子育てのために、自らジョブに切り替えたのだが、キャリアを形成する機会を逃したことについて後悔しているという。

　こっちに来て仕事を見つけて、日々の生活が、子どもに手も掛からなくなって、去年ぐらいに気付いたんです、自分の中で。自分を振り返る時間ができたときに、私、なんかもったいないことをしたなって、そのとき初めて気付いたっていう感じで……。自分に頑張ったねっていってあげれるぐらいのことをしたのに、それがなくなってしまったって。

わかなさんはその気持ちを夫にぶつけて喧嘩をしたこともある。それでも、夫はなかなか理解してくれなかったという。実家のある地方に家族で戻りたいと思うが、自分の仕事がみつかるか不安も感じている。

　以上にみてきたように、ジョブの仕事であっても、その考え方は必ずしも同じではない。ようこさんのように、「やりがいを感じる仕事ではない」が生計維持分担のためと納得して働いているケースもあれば、うたえさんのようにジョブにやりがいを見出しているケースもある。しかし、わかなさんのように、夫が自分のキャリアを優先し労働時間を調整しないため、仕事をセーブして仕方なくジョブへと変わったケースもみられた。わかなさんの場合、自分のキャリアを犠牲にしたことに葛藤していたのである。

5.　夫との関係

　大卒女性たちは、夫との関係にどのような傾向がみられるのだろうか。大卒女性 20 名の夫の学歴は、院卒が 4 名、四大卒が 14 名、高卒が 2 名である。夫の職業に関しては、四大卒以上で資格を持つ夫は大学・高校の教員や会社経営者、資格のない者は広告代理店、金融、IT 企業、メディアなど大手企業の会社員が大半であった。高卒の夫は、職人、整備工であった。

　この夫たちの家事育児分担パターンに関して、調査票と聞き取りから分類したところ、夫と妻はほぼ同じ程度分担している（4 名）、夫は平日に家事・子どもの世話を分担しているが妻の方が多い（5 名）、夫は平日に家事・子どもの世話をほとんどせず妻が 2 倍以上分担している（6 名）、平日も休日も家事と子どもの世話は妻がほぼ全部している（5 名）の 4 パターンに分かれた。このパターンを順に「夫≒妻」「夫＜妻」「妻 2 倍」「妻全部」とする。「夫≒妻」「夫＜妻」パターンの者は、夫が 18～20 時頃に帰宅し家事・子どもの世話をある程度分担していた。残りは「妻 2 倍」か「妻全部」パターンで、平日は、勤務後子どもを保育園に迎えに行き、夕食から寝かしつけまでの「セカンド・シフト」をほぼ妻 1 人でこなしていた。

　「夫≒妻」パターン（夫と妻がほぼ同じ程度分担している）の 4 例はすべて、妻は生計維持分担意識が高く、かつキャリアとして働いていた。たとえば、先述の大学教員のやよいさんの場合、夫は有名大学を卒業し大学院留学もしたが、仕事に関しては柔軟に考えていて、非正規職員として働いている。やよいさんが大学で教えるポストを得たとき、夫は「保育園に入れなかったら自分が主夫

になってもいい」と提案した。実際に、夫は家事育児を多く分担し、妻のキャリアをサポートしている。稼ぐことも家事育児をすることもお互いの状況によって調整し、協働する先進的なカップルだといえる。

また、「妻＞夫」パターン（夫は平日に家事・子どもの世話を分担しているが妻の方が多い）の5事例も同様に、妻の生計維持分担意識が高く、かつキャリアとして働いている。中には、1年間の育休を取得した夫もいた。このように、大卒インフォーマントの場合、先行研究と同様に妻の生計維持分担意識が高く、またキャリア志向であれば、夫が働き方を調整したり、長期の育休を取得したりするケースがみられた。

しかし、大卒インフォーマントの夫の場合でも、残り11事例の家事育児分担は「妻全部」か「妻2倍」である。妻が働いているにもかかわらず、なぜ夫は家事育児をしないのだろうか。妻と夫それぞれの意識や働き方に着目すると、しないことを説明する要因はケースにより異なり、次のように複数のパターンに分かれた。

(1)　妻の生計維持分担意識は高いが、夫の方が妻より収入や労働時間が多いパターン（要因－時間、収入　例　ようこさん）

(2)　妻の生計維持分担意識が低いパターン（要因－性別役割分業意識（妻側）　例ひかりさん）

(3)　妻の生計維持分担意識は高いが、夫の性別役割分業意識により、夫の労働時間が長く、夫の稼ぎの方が多いパターン（要因－性別役割分業意識（夫側）　例　わかなさん）

(4)　妻の生計維持分担意識は高いが、夫が単身赴任中で家事育児をほぼすべて引き受けているパターン（表4-1を参照）

次の第5章で詳述する非大卒層と比べると、大卒層は、上述の通り、夫との関係が多様であった。その主な理由として、大卒層の経済的自由度の高さや働き方があげられるだろう。第1に、妻側の収入が比較的高いので、やよいさんのケースのように、夫の方が働き方をセーブしても生計を維持できるカップルもみられた。第2に、大卒女性の夫には大卒の男性が多く、彼らは正規の職に

転職できる見込みが高く、収入も高い。それによって、ひかりさんのケースのように、妻は自分が稼ぐ額にこだわらず、仕事がおもしろくなくなったら辞めるという選択肢も可能になる。第3に、大卒層に多い専門職や大企業の会社員は、非大卒層に多い中小企業や非正規の社員やブルーカラーの職業と比べれば、男女とも育児休業を取得したり働き方を調整したりすることも不可能ではないために、より仕事を調整しやすい。

　とはいえ、上記の大卒女性20名のうち、半数以上は妻が家事と子供の世話を夫の2倍以上していた。(1)のパターンのように、時間や収入が最も大きな要因となるケースもある。しかし、(3)については、夫の方の労働時間や収入が多いのだが、実は妻自身も自分の労働時間や収入を増やしたいと思っていた。しかし、夫の「仕事規範」(小笠原 2009)が強く夫婦間の交渉もうまくいかず、妻は労働時間や収入を増やしたくとも増やせない状況にあった。

　さらに(4)については、妻の生計維持分担意識は高いが、夫が単身赴任をしており妻がすべて家事育児を引き受けていた。このような単身赴任は、一見、夫の時間や収入の多さによって説明できるようにもみえる。しかし、フルタイム共働きでも妻が子育てをすべて受け持つ選択自体が、性別役割分業意識に基づいているともいえるだろう。これらの(3)(4)のパターンは、妻の「自由な選択」というのははじめに夫の仕事は変わらないということが決まった後の、残余部分でなされるにすぎないという三具 (2018: 140) の指摘と重なってくる。この点については、次章でさらに検討したい。

6. 本章のまとめ

　以上にみてきたように、4章では、育児期に就業する大卒女性たちが、①生計維持分担をどのように意味づけているか、②自分自身の職業をどのように意味づけているのか、という2つの問いを、具体例を検討しながら考察してきた。事例として、大手金融、大手広告代理店の総合職、外資系IT企業や大学の専門職、さらに専門商社や中小企業の事務職など様々な職業の状況を記述した。

　結果として、第1の問いについては、大卒女性には、生計維持分担意識が高い傾向がみられた (20名中17名)。これには夫の収入にくわえて、自分の仕事

のやりがいや、自分のキャリアの将来的な展望が関わっていた。

　第2の問いについては、大卒女性には、キャリアとして自分の職業を捉える傾向がみられた（20名中16名）。先行研究（小笠原 2005、2018）と同様に、本調査でも大卒同士の夫婦の一部には双方のキャリアを等しく大切にする様子もみられ、夫が妻のキャリアを守るために夫の方が非正規の職につく、仕事をセーブするなどの「非伝統的なライフスタイル」がみられた。

　以上の結果から、次のことが示唆される。これまで既婚女性が外で働くのは、家計の補助のために働いていると解釈され、夫の収入が高ければ就業しない傾向があると指摘されてきた。しかし、本調査の大卒女性には、生計維持分担をしようとする傾向や、キャリアとしての職業役割を重視する様子がみられた。言い換えれば、大卒女性の一部には、職業に関して将来を展望し、職業アイデンティティを大切にしている状況がみられたのである。

　しかし、大卒層においても、大半のケースにおいて家事育児分担は妻に偏っていた。大卒フルタイム共働き夫婦でも、妻の家事育児負担がより重いケースの方が多く、いまだに平等な夫婦関係が達成されているとはいえない状況にあった。

　では、次の5章で、専門学校卒、高校卒の女性たちの収入と職業に関する意味づけについて、以上の結果と比較しながら考察していきたい。

注
⑴　首都圏の保育所を起点として調査協力者を集めたので、サンプルに、子どもを預けてでも就業継続しようとする意思のある女性たちが多くなったと考えられる。
⑵　家事と育児では規定要因が異なり（稲葉 1998 他）、また子どもの「世話」「遊び」では傾向が異なる（松田 2006）と指摘されている。これらの点を踏まえ本調査ではHochschild（1989＝1990）の分類を基に、「家事」として「ゴミ捨て」「掃除」「風呂掃除」「洗濯」「買い出し」「食事作り」「食事の後片付け」「家の修理」「お金の管理」「請求書の支払い」、「子どもの世話」として「食事の世話」「入浴の世話」「看病」「病院付き添い」「寝かしつけ」「送迎」等について、調査票に妻自身と夫の分担頻度を記入してもらい、その調査票をみながら具体的な作業や状況を聞いた。

第5章　非大卒女性の稼ぎと職業に対する意識
——日常生活のリアリティ

1. はじめに

　第4章でみてきた大卒層と比べて、非大卒層は稼ぐこと、働くことをどう意味づけているのだろうか。5章においても、4章と同様に、次の2つの問いを考察する。

(1)　育児期に就業する女性は、生計維持分担をどのように意味づけているのか。

(2)　育児期に就業する女性は、自分自身の職業をどのように意味づけているのか。

　この2つの問いを考察するために、5章では調査協力者の中から非大卒の女性17名についてデータを分析する。17名の学歴は、10名が専門卒、7名が高卒である。専門卒のうち9名は看護師、社会福祉士、保育士、歯科衛生士、美容師などの国家資格を持ち、関連する職業に就いている。一方、高卒の女性の中に国家資格を持っている者は介護福祉士1名のみで、他は事務員などである。17名の就労形態は、正規雇用が10名、非正規雇用が7名で、そのうち5名は正規から非正規に切り替えた経験があった。労働時間に関しては、非正規でも8時間勤務のケース、正規でも時短で6〜7時間のケースなどがあって、必ずしも正規雇用者の労働時間の方が長いわけではなかった。このように、非大卒層は、専門職や大企業勤務などの大卒層と異なるタイプの職業についていて、その就労形態も異なっていた。

　先に結果の概要を述べると、この17名のうち、仕事を辞めずに2人で生計を分担していこうとする「生計維持分担意識」の高い者は8名（正規雇用7名、

表 5-1　生計維持と職業に関わる意識と分担

	文中の仮名	職業	就業形態	勤務時間	生計維持分担意識	職業の位置づけ	家事育児分担比
専門学校卒	ちか	看護師	正	フルタイム	高	キャリア	妻全部
	せいこ	看護師	正	時短	高	ジョブ	妻2倍
	すみれ	看護師	正	フルタイム	高	キャリア	妻全部
		会社員（看護師資格有）	正	フルタイム	高	キャリア	妻2倍
	たかこ	保健医療従事者	正	フルタイム	高	キャリア	妻2倍
	ことえ	服飾技術者	正	フルタイム	高	キャリア	妻＞夫
	そのこ	歯科衛生士	正	フルタイム	低	ジョブ	妻＞夫
	さえ	社会福祉士	非	パートタイム	高	ジョブ	妻＞夫
		NPO職員（保育士資格有）	非	パートタイム	低	ジョブ	妻全部
	しおり	美容師	非	パートタイム	低	ジョブ	妻＞夫
高校卒	うらら	介護福祉士	正	フルタイム	高	キャリア	妻＞夫
	かずみ	介護員	正	フルタイム	低	ジョブ	妻2倍
	いずみ	会社員	正	フルタイム	低	ジョブ	妻2倍
		派遣事務員	非	フルタイム	低	ジョブ	妻2倍
	きょうこ	契約社員	非	フルタイム	低	ジョブ	妻2倍
		販売店員	非	パートタイム	低	ジョブ	妻全部
	えりこ	工場事務	非	パートタイム	低	ジョブ	妻2倍

非正規雇用1名）、低い者は9名（正規雇用3名、非正規雇用6名）であった（表5-1）。4章で示した大卒層（表4-1）と比較すると、非大卒層には、生計維持分担意識が低い傾向がみられる。

　また、誰を主な稼ぎ手とみなすかについては、生計維持分担意識の高い者の中では、1名だけが「自分が主な稼ぎ手」と考えていて、4名は夫婦を「ほぼ同等の稼ぎ手」、3名は「夫が主な稼ぎ手」だととらえていた。生計維持分担意識の低い9名はみな「夫が主な稼ぎ手」とみなしていた。

　上記の意識は実際の夫婦の収入比と必ずしも一致しなかった。収入比は、妻の収入の方が多い者が1名、夫婦の収入比がほぼ同じ者は1名、夫がやや多い〜1.5倍前後の者が8名、夫が2倍以上の者は7名であった。

　さらに非大卒層では、以下で詳しく説明するように、専門学校卒と高校卒で差がみられる。多喜（2019）によると、既婚女性の就業に及ぼす学歴の影響について、専門学校歴はこれまで「ほとんど検討されてこなかった」が、専門学

校は高校よりも就業を促す効果が強いという。実証研究ではほとんどの場合、専門学校学歴はいわゆる1条校でないことをもって高校卒相当とみなされるか、もしくは2年の修学年限をもって短大と同等の扱いをうけてきたが、教育年数に還元できない違いがあるという（多喜 2019）。では、以下に、どのような違いがあるのか詳しく見ていきたい。

2. 誰が稼ぐのか

1) 専門卒

　本章で取り上げる女性のうち、専門学校で学び卒業した者は10名である。彼女たちには、生計維持分担意識が高い傾向がみられ、その大半は正規雇用である。そのうち3名の事例をあげたい。

【ちかさん（0歳、3歳／看護師／専門卒）】

　ちかさんは、子どもの頃からずっと地元に住んでいる。工場で働く夫も同じ地元出身である。ちかさんは前から看護師になりたいと思っていたため、専門学校に通い、卒業後に看護師になった。看護師として働き始めてからすぐ20代前半で出産した。妊娠中も大きな病院の病棟で働き夜勤をしていたが、しだいに働くことがきつくなってきた。そこで、看護師長に妊娠の報告をし、「夜勤は免除してほしいっていう話をして、日勤常勤になった」という。2人目出産後は、8時半から16時半まで働いている。「ママさんナース」が多いため、「子どもが熱出したから帰んなきゃいけないってなったときも、わりと嫌な顔されずに帰れる」という。

　ちかさんの夫は、工場で働いていて、その作業は重労働だ。朝8時に家を出て職場へ向かう。夕方6、7時頃には工場を出られるため帰宅は比較的早い。夕食を家族全員で取ることも多い。夫は子どもを保育園に送っていってくれるが、家事育児全般は「やらない」とちかさんはいう。保育園のお迎えに関しては、ちかさん、夫、ちかさんのお母さんの3人で協力してやっている。夫は、最近は子どもと遊んでくれるようになって、チャンバラごっこをしたりもする。

　ちかさんは自分自身の仕事について、「家にずっといると、話す相手も少ないし、社会と何か、孤立してるような感じがして。仕事に出てちょっと気分転換して子どもに会ったほうが、よりいっそうかわいがれる」と話した。稼ぎについても、「実際問題5対5のほうが自分でもお金使いやすいし、5対5でいい」というように、家計を分担する意識が高く、夫婦は同等の稼ぎ手だと考えている。

　ちかさんの場合、夫と同じくらい稼ぎたいと思っている。だが、そう望んでいなくとも、夫の収入が低いために稼ぎ続けなければいけないと考えているケースもある。例として、福祉士のさえさんをあげる。

【さえさん（3、5歳／福祉士／専門卒）】

　福祉士のさえさんも生計維持分担意識が高いが、その主な理由は夫の収入が低いことである。さえさんは、高校卒業後に専門学校へ行き、介護福祉士と社会福祉士の資格を取得した。同じ福祉の仕事をしている夫と結婚し、2人の子どもを育てている。保育所に2人を送った後、毎日9時から15時まで障害者施設で働いている。近所にある実家に立ち寄って、夕飯をもらうこともある。けれども、実母にはほかにも孫がいるので、あまり頼りすぎるわけにもいかない。さえさんは、本当はファミリーサポートを利用したいとは思うのだが、「ファミサポもお金かかるからなと思って」と、利用したことはないという。

　夫は大学を卒業し、福祉の仕事についている。残業があまりないので、帰宅時間が比較的早く、夕食は家族一緒にとれる。職業柄、夫はおむつを替えることも平気で、洗濯や掃除、ゴミ出しなども多く分担している。

　さえさんは、福祉の仕事にやりがいを感じ、出産する前は夜勤もある常勤の仕事をしていた。しかし、出産してからは子育てと両立できるように、常勤の仕事を辞め、パートタイムの仕事に転職した。さえさんはもともと、子どもが小さいうちは子育てに時間をかけ、手が離れたら復帰したいと希望していた。しかし、現実は違ったと嘆く。

　　旦那も福祉士だから、普通のサラリーマンよりすごい（収入が）低い。だからずっと共働きは確定。旦那の稼ぎが良ければ、働きたくはないんです

けど。働かざるを得ない。……1人目生まれたときは、あわよくば育休入ってそのまま専業（主婦）になりたいってもくろんでた。けど現実みて「ダメだ、生活できないんだ」って復帰した。

　夫は常勤だが、パートのさえさんと給料の差は数万円しかない。夫は家計のために週末もアルバイトの仕事をしてくれている。このような状況から、さえさんは、夫をほぼ同等の稼ぎ手だと考えている。さえさんは、収入を増やすために自分も常勤に戻ったほうがよいと考えているが、「いきなり時短で、短い時間で働かせてもらえる職場もないだろうし、なかなか条件があわない」という。子どものお迎えに間に合う時刻に帰宅可能な正規雇用がみつからないので、パートタイムの仕事を続けている。

　ちかさんやさえさんにくわえて、夫の収入が低いために稼ぎ続けなければいけないと話した女性の中には、「妻が主な稼ぎ手」だと考えているケースもあった。これに該当するたかこさんは、国家資格を要する保険医療関係の職に従事している。その一方で、夫はいろいろな仕事を経験した後、建設業界で働き始めたばかりで、収入は不安定である。たかこさんは、以前は夫が稼ぐものだと思っていたが、「うちは完全に逆転してる感じ」というように、たかこさんの方が多く稼いでいる。たかこさんの家計に対する責任感は強く、住宅ローンも1人で組んで、「大黒柱」として働く覚悟を決めている。

　以上、生計維持分担意識の高い3人の事例をみてきた。彼女たちは仕事を辞めずに夫と生計を分担していこうとする意欲が強いが、その主な理由は異なっていた。その一方で、専門学校を卒業していても、生計維持分担意識の低い女性が3名いる。その職業はNPO職員、美容師（非正規）、歯科衛生士（正規）である。ここではパートタイム勤務を望みながらも正規フルタイムで働き続けている歯科衛生士のそのこさんを例にあげよう。

【そのこさん（1、5、7歳／歯科衛生士／専門卒）】

　歯科衛生士のそのこさんは、「歯医者さんってそこら中にあるし、食いっぱぐれなくていいかな」という動機から、高校卒業後に歯科衛生士の専門学校に進んだ。卒業後、病院で歯科衛生士として働き始めたが、20歳をすぎて早い

うちに第 1 子を出産した。「ちっちゃい子好きで、早くお母さんになりたいっていうのは 10 代ぐらいから」思っていたという。その後に 2 人の子を出産し、3 人の子どもを育てながら歯科衛生士として働いている。そのうち 2 人めのときは、育児休業を 1 年以上取得することができた。

　そのこさんは、朝、子どもたちを保育所に送ってから自転車で職場に向かう。お迎えに行ってから帰宅するのは 19 時頃で、いつも時間に追われる生活をしている。夫は高校を卒業してから、メーカー企業の工場で働いている。平日は朝 6 時半に家を出て、夜 8 時頃に帰宅する。家事育児については、夫は 3 割ほど分担し、洗濯や食事作り、子どもの風呂や寝かしつけなどをやっている。しかし夫は朝早いので、保育所や小学校の持ち物の準備、保育所の送り迎えはそのこさんがすべてやっている。互いの実家は車で 15 分くらいだが、実母はまだ働いているので、家事育児のサポートはほとんどない。ファミサポも利用していない。

　給与に関しては、「やっぱパパが働いたほうが、お給料がいい」と話すように、夫の給与の方が月 10 万円ほどそのこさんより多い。そのこさんは、家計のためにフルタイムで働き続けているが、両立の大変さから働く時間を減らしたいと話した。

　　辞めたいとまでは思わないんですけど、仕事自体は楽しいと思ってやれるんですけど、やっぱりフルだと結構疲れちゃうなっていうのはあって、パートとかに切り替えられたら楽だな。

そのこさんは、歯科衛生士の仕事と 3 人の子どもの世話の両立に追われる毎日で、子どもとゆっくり話をする余裕もない。もう少し時間的に余裕のある生活がしたいと望んでいる。しかし、常勤をやめてしまうと 3 人の子どもを育てるための経済的な余裕がなくなってしまう。いまも、子どもの服の購入は「メルカリとか使ったりとかして、なるべくお金かけないようにしてる」という。そのこさんは、自分の母親もずっと働いているので、専業主婦になりたいとまでは思わない。けれども、可能であれば子育てを優先して、パートタイム勤務に変えたいと望んでいるのである。

そのこさんのケースのように、専門卒の女性のうち3名は、子育てを優先したいと考え、パートタイム勤務を希望しているか、実際にパートタイムで働いている。家計に関しては、「主な稼ぎ手は夫」と考えている。

　以上のように、専門卒層では、生計維持分担意識が高い者が7名（うち正規雇用6名、非正規1名）、低い者が3名（正規1名、非正規2名）に分かれた。

2）　高卒

　高卒女性に関しては、後述する国家資格を有するうららさん（介護福祉士資格有）のみ、生計維持分担意識が高い。残りの者は生計維持分担意識が低く、夫を主な稼ぎ手とみなしていて、場合によっては仕事を辞めることを想定していたり実際に辞めたりしていた。その例としていずみさんとかずみさんをあげる。

【いずみさん（2歳／会社員／高卒）】

　いずみさんは高校を卒業後、フリーターを経験し、20歳で就職した。その仕事を辞めてから、ネイルの学校へ行きネイリストになった。好きなことを仕事にできたのだが、出産によって、5年ほど続けていたネイリストの仕事を続けられなくなってしまった。いずみさんはこう話した。

　　　ネイル業界で大手の会社で、……夜遅いのと、土日が忙しいので、子どもを産んだことによって、ライフスタイルが変わって。しかも「熱を出しました、迎えに来てください」と言われても、ずっと（お客さんの）予約が入っていると帰れないし、というところで転職しました。

その後、いずみさんは子育てと両立するために、ネイリストの仕事を辞め、保育園で事務員として働き始めた。いずみさんの夫は大学を中退してから、複数の仕事を経験した後、美容関係の職に就いた。夫のこれまでの仕事はほぼ長時間労働で、ずっと厳しい働き方をしているという。

　　　（夫の前の勤め先は）もう仕事量が多いくせに、全然給料低い、みたいな感

139

じで、転職して。……結婚することになって、夫もちゃんとした職にしようと思って、ちょっとつてがあって就職したんです。トップの人がもう超理不尽で、全然そりも合わないし辞めて転職して。もうちょっと早く帰れる仕事にしたんですけど、そこも結構ブラックだった。

　夫は残業が多く、帰宅も深夜である。家事育児については、「平日は100%私」というように、いずみさんがほとんどやっている。夫は休みの週末にだけ、風呂洗いと皿洗いをする。不満もあるけれども夫の仕事の状況もあるので、けんかまでして責めようとは思わない。いずみさんは実家が近いので、子どもが熱を出して夫婦ともに休めないときや、保育所のお迎えに間に合わないときなど、どうしても必要なときだけ実母に助けてもらっているという。

　働きながら子育てするのは大変だと感じている。それでもいずみさんは、「外で働くことが好き。仕事してたほうが気分も変わるし、いろんな情報も入ってくる」ので、専業主婦にはなりたくないという。夫婦の稼ぎに関しては次のように話した。

　　自分が稼ぎたいとは思わない。仕事はしてたいですけど。それこそ、主人よりも多くと思うと、きっと立場が逆転するというか、きっと私がもっと外に出ることになるから、それは嫌だなと思う。

　いずみさんはそろそろ2人めの子どもが欲しいと考えている。いずみさん自身は子育てを優先しながら働いて、夫に主な稼ぎ手として働いてもらいたいと望んでいる。

【かずみさん（1歳/介護員/高卒）】

　かずみさんは、高校を卒業してから上京し、高齢者介護施設で働き始めた。地元に戻っていた期間もあったが、首都圏に長く暮らしている。かずみさんは、「自分は田舎出身だから都会過ぎずちょうどいい」というように、都心からやや離れた場所に住んでいる。夫は、専門学校を卒業してから、ずっと同じ自動車会社で整備工をしている。交際中に妊娠し、もともと結婚する意志があった

のので結婚した。かずみさんは国家資格を持ってはいなかったけれど経験を見込まれて、介護施設で常勤の仕事をしていた。しかし、第2子を妊娠したことで、同僚から嫌がらせを受け退職に追い込まれた。かずみさんは辛い経験について感情を込めて語った。

　　育休も何もマタハラで辞めました。だから「もったいない」ってすごくいわれました。……切迫早産になりかけて、上司にも相談してたけど、結局、周りの人たちにいろいろ言われちゃって、精神的に今度病んじゃって。で、そういうのは胎教に良くないっていうか、自分は意地でも負けたくなかったんですけど、やっぱ何が大事かっつったら、子どもを大事にしたかった。

　退職後、児童福祉のパートの仕事をみつけ再就職した。家事育児分担については、夫はお風呂やトイレの掃除をするけれど、それ以外の掃除や洗濯、料理はすべてかずみさんがやっている。そのことについて不満はない。かずみさんは以前、夫と同等に稼いでいたが、常勤の仕事を辞めたことで収入が減り、夫に申し訳ないと思っているのだという。

　　あたしは主人に丸々、お世話になってるっていう感覚がどうしても抜けなくて、それも嫌だったし。主人が大きい会社とは違って給料をすごく心配してて、安いからっていうことで。そういったものを拭いたかったので、あたしもパートでいいんだったら少しずつ働くっていう感じで。……自分がもう一回働いてみようかなってのと、もう主人の手助けになったら、1万でも2万でも家計の足しになれば。

この話にあるように、かずみさんは常勤の仕事をやめてからは、パートで働いて家計を助けるようになった。かずみさんは働き続けることに関してこう話した。

　　専業主婦になりたいと思ったことは全然あります。そういうキラキラした世界を思い描いてましたけども。働くことが嫌でもないですけど、専業主

141

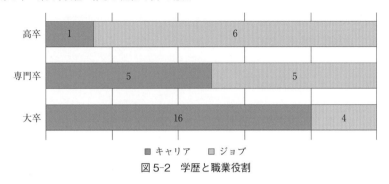

図5-2　学歴と職業役割

婦になるにはそのときの家庭の状況ですよねえ。

　かずみさんの場合、実母が専業主婦の家庭で育ったという理由などから、もともと主婦になりたいという意識があったという。かずみさんは、3章にあるように、子どもの教育やしつけは妻が担うべきという分業意識を内面化しているが（3章106頁）、家事についても同様であり、夫を巻き込んで行くという発想はほぼない。それでもかずみさんは、一時期は仕事にやりがいを見いだして働いていた。しかし、ハラスメントによって退職したことで、夫に主な稼ぎ手として働いてもらい、自分は子育を優先して、家計補助をする方向へシフトしたのである。

　以上のように、高卒女性のうち、うららさん（介護士、正規雇用）以外の6名は生計維持分担意識が低かった（うち正規雇用2名、非正規4名）。要するに、専門卒女性には生計維持分担意識の高い事例が、高卒女性には低い事例がより多くみられた。

3. ジョブかキャリアか

　つぎに、非大卒女性17名が調査時に就いていた職業に関して、彼女たちの語りから、次のように2つの類型に分類して考察する。

「キャリア」型──「教育やトレーニングが必要」であり、「ライフワークと
　して従事、継続する」「高いレベルでコミットメントする」といった意志
　を持つ者。
「ジョブ」型──「社会参加や家計補助のために収入を得ること」を主目的
　に考える者。

その結果、キャリア型が6名、ジョブ型が11名となった。高卒女性はキャリ
ア型が1名のみで、専門卒女性はキャリア型とジョブ型で半々に分かれた。こ
のように非大卒層は、4章でみた大卒層と職業役割意識が異なっていた。以下
に、その意識の差を詳しくみていきたい。

1）　専門卒

【ちかさん（0、3歳／看護師／専門卒）】

　先述した看護師ちかさんの場合、家計を夫と5対5で分担したいと望んでお
り、看護師の仕事をずっと続けたいと考えている。看護師の仕事をキャリアと
とらえていて、やりがいが多いと語った。

> やっぱり看護師じゃないとできないことって結構いろいろある、例えば注
> 射だったりとかっていうのはいろんな人にありがとうって言われたりとか。
> 元気になって帰ってくれたりとかすると、やっぱりやりがいを感じますね。

そうであっても、ちかさんに話を聞いた時点では子どもが小さいこともあり、
昇進して管理職になることは望んでいないという。子育てとうまく両立して家
計を支えながら、長く働き続けたいと考えている。その一方で、ちかさんとは
異なり、昇進を希望しているという話も聞かれた。ことえさんの例をあげる。

【ことえさん（5、5歳／会社員／専門卒）】

　ことえさんは高校卒業後、服飾専門学校に進んだ。ことえさんは子どもの頃
から、服飾関係の仕事につきたいと思っていた。アパレル業界は労働時間が長
い。以前、他の会社で服飾技術職に就いていたときは、「最初はカットソー、

Tシャツとかの仕事を 3 年くらいやってて、すごい激務だった」という。その仕事から転職して 10 年以上、同じ会社で働いている。ことえさんは、夫の地元に住み、2 人の幼児を働きながら育てている。服飾業界における家庭と仕事の両立の難しさについて、次のように話した。

> 専門出てから同じクラスだった子で服飾関係にずっといる子ってすごく少なくて。この仕事っていうのは、一般的に言われるのがシングルじゃなきゃ務まらないっていわれてて。結婚していたら子どもがいない、もしくは結婚しても子どもができたとしても離婚してシングルでやってる人が多い。

実際に、ことえさんの勤める会社に子育て中の服飾技術者は少ない。それでも育児休業は比較的取りやすく、女性の管理職も 2 割程度はいるという。ことえさんは正規雇用で 9 時までに出社し、保育所の迎えのため 17 時半に退社する。

　ことえさんの夫は短期大学を卒業後、建設業界で会社員として働いている。朝の保育所の送りは夫の担当で、家事育児に協力的で多くを分担している。夫は以前、夜 8 時頃まで働いていたが、2 年ほど前に子育てを優先するために会社に部署を変えてもらい、早く帰れるようになった。ことえさんは、「まあ出世には響くし、給料は上がんないでしょうけど」と心配もしているが、夫も一緒に子どもの世話をしながら家族で夕食を食べられるようになったことは本当によかったという。双子が 1 歳の頃までは両方の祖母がほぼ毎日交代で世話をしにきてくれていた。そのため、シッターやファミサポは利用したことがない。

　ことえさんは、育休から復帰した後に時短をとらず、フルタイムで働き続けている。稼ぎについては、「6 対 4 ぐらいですね。夫のほうがやっぱり多いです。私がもっと頑張んなきゃいけないんですけどね」と、稼ぐことに意欲がある。また、仕事が好きで、「うまくいったときはもちろん達成感ありますね」というようにやりがいも感じている。ことえさんは「出張とかは全くなしになってるのでおいおいやっていきたい。（今は）残業できないことで手当とかも削られたし、昇給が全くないんですよ」と話すように、キャリアアップをめざし、服飾技術職をライフワークとして従事し継続するものだと考えている。

　さらに、今は子育てのために一時的にジョブに就いているが、将来的にキャリアアップを希望しているケースもみられる。これにあてはまる、せいこさんの例をあげる。

【せいこさん（0、3歳／看護師／専門卒）】

　せいこさんは高校を卒業後、看護師になるための専門学校に通った。看護生のとき、「出産の場に立ち会ってもうすごい感動、言葉で表せない。それで何か私もそんなお手伝いがしたいなと思った」という。せいこさんは、助産師課程で助産師の資格を取得し、助産師と看護師の両方の資格を得た。病院で助産師として働いていたが、結婚し、20代で出産し、退職した。その後、子育てと両立できるように、夜勤がなくて早く帰れる保育園の看護師として再就職をした。

　せいこさんの夫は高校卒業後、様々な仕事を経て、数年前から建築現場で働き始めた。週6日、朝早く3時半〜5時頃家を出て7時頃に帰宅する。夫は平日に自分の作業着の洗濯をし、休日には掃除をする。しかし平日は長時間働いているので、家事はせいこさんがほぼ1人でこなしている。2人の子どもの育児に関しては、夫は遊んだり、一緒にお風呂に入ってくれたりはする。しかし授乳やおむつについてはせいこさんにまかせきりだという。せいこさんは、「うんちだと、もうほんと3〜4回ぐらいしか（おむつ）替えたことないんじゃないかと思うんですけど。1人じゃ替えられない」と話した。家事や子どもの世話の夫の分担割合は、10のうち「2」程度である。夫自身は、自分の家事育児を100点満点だと思っていて、せいこさんからみれば50点だという。せいこさんは、3章にあるように（3章93頁）、子育てや家事に無関心な夫を巻き込むことを試みたが、無理だと断念して自分が引き受けている。夫婦間には「潜在的権力」（舩橋　2006；Komter 1989）が働いている状況だといえる。

　子育てや家事のために仕事をセーブしているせいこさんだが、もともと助産師の仕事に大きなやりがいを感じていたので、いずれ助産師の仕事に戻りたいと考えている。その思いを次のように語った。

　　仕事内容としては、私は保育っていうよりは、やっぱり助産のほうの仕事

がしたいので、今の職場が嫌で辞めるっていうよりは、自分がやりたいことやりたいんで。もう少し大きくなったら、年少さん、3歳ぐらいになったら、それを改善して病院に戻れたらいいなと思うんですけれど。

　せいこさんは助産師としてキャリアアップも希望していて、いろいろな資格の取得にも興味がある。しかし、「実際に行動できるかはちょっと謎です。自分の仕事、育児、家事、プラス資格ってなると、ちょっとどうかな」といい、現状を考えると難しいと予想している。せいこさんは、家事育児の大半を担っているため、資格取得のために講習や試験を受ける時間を捻出するのが難しいのである。また、いずれ助産師として病院に戻ったときには、週末だけ夜勤をしたいと希望している。このような働き方をしてキャリアアップしていくには、夫の協力が欠かせない。それにもかかわらず、夫はせいこさんが将来的なキャリアの計画を話しても理解してくれず、協力は得られていないという。

　先行研究（Becker & Moen 1999）によれば、アメリカのミドルクラスの共働き夫婦は、仕事を縮小して、家庭の時間をつくる戦略の1つとして「ジョブ対キャリア」戦略を採り、夫婦の一方がキャリアに従事し主な稼ぎ手として、他方が賃金をもらうためのジョブに従事していた。また、ジョブ側はキャリア側の転勤等についていく、仕事時間を減らす等の働き方をしていた。さらに、ライフステージによって役割を入れ替える「交替」戦略も採られていた。

　せいこさんも、助産師としてのキャリアとジョブをライフステージによって替える戦略を採ろうとしている。が、その戦略の実現は、子どもが少し成長した後、協力的でない夫が、せいこさんのキャリアのために自分の仕事を調整したり家事育児を分担したりするようになるのか否かにかかっている。

　また、夫婦の家事育児分担には、時間に余裕のある方が家事を負担するという時間的余裕仮説、そして学歴や収入が低い方が家事を多く負担するという相対的資源仮説が用いられてきた。しかし、せいこさんのケースは、もともと専門的な資格や安定した収入などの資源を持っているのは妻であるが、夫はその妻のキャリアをサポートせず、家事育児にも協力しないので、妻が労働時間を増やすことができない。そのために、妻はキャリアを積めず、収入も増えない。時間だけを聞くと妻の方に「（時間の）余裕がある」ようにみえるが、話を詳

しく聞くとその内実は女性が家事育児をするべきと考える夫との交渉がうまくいかず、労働時間を減らして家事育児にかける時間を増やしていた。

　このようなキャリアを志向する専門卒女性たちのケースがみられる一方で、自らキャリアから降りて、ジョブとして働いているケースもみられる。例としてしおりさんをあげる。

【しおりさん（3、9歳／美容師／専門卒）】

　しおりさんは、地方の高校を卒業後、美容師になるために専門学校へ進んだ。「田舎の人間はやっぱ（東京に）憧れちゃって」と、距離的にはより近い関西よりも、東京をめざした。家族に反対もされたが、母親が全面的に支援してくれた。その後、美容師の免許を取得し、都心のチェーン店で美容師として働き始めた。夕方5時から夜11時ぐらいまでずっとお客さんが途切れず、1日15時間くらい働いていた。しおりさんは、当時の職場環境の厳しさについてこう語った。

　　もともと入ったお店に同期が3人いたんですけど、私以外1カ月後に全員ばっくれちゃったんですよ。それぐらいブラックというか。私ももう辞めたい、辞めたいって、1年めはずっと悩んでたんですけど

しおりさんは技術を身につけるために厳しい職場環境でも働き続けたが、先輩からのハラスメントに悩んだ末、3年間勤めた頃に店をやめることにした。その後、都心から少し離れた美容院に転職したが、今度はスタイリストとして採用という仕事内容や給料に関わる契約が反故にされるという問題が起きた。スタイリストとしてスキルアップしにくい状況に不満を抱きながらも、3年ほど働き続けた。そして20代後半のとき、妊娠し、結婚をした。出産してからは、「ブラックな働き方はもうできない」と考え、また他の美容院に転職し、週4回のパートタイム勤務に切り替えた。カットなどの仕事自体は楽しくやりがいがあるので、お客さんの多い週末に1日はお店で働くことにしている。

　しおりさんの夫は大学を卒業後、専門学校に行き、美容師をしていた。その後転職し、会社員になった。夫は朝7〜8時に家を出て、夕方6時頃に帰宅す

る。皿洗い、洗濯、掃除など、食事の用意以外は家事をやってくれる。子ども
と遊びもする。しおりさんが週末に美容院で働いているときは、夫方の祖父母
が子どもに食事を食べさせてくれる。そのためしおりさんは、もともと料理は
苦手だったが平日に料理を作って、義父母に届けることもある。「ギブ・アン
ド・テーク。でも、やらなきゃまずいなと思って」と話す。夫にはお小遣い制
にしていて、それをパチンコやタバコなどに使っている。

　しおりさんは、「扶養で働いてるので、働き過ぎないように月末に休みにし
ちゃう」と、稼ぎすぎないように気をつけているという。それでも「美容師は
やりたい。やりたいことで稼げるならラッキーっていう」と話し、将来的には
仕事の比重を増やしていきたいと思うこともある。しかし、子どもが小さいう
ちは子育てを優先したいので、しばらくは責任や負担の少ないパート勤務で美
容師の仕事を続けたいと考えている。

　以上にみてきたように、専門卒女性には生計維持分担意識の高い者が多いが、
その職業役割に関してはキャリアとジョブで半々に分かれた。また、ジョブに
就いていても本人はキャリアへの移行を希望しているケースもみられ、妻の職
業意識と働き方が必ずしも一致しているわけではないことがわかった。

2）　高卒

　高卒女性のうち、キャリアとして働いているのはうららさんのみである。う
ららさんが、他の高卒女性と異なる点は、国家資格を取得していることである。

【うららさん（3、6歳／介護士／高卒）】
　うららさんは高校卒業後、地元の介護施設で働き始めた。働きながら介護福
祉士の資格を取得した後、上京し、ケアマネージャーの資格を取得した。それ
以降は、ケアマネージャーとして働くようになった。うららさんの夫は介護関
係の管理職をしている。1人めを出産したとき、当然のこととして、夫ではな
くうららさんが育休を取得した。夫の方が給料もポジションも上なので、夫が
育休を取得するとリスクがより大きいとうららさんは話した。普段は、夫が保
育園に子どもたちを送っていく。夫は定時で帰宅する時期もあるが、夜10時

頃まで帰宅しない時期がある。平日はうららさんが、保育園に6時過ぎにお迎えに行き、食事作りから寝かしつけまで担当している。お風呂にいれていると8時くらいになってしまい、そこから食事の用意をすることもあり、本当に大変だと感じている。夫の母親が自転車で来られる距離に住んでいて、週に2回ほど孫の世話のために来てくれる。お風呂に入れたり食事の用意をしたり、熱を出したときは1日中みてくれる。おばあちゃんの世話がないと介護の仕事との両立は厳しい状況である。

うららさんは、2人めを出産してから職場復帰したときに、理解のない上司にあたってしまった。子育て中の女性は迷惑をかけるという理由で、不当に降格・減給されたと怒る。

> 「2人子どもがいたら、病気とかで急に来れなくなったら、お客さまに迷惑掛けるでしょ」っていう理由から、元いた職種（ケアマネージャー）には戻してもらえなかったです。……2人め産んで戻った時には、給料も減俸、元いた所には戻れないっていう状況だったんです。

こういった上司の態度が後に社内で問題となって新しい上司に交替し、うららさんはケアマネージャーとしてプランを持つこともできるようになった。このようなマタニティ・ハラスメントも経験したが、「介護士の仕事は大変なんだけどやっぱり好きなんで。やりがいっていうか生きがいというかね」といい、働き続けたいと考えている。うららさんの会社の取締役は全部男性で、部長職以上も全員男性であるが、うららさんは将来的に管理職になることも諦めていないと話す。

> うららさん「私の時間のありようだと、今以上にアップしていくのは難しいかなと思います。そもそも6時15分までに迎えに行かなきゃいけないっていうのが……。
> 　　──それについては、もやもやしたりはしないですか。
> うららさん「やってみたかったよね。ただ、無理だし、そこは諦めたというか、今の時期じゃないかなとは思っていて。今は専門職の部分をしっか

りやっておいて。10年後、そういった管理職で指導的なところでも全然、
間に合うんじゃないかなとは思う」

うららさんは、子育てを優先しつつ、ハラスメントをうけても辞めずにケアマ
ネージャーとして働き続けている。そして、子どもが少し大きくなってから、
管理職までキャリアアップをしたいと希望しているのである。
　その一方で、残りの高卒女性6名はキャリアアップを考えずに、ジョブとし
て働き続けている。例としてきょうこさんとえりこさんをあげる。

【きょうこさん（3歳／契約社員／高卒）】
　きょうこさんは、大学在学中にすごく憧れていたエンターテイメント業界で
働くようになった。「取りあえず経験を積みたくなってしまって」と、大学を
中退し働くことにした。そのときの状況について辛そうに語った。

> 契約社員だとか正社員になるっていう登用制度もなく、正社員で、新卒で
> 入る人もほんとに少ない時期で、ほぼコネですみたいな状態だったので。
> このまま働いていても、体力も必要だったので、「いや、これ、一生続け
> られる仕事ではない」と思って……季節によって収入がとても変わる仕事
> で、冬の閑散期とかはほんとにお仕事が少なくて。なので、ダブルワーク
> をしていて、通販の会社のコールセンターに。

きょうこさんは、不安定な身分のまま10年ほど働いた後に退職した。きょう
こさんは転職を重ねた後、小売りの大手企業に非正規雇用で採用され、在庫管
理などをする仕事に就いた。繁忙期以外に残業は少なかったが、新しい店舗が
オープンするときは日帰りで出張もした。
　そんな中、きょうこさんは恋人と結婚を考えている矢先に妊娠し、入籍した。
また会社を辞めて転職しなければいけないと思ったが、会社から非正規であっ
ても育休も時短も取得できるといわれた。そうして、本部で育休取得した最初
の女性社員となった。きょうこさんは復帰後も平日に時短は取得せず、日曜日
だけ早く帰ることにした。日曜日の出勤時は自分の母親に赤ちゃんの世話をし

150

てもらっている。きょうこさんはこのようにまじめに働き続けていたところ、人手不足もあり、次年度から正規雇用への登用がほぼ決まったという。

　きょうこさんは8時台に家を出て、18時まで働き、その後に保育所にお迎えに行く。小売業界で働いている夫は、朝7時台に家を出て、帰宅は夜11時頃、休みも週1日程度である。そのため、平日の家事育児はきょうこさんがほぼすべてやっている。実家が近いので、きょうこさんの母親が週に2回ほど、食事作りや掃除、お迎えに来てくれる。

　きょうこさんは、こうしてなんとか仕事と家事育児を両立してきたのだが、その大変さから、「ほんとはこんなにガッツリ働きたくない。パートで1日4時間くらいの方がいい」と嘆いた。しかし、子育てにお金がかかることを考えると、正規雇用に転換して働き続ける道を選ばざるをえないという。責任感をもって働くつもりではあるが、「私の代わりに仕事できる人はいるけど、お母さんの代わりできる人はいないから、そこは割り切ってしまおうと」、子育てより仕事を優先しようという気持ちにはならないという。

【えりこさん（6、9、12歳／工場事務／高卒）】

　えりこさんは、高校卒業後、正社員として事務をしていた。1人めの出産後に育休を取得して復帰したが、2人めをすぐに妊娠・出産したため、会社に復帰を断られるという不当な扱いを受け仕方なく退社した。3人めを出産後、また働き始め、飲食店やスーパーマーケットでのパートを経験した。その後、ハローワークで工場の事務の仕事をみつけ、週4〜5日9時から16時まで非正規で働くようになった。

　夫は、以前は会社員として働いていたが、辞めて自営業をしている。朝は家を9時に出て、夕方早い時間に帰宅する。それでも夫は、平日ほとんど家事をしない。週末にだけ、洗濯物を干したりご飯をつくったりはする。えりこさんは普段、子どもの送り迎えや家事育児をほとんど1人でしていることが不満で、「常にイライラしている」という。えりこさんの実家のサポートは普段ないが、子どもが病気のときだけは夫の実家に子どもを預けている。

　えりこさんは、工場の事務の仕事を家計補助のためにしている。仕事自体については、「楽しくない」と職場の友人と不満そうに話した。

えりこさん：仕事そのものは楽しくない。あんまり仕事楽しいって人、いなさそうな気がする。いるのかな？

友人：いや、いないんじゃない？　みんなほんとにお金で働いてますよね。もしお金に余裕があって働かなくていいって言われたら、ずっと無職でいられるような気がする。

仕事の合間に友だちと話せることは楽しいが、事務の仕事にやりがいはないという。えりこさんは、3 人の子育てにお金がかかるため仕事を続けているのであり、家計補助を目的にジョブとして働いている。

　かずみさん、うららさん、きょうこさん、えりこさんらの話からわかるように、高卒女性たちからは、長時間労働・低賃金での「やりがい搾取」（本田 2011）や、出産や子育てをきっかけとするマタニティ・ハラスメントの経験が繰り返し聞かれた。このような厳しい労働条件や職場環境により、以前にキャリアを志向した時期もあったがジョブに移行した例もみられた。これにはかずみさんやきょうこさんがあてはまる。

　以上にみてきたように、専門卒女性たちにはキャリアとして職業を捉える傾向がみられる一方で、資格を伴わない高卒女性は家計補助を目的にジョブとして働いていた。高卒女性からは、労働条件や職場環境が厳しく、やりがいやおもしろさも見出しにくいという話が繰り返し聞かれた。彼女たちが何年もの間、労働の厳しさに悩み、子育てとの両立に葛藤しながら、「子育てを優先する方がいい」としだいに思うようになるプロセスが明らかになった。

4.　夫との関係

　インフォーマントの夫の学歴は、中卒〜大卒まで多様である。大卒の夫を持つ女性は 5 名に限られ、残りの 12 名は夫も非大卒（うち 9 名が高卒以下）である。職業に関しては、資格を持つ者は、工場で働く製造作業者や整備工等のブルーカラー、介護士・福祉士等のケアワーカー等である。資格のない者は、長時間労働が多い飲食・美容・小売等のサービス業や建設業で働いている。大手

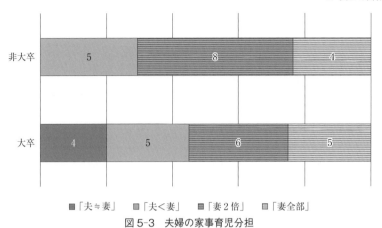

図 5-3　夫婦の家事育児分担

企業の比較的安定した職に就いている夫は 2 名（妻は専門卒）である。夫の半数は転職を 1 回以上経験していて、うち 4 名は起業に失敗したり、低収入のため仕事を掛け持ちしたりと、キャリア形成が順調ではない。17 名の夫の学歴は多様であり特定のパターンは見いだせないが、その職業については雇用が比較的不安定だといえる。

　この夫たちの家事育児分担パターンに関して分類したところ、夫は平日に家事・子どもの世話を分担しているが妻の方が多い（5 名）、夫は平日に家事・子どもの世話をほとんどせず妻が 2 倍以上分担している（8 名）、平日も休日も家事と子どもの世話は妻がほぼ全部している（4 名）の 3 パターンに分かれた。このパターンを順に「夫＜妻」「妻 2 倍」「妻全部」とする。4 章の大卒層と比べると、非大卒層は「夫≒妻」のパターンみられず、約 7 割が「妻 2 倍」「妻全部」で妻の負担がより大きかった。

　専門卒女性には、生計維持分担意識が高く、かつキャリアとして働く女性が 5 事例あった。そのうち、アパレル企業に勤めることえさんのみ、会社員の夫が働き方を調整していた。ことえさんはアパレル業界が長時間労働であるうえに、双子を育てている。そのため、夫は平日も早く帰宅できる部署を希望し、数年待った後異動した。できるだけ夫婦で協力して子育てをしている。

　しかし、残りの 4 ケースの家事育児分担は「妻全部」か「妻 2 倍」である。

保健医療従事者のたかこさんの場合、建設業界で働く夫は、「朝も 6 時半には家出てて、夜 9 時過ぎとかに帰ってくるのが普通なんで超ブラック。朝も夜も平日はいない」という。収入も家事育児も妻の方がかなり多い。しかしたかこさんは、稼ぎについて「男の人もプライドとかあったりする」「理想は旦那の方が多いほうがいい」と話していた。これに関して Hochschild（1989 = 1990: 132）は、夫より収入が多い妻は「プライドを傷つける埋め合わせに、自ら年に 1 カ月の超過勤務をこなす」と指摘している。また、Brines（1994）は、妻がより多く稼ぐようになるにつれ夫は家事労働をしなくなり、妻は家事労働を減らそうとしない「ジェンダー・ディスプレイ」を指摘している。たかこさんは、家事育児をしぶしぶやっているというよりも、男性が仕事、女性が家事育児を主に担当するという役割分担を肯定的にとらえており、「ジェンダー・ディスプレイ」を実践しているといえるだろう。

　その一方で、看護師のちかさんの場合、妻役割を遂行しようとして家事育児分担が多いわけではない。工場で働く夫は平日 18-19 時に帰宅するが家事を全くせず、ちかさんはそれを不公平だと感じている。夫に詰め寄ったときの夫の反応について不満そうに話した。

　　ちかさん：「同じ稼ぎなんだから、同じことしなさいよ」って。「同じぐらい家のことやって」って。週末とかも私だけ動いてて旦那は何もしてなくて。「同じ週末なんだよ」っていって。「同じだけ働いてきてんのにおかしくない？」って。
　　　──それで旦那さんは何て？
　　ちかさん：「うん、そうだね」って（苦笑）。でも何も変わらない。

　看護師のすみれさんも夫の収入比は 4：6 で大差はない。「働かないと、ダブルでやっていかないと家賃が払えない」ことも共働きをする理由の 1 つだという。だが、夫が家事や子どもの世話をほとんどしないことにすみれさんは大きな不公平感を抱いている。怒った表情と口調で次のように語った。

　　夫が分担していることは 1 つもない。妊娠して、「やって」といったら、

やっとやってくれる感じだけど、昔の男の人だよね。もう何だろう、「女の人が家のことをするのは当たり前。男の人は仕事が大変だから」って。お皿洗ったりしてほしいよね。

　すみれさんの夫は大企業に勤務し、妻より家を遅く出て帰宅も 19 時頃と比較的早い。それにもかかわらず、すみれさんが 1 人で朝 7 時過ぎに子どもを保育園に送り、8 時半から 17 時まで働き、また保育園に迎えに行っている。よって、すみれさんの夫の場合、労働時間が理由ではなく、「女の人が家のことをするのは当たり前」と考える夫の性別役割分業意識が不平等な家事育児分担に影響しているといえる。

　以上のように、妻の生計維持分担意識が高く、キャリアに従事している専門学校卒女性でさえも、夫が家事育児を分担しない状況に悩んでいた。ちかさん、すみれさんの場合、夫の帰宅時間が早いので、時間に余裕がある方が家事育児をするわけではない。たかこさんの場合は、資格や稼ぎがあるのは妻の方であり、資源が多いからといって必ずしも家事育児分担が少なくなるわけでもなかった。要するに、専門卒女性たちには、妻の生計維持分担意識が高くキャリアを志向していても、妻が仕事を調整し時間を絞り出して家事育児を多く分担する、というケースが複数みられたのである（例　せいこさん、ちかさん、すみれさん、たかこさん）。

　高卒女性の場合、1 名を除いて、生計維持分担意識が低くジョブとして働いており、「家庭責任意識」（中川 2010）が強い様子がみられた。調査時点では、妻の時間的余裕や資源（収入）の少なさが家事育児分担の割合に影響している。しかし、それまでの経緯について聞くと、低賃金・長時間労働によるやりがい搾取、マタニティ・ハラスメントなどから転職や退職をし、しだいにキャリアに希望を持てなくなったという経験が聞かれたケースが複数あった（例　かずみさん、きょうこさん）。このように、高卒女性を取り巻く非常に厳しい雇用、職場環境によって、パートタイム勤務に切り替えて労働時間を減らし、その結果収入も減り、子育て優先にシフトし母親アイデンティティを大切にするようになったという話が聞かれた。カップルの家事育児分担や意識は動的で変化するものであると舩橋（2006）が指摘しているが、これらのケースから、生計維

持に関する分担や意識も動的で変化するものであるということが示唆される。この分担を規定する構造を十分に明らかにするには、一時点の時間や収入だけでなく、時間軸を用いた分析が必要だといえるだろう。

　要するに、非大卒層の場合、専門卒でも高卒でも、ジョブでもキャリアでも、家事育児分担は全般的に妻に偏っていた。また、家事育児が圧倒的に母親に偏っている事例には、3章にあるように、しつけ、教育もほぼ1人で担っている状況がみられた。このように、非大卒層の女性たちにとっては、大卒層以上に、夫との平等な関係を築くことが難しい状況がみられた。

5.　前章と本章のまとめ

1)　問いの考察

　4章と5章でみてきた分析結果の結論を述べたい。2つの章を通して、育児期に就業する女性たちが、①生計維持分担をどのように意味づけているのか。また、②自分自身の職業をどのように意味づけているのか、という問いを考察してきた。

　第1の問いについては、大卒女性と専門卒女性に、生計維持分担意識が高い傾向がみられた。専門卒女性に関しては、みな資格（大半が国家資格）をいかせる職についていた。さらに、就業形態は大半が正規雇用であった。他方、高卒女性は家計の補助のために働く傾向がみられた。このように、大卒・専門卒、有資格、正規雇用であれば生計維持分担意識が高く、高卒、無資格、非正規雇用であれば低いというパターンがみられた。

　第2の問いについては、大卒女性と専門卒女性にはキャリアとして、高卒女性はジョブとして自分の職業を捉える傾向がみられた。だが、高卒でも資格があればキャリア志向となる事例もあった。他方、資格を伴わない高卒女性たちは、母親役割を重視し家計補助を目的としてジョブに就いていた。

　以上の結果から、次の結論が導き出される。日本において既婚女性が外で働くのは、「家計補助のため」であると先行研究では解釈され、夫の収入が高ければ就業しない傾向があると指摘されてきた。本調査では、高卒女性の事例に

は、その指摘の通り、母親役割の延長として家計補助をする傾向がみられた。しかし、大卒女性と専門卒女性には生計維持分担意識が高い様子や、キャリアとして自分の職業を捉える傾向がみられた。したがって、とくに大卒や専門卒の女性は、必ずしも家庭役割の延長として働いているわけではないといえる。

とくに職業に直結する資格を取得して働き続ける専門卒女性の意識は、高卒女性よりも、大卒女性の意識に近かった。男性稼ぎ手モデルがリスクとなる中で、同等に家計の責任を負おうとするのは大卒女性に限らないことが明らかになった。そしてそれは、「大卒と専門卒の女性には国家資格を必要とする専門職に就く女性が多い」（多喜 2019）ことが一要因だと考えられる。専門卒の既婚女性の就業に及ぼす学歴の影響についてはこれまで十分に検討されてこなかったが（多喜 2019）、この調査結果は、専門卒の女性は高校卒の女性とは異なる意識を持つ傾向を示した点に意義があるだろう。

2）　大卒・非大卒の差

また、問いの考察を通して、次のような大卒女性と非大卒女性の差が浮かび上がった。第1に、生計維持分担意識が高い非大卒女性8名のうち2名は、夫の収入が低いために、母親役割を優先したくとも家計補助にとどまれず、自分が稼ぎ手であるという意識が高まったパターンであった。同類婚の傾向から非大卒女性には、非大卒の夫が少なくない。夫の収入が低くそのキャリアも順調でない場合には、妻が夫と同等の稼ぎ手、あるいは妻が主な稼ぎ手としての役割を果たさざるをえない状況があることがわかった。

第2に、4章でみたように、大卒同士の夫婦の一部には双方のキャリアを等しく大切にする事例がみられ、夫が妻のキャリアを守るために夫が配置転換や転勤を断る等「非伝統的なライフスタイル」（小笠原 2005、2018）を実践していた。しかし、非大卒女性の場合、生計維持分担意識が高くキャリアとして働く妻は6名（専門卒5名、高卒1名）いたが、1名を除いて、夫は働き方をあまり調整していなかった。就業継続できるよう調整するのは主に妻であった。夫の職業が不安定な場合、夫は妻のキャリアよりもまずは自分のキャリアを守ろうとする様子がみられた。夫の労働条件や職場環境によっては、「非伝統的なライフスタイル」を実践する余地が少ないといえるだろう。

　第3に、これに関連して、家庭でも非大卒女性は大卒女性よりも負担が大きい傾向がみられた。筒井・竹内（2016）は、「夫が家事の頻度を増やしても、妻の家事が1つ分減っているわけではない」という点に注目し、その理由として「夫の家事スキル」が十分に高くないことをあげ、その効果を測定することが家事労働研究にとって重要だと指摘した（筒井・竹内 2016）。それは、大卒層の一部の先進的なカップルには有益な視点だろうが、本調査の大半の世帯ではいまも妻の「ワンオペ」状態であり、夫のスキルという問題以前の状況が示された。

　そして、非大卒女性は大卒女性よりも負担が大きい傾向がみられた。大卒女性を対象とした先行研究では、妻の生計維持分担意識が高く家計貢献度が高ければ、夫は家事育児を分担する傾向が指摘された。しかし、本調査の非大卒女性の場合、妻の生計維持分担意識と家計貢献度が高くても、また妻が自分のキャリアのために夫に家事育児分担を求めたとしても、夫は家事育児を分担しない（つまり妻のキャリアをサポートしない）傾向があり、妻の家庭責任は軽減されにくかった。そのために、妻のキャリア形成が順調でないケースがみられた。

　このような状況は、「二次的依存」ともいえるだろう。「二次的依存」とは、ケアする人がケア役割ゆえに陥る依存状態を指す（Fineman 2004＝2009；Kittay 1999＝2010）。ケアの担い手は、ケア役割とケアの行為にかかる時間や資源を必要とするので、公的領域で生産労働を行うことができない。そのために、夫に経済的に依存する必要が生じるのである（牟田 2009: 72、元橋 2019: 80）。

3）　理論的示唆

　さらに、上述の知見に基づき、理論的考察を加えたい。本調査では、もともと資格や収入などの資源が多いのは妻であるにもかかわらず、夫は自分の仕事を妻のために調整せず、家事育児にも協力しないので、妻が仕事を調整して労働時間を減らして家事育児時間を増やし、その結果、昇給やキャリア形成がうまくいかないケースが複数みられた。夫の職場環境による長時間労働が要因とみられる事例だけでなく、帰宅時間が早い夫でも家事育児をしないケースもあった。時間や収入によって家事育児分担割合を説明できるようにみえる場合でも、女性たちの語りから、実際は夫の意向、夫婦の権力関係によって妻が家事

育児のための時間を捻出している様子もきかれた。

　イデオロギー仮説に関して、小笠原（2009）は、性別役割分業意識は多元的であり、男性は自分の稼ぎ手としての役割だけでなく、妻の家事育児の責任者としての役割にも固執すると指摘している。また平山（2017a: 243）は、稼得役割に固執することは女性への「支配の志向」に他ならないと述べている。本調査では、夫が仕事熱心ではなくとも帰宅時間が早くても家事育児を分担しないという状況が妻たちから語られており、一部の男性が仕事規範というよりも、妻のケア責任に固執している可能性が示唆された。このような夫の意識に関して、平山（2017b）は、男性が家事育児をしない要因として「働き方」が重視される一方で、夫が思惑通りに妻にケア労働を任せたいという「支配の志向」は過小評価されているのではないかと指摘している。本調査は夫たちから話を聞いていないため推測にとどまるが、本調査結果をみると夫側の「妻のケア責任への固執」「支配の志向」が、先行研究での議論以上に家計分担・家事分担において重要な要因である可能性もあるだろう。この点について、今後、夫側の意識を対象とする調査によって検討がなされるべきである。

　これに関連して、夫婦の家事育児分担は、時間に余裕のある方が家事育児を負担するという時間的余裕仮説、そして稼ぎが少ない方が家事を多く負担するという相対的資源仮説が検証され支持されてきた。後者は、女性の学歴や収入などの資源が、家庭の性別役割分業の平等化に貢献しうるという点である。学歴の異なる非大卒層と大卒層を比較すれば、そもそも給与に差があるので、収入が多い大卒層は収入の少ない非大卒層よりも夫の家事育児分担が多い傾向がある。その一方で、同じ非大卒層の女性たちを比べた場合、収入という資源は、家事育児時間を夫と交渉し、外で働くための時間を捻出し、さらに夫や親族の実質的サポートを得てキャリア形成をしようと試みなければ、なかなか増えないものであることが示された。

　そうであれば、家事育児分担の平等化に貢献しうる要因とされる収入自体が、家計に関わる性別役割分業の平等化によって多くなるものだともいえるだろう。したがって、家事育児分担と時間、資源（学歴や収入）、イデオロギーの関わりに関して精緻な理論化を試みるのであれば、これまであまり考慮されてこなかった家計の分担という側面も検討されるべきであろう。

　さらに、舩橋（2006）は家事育児の分担がジェンダー秩序のベクトルと対抗ベクトルのせめぎ合いのなかで動的に変化していることを指摘したが、生計維持の分担も職場環境や夫との関係の影響などから動的に変化していた。したがって、妻の稼得役割に関しても、一時点だけなく時間軸という視点からの分析が有効だろう。

　最後に4・5章の要点をまとめると、これまで育児期に就業する非大卒の女性たちの状況は十分に明らかになっていなかった。しかし本調査から、非大卒女性の生計維持分担意識が高く、かつキャリア志向であっても、大卒女性と比べて、妻のキャリアと家事育児への夫のサポートが少ない傾向が明らかになった。

　さらに、非大卒女性は、大卒カップルよりも市場からケア・サービスを購入する経済的資源も少ない。非正規雇用であれば、公的な保育サービスも得にくい。非大卒、非正規の女性たちは、非大卒・大卒の男性、大卒女性と比べて、他者から受けるケアが最も少なく、ある意味最も自立している人たちであるにもかかわらず、自らが公的領域での生産労働を行う時間と資源を奪われ、「二次的依存」の状態に置かれていた。

　また、大卒女性を対象とした先行研究では言及されなかった「やりがい搾取」やハラスメント等、とくに高卒女性の職場環境の厳しさが浮かび上がった。非大卒女性が資格を取得しキャリアに従事しようとしても、これらの条件に阻まれやすい。同じく首都圏に暮らしていても、非大卒女性たちのリアリティは、一部の経済的に恵まれた大卒女性とは大きく異なっていた。彼女たちは、「女性活躍」政策の下、子育てしながら就業継続しているが、家事育児の極めて不平等な分担や妻のキャリアへの夫のサポートの欠如、不安定な雇用や厳しい職場環境、経済的理由による対処戦略の不足などの要因によって、本人に意欲があっても収入を増やしたりキャリアアップをしたりしようとすることが大変難しい状況に置かれていたのである。

第6章 愛情料理は誰のため——写真にみる家庭の食卓

1. はじめに

4・5章で論じたように、女性活躍政策の下、女性に稼ぎ手としての役割が期待され、女性たちが子育てしながら働き続けている状況がみられる。しかし、他の先進国と比較すると、日本の夫婦の家事時間は女性に大きく偏ったままである（内閣府 2020: 47）。とくに「食事の管理」に関しては、日本は女性が非常に時間をかけている国だといえる（品田 2007）。

女性側の意識に注目すると、女性は「男は仕事、女は家事育児」という「性による役割振り分け」を否定しても、「愛による再生産」を肯定する傾向がある、と大和（1995）が指摘している。この「愛による再生産」と食事に関連して、女性が愛情を込めて手作りすることで家族は情緒的に結びつきを強めるといった根強い「手作り＝愛情」意識（江原 1988；山尾 2003；福島 2020）や「手作り規範」（村瀬 2020）の存在が指摘されている。

そこで6章では、女性の社会進出が進んでも圧倒的に女性が食事を手作りしている現状において、育児期に就業する女性たちがどのように食事の用意を意味づけているのか、そして女性の階層化が進んでいることから就業形態、職業、学歴、世帯収入によって女性の間でどのような差異がみられるのか、考察することを目的とする。

2. 食事の用意をめぐる議論

1) 食事作りに関わる負担と女性の抑圧

欧米では1980年代に、女性の社会進出によりジェンダーや家族の社会学の

分野で家庭の食事に関する研究が増え始めた（Charles and Kerr 1988: 1）。この研究テーマで「古典」とされる DeVault（1991）の研究では、80 年代前半、米国シカゴ郊外に暮らす 30 名の妻にインタビュー調査が行われた。その結果、大半の夫婦で妻が食事に関わるすべての、あるいは大半の作業を行っていることが明らかになった。また、80 年代前半に英国で行われた調査では、育児期の白人女性約 200 名を対象とし、仕事の有無にかかわらず約 9 割の家庭において妻に食事の責任があること、1 割以上の夫は一度も料理をしたことがないことが明らかになった（Charles and Kerr 1988）。

　DeVault は、このように食事の用意が女性の責任となる状況に関して、詳細な分析を行い、次のような議論をしている。家事分担の研究において、食事の用意は「料理をする」「食材を調達する」ことなどが分析対象であったが、実際にはそれ以外の「目に見えない」活動が欠かせない。それは自分の家族にあった食事を考えることであり、家族が嫌がらずに食べてくれる献立を考えるという頭の中で行う複雑な作業である。過去に準備がうまくいった経験の中から選択する必要があり、また前の日に食べたものを把握しておく必要もある。買い物に関しては、どの店にどの食品がどの値段で売っているかを調べて把握した上で、適切な商品をどこで買うか判断する作業である。購入した商品が家族のニーズに合うか試行錯誤を繰り返して経験を積まなければならない。また、家にストックがあるかを把握しておく必要もある（DeVault 1991）。

　これらの食事に関わる作業の大半は「目に見えない」ために、行われていること自体が家族にも本人にも認識されていない。重いケア労働の分担が話し合われることもなく、妻の「愛情」の表現として受け止められる（DeVault 1991: 55, 162；平山 2017a: 37-8）。

　また、この食事の用意が夫婦の従属関係に影響を与えていると指摘がなされている。上述の先行研究では、妻は食事の用意のとき夫の好みを優先し、夫の様々な要求を満たそうと努力する傾向がみられた。夫がいないときの食事は、簡単な食事になるという事例もあった。夫が満足する食事を作ることを通して、女性としてのアイデンティティ、良好な夫婦関係、および妻の従属的な立場が作られ維持されるという（Charles and Kerr 1988: 64；DeVault 1991: 146, 161）。

　さらに、娘は母が家庭料理を作る姿から学び、母の作る家庭料理を手本とす

る。娘もまたそれを自分の娘に教えることで女性の責任として実践される。女性が食事の用意をすることを本人も家族が当然視し、女性が日常的に食事の用意を通してジェンダーをすること（doing gender）は、女性の抑圧を促すといえる（DeVault 1991: 106, 117）。

　このような食事の用意には階層差もみられた。階層の高い女性にとって、食事は家族や友人とともに経験する楽しみでもあり、料理を自己表現とみなす傾向があった。他方、貧困層の女性は収入や時間が不足しがちであり、調理をすることや食事をすることは厳しい毎日を生き抜くためにしなければならないことであった。女性たちは階層によって異なる経験をしていたのである（DeVault 1991: 201, 210）。

　2000 年代以降になると、食事の用意にかける時間の変化が報告された。米国では女性が料理にかける時間に関して、1965 年には 1 日 113 分であったが90 年代半ばには 65 分まで減少し 2008 年も同程度であった（Smith et al. 2013）。北欧諸国でも同様に時間の減少がみられた（Holm et al. 2016）。だが時間が短くなっても、食事の責任は女性にあること自体には変わりがない。そこで、Brenda Beagan（2008）らは、女性の社会進出が進んでもなぜ食事に関わる家事が女性に偏るのか、カナダの家族にインタビューしその意味づけを検討した。その結果、妻自身・夫・子は食事の用意に女性の役割とみなしていたわけではなかった。欧米社会が男女平等に敏感になる中で、よりジェンダー中立的な意味づけ——自分／妻／母親は「時間的余裕がある」「健康意識が高い」「要求水準が高い」「家事スキルが高い」といった個人の状況に関連づけられ、性別とは関係ないという解釈がなされていた。伝統的な性別役割への期待は、個人の選択やスキルなどの言葉が選び取られるというように、より巧妙に維持されている状況が明らかになった（Beagan et al. 2008）。

2)　日本における「手作り規範」

　以上に欧米の先行研究をみてきたが、品田（2007: 88）が食事の用意にかかる時間の国際比較をしている。イギリス・オランダ・日本の労働時間配分を2000 年、2001 年の調査を用いて分析した結果、1 日に「食事の管理」にかける平均時間については、日本の女性は 151 分であり、イギリス・オランダの女

性より 1 時間程長いことがわかった。品田は、日本は女性が「食事の管理」に
非常に時間をかけている国であると指摘している。

　この欧米との違いに関して、Allison（1991）が「お弁当」に注目し重要な指
摘をしている。Allison によれば、日本の幼稚園に子どもが日々持参する手の
込んだ弁当は、欧米にはみられない文化である。数々の小さなおかずに飾り付
けがされた弁当作りは時間と労力がかかる。そして幼稚園の教諭らは子どもが
持参する弁当の中身や子どもの食べ方を日々チェックし、女性たちが母親役割
をきちんと遂行しているかを評価する。また、女性たちはそれを通して母親と
してのアイデンティティや喜びを抱くようになる。幼稚園は国家のイデオロギ
ー装置として、性別役割分業を実践するよう促しているという。

　このような「手作り規範」の広まりに関しては、歴史的手法を用いた研究に
よって明らかにされてきた。明治期の中上流階層の家庭では、食物を扱うこと
は「卑しい」とする意識があり、家事使用人が食事を作ることが多かった（村
瀬 2009: 82）。その一方で、庶民は妻も農作業で働かなければならず、姑が調
理を担当し嫁は田畑の仕事をする事例がみられるなど（矢野 2007: 94）、地域
や階層によって食事を担う女性は異なっていた。小山（1999: 161）によれば、
家庭で何を食べるかということに関心が払われるようになったのは歴史的にみ
れば比較的新しいことである。大正期、国家による生活改善運動の中で栄養に
配慮した食事の準備が求められ、とくに新中間階級の主婦にあるべき「家庭料
理」が受け入れられていった。専業主婦が大衆化した高度成長期、テレビは家
庭における「手作り規範」が広く浸透するうえで重要な役割を果たした。江原
（1988: 164）は、70 年代に NHK「きょうの料理」で主婦の手作り料理の価値が
強調されるようになったのは、当時人びとが外食や加工食品などの商品に依存
し始めたからだと指摘している。80〜90 年代には働く女性を応援する「時短
料理」がメディアで人気を獲得し、食の外部化よりも家庭での手作りを後押し
した（福島 2020: 84）。

　また、1985 年に厚生省公衆衛生審議会によって「健康作りのための食生活
指針」が提唱され、「1 日 30 食品」が目標に掲げられた（山尾 2003: 150）。
2005 年には食育基本法が制定され食育運動が推進された。さらに、80〜90 年
代の栄養学においては、調理済食品の利用や外食は栄養バランスを崩すものと

して健康リスクと関連づけられ、働く女性の負担については触れられなかったという（福島 2020: 84）。

3) 女性間の差異

　このように国家やメディア、教育機関を介して広まった手作り規範は、調理済食品を使う人の割合が増加した今日でも、女性たちに食の外部化に対する抵抗感を抱かせている。90年代に実施された調査では、日常的な調理の外部化に最も抵抗感を抱くのは、専業主婦よりも共働き世帯、とくにパートの妻である傾向が示された。妻パート世帯では、妻は家事全般の外部化に抵抗感は少なかったが、日常的な調理の外部化に関しては抵抗感を示していた（堀内・天野・伊藤 1997）。また、抵抗感が比較的少なかったという専業主婦について、実際には、共働き世帯よりも食卓に出す品数が多い傾向が指摘されている（伊藤・伊藤 1996）。最近では、就業継続する女性が増える中、「夕食を作る回数」に関して、就業女性の方が非就業女性に比べ少なく、就業女性の中でもフルタイムで働く者はパートタイムで働く者よりも少ないという傾向が明らかにされている（石田・西山・丸山 2015）。

　これらの就業形態に関する知見をまとめると、正規フルタイムで働く女性は食事の外部化への抵抗感がより少ないが、非正規パートで働く女性は外部化を避ける傾向があるといえるだろう。

　これに関連して、松信（2000）の研究は、職業と手作りについて次の点を明らかにしている。松信の調査において、「離乳食やお弁当を手作りせずに市販品を与える母親は愛情が足りない」と「忙しければ、離乳食やお弁当を市販品などにすることはかまわない」のどちらにより近いか回答者に尋ねた結果、高度なスキルや職業中心の生活が求められる「専門職」と一般職や非正規が多い「事務販売職」では、ほぼ半々であった。他方、看護師や保育士などの「準専門職」は後者を選択する割合が6割となり、職業によって異なる傾向がみられた。松信は、「専門職」は仕事と子育ての両立が難しいが、「準専門職」は比較的再就職も両立もしやすい職場環境で働いており、この点が影響しているのではないかと論じている（松信 2000: 165）。よって、職業も手作りへの態度に影響するといえるだろう。

　さらに、中西（2018）による研究は、世帯収入が高いほど、母親が専業主婦であるほど、高卒以下ではないほど、性別役割分業を肯定するほど、その母親は有意に「子どもの食べるものの食材や産地に注意」する傾向を明らかにしている。

　以上の点をまとめると、日本は欧米と比べて女性が食事の用意にかける時間が長く、分担も偏っている。これに関わる手作り規範は女性に妻や母親としての役割を遂行させるためのイデオロギーであり、女性の社会進出が進んでも、女性たちは食の外部化に抵抗感を抱いている。そのような意識は女性の間で差異があり、就業形態、職業、学歴、世帯収入によって異なることが示唆されている。

4)　本章の問いと調査方法

　以上に見てきたように、日本では欧米と比べて労力や時間がかかる手作り規範の存在が指摘されてきた。このような意識が、女性が食事の用意にかける時間が長く、女性の負担が重い要因の1つだと推測される。しかし、日本においては、実際に当事者がどう意味づけて食事の用意をしているのかについては十分に明らかにされてこなかった。そこで6章ではこの意味づけに焦点を当てて明らかにしようと試みる。

　とくに日本の場合、女性が食事の用意をするうえで、欧米の先行研究が指摘した夫の要求よりも、子どもとの関係が重視されると推測される。Allison（1991）はお弁当作りと母親役割の結びつきを指摘した。実際に、野田（2015）による調査では、「弁当作りを通じて愛情を伝えたいか」という質問に対して、未就学児または小学生の弁当を毎日作る女性ほど肯定する割合が高く、「弁当＝愛情」意識が強いことが示された。他方、夫の弁当を毎日作る女性は弁当と愛情との関係を否定する傾向が強かった。要するに、弁当作りに関しては、妻役割よりも母親役割を重視する傾向が示された。また、先述の Beagan et al.（2008）の研究では、食事に関わる不平等な分担に関して、性別役割ではなく、個人の状況やスキルといったよりジェンダー中立的な語が選ばれ意味づけられていることがわかった。そこで本調査では、弁当という外に持ち出す食事の知見を踏まえ、家庭内での食事に関して誰のためにどのような役割を果たそうと

意味づけているのかを検討する。

　また、先行研究では、就業形態では非正規パートの方が正規フルタイムより外部化への抵抗感が強く、職業では「専門職」「事務販売職」の方が「準専門職」より外部化・簡易化に否定的という傾向がみられた。松信（2000）は、「準専門職」女性にみられる意識の傾向は両立可能な職場環境によるものと解釈しているが、当事者の意味づけは十分明らかにされていない。

　以上の点を踏まえ、6章では、育児期に就業継続する女性について、食事の用意をめぐる意味づけを、とくに就業形態、職業、学歴、世帯収入との関わりに注目しながら考察する。研究の問いとして次の2つを考察することを目的とする

　⑴　育児期に就業する女性は、食事の用意にどのような意味づけをしているのか
　⑵　手作り規範への態度は、就業形態、職業、学歴、世帯収入によって女性の間でどのような差がみられるのか

　この調査は、本研究プロジェクトに参加した55名から、あらたに協力者を募り、2018〜2020年に行われた。55名の女性たちの中から、就業形態、職業、学歴、世帯収入が異なるタイプの人びとが複数含まれるように「理論的サンプリング」（佐藤 2006）を実施した。順に声をかけ、後述する食事記録と聞き取りを16名に依頼した。さらに、専業主婦4名にも協力を依頼した。計20名からデータを収集し分析した時点で、リサーチクエスチョンに関わる一定の知見が得られたと判断し、最終的に20名を中心とする分析とした。

　このうち2名は夫が単身赴任中、2名はひとり親世帯である。4名ともフルタイムで働いている。本調査では、DeVault（1991）の調査と同様、これらの母親のみの世帯も含めた。なぜなら、手作り規範をめぐる女性間の差異を明らかにするという2番目の問いに関して、世帯の差を含めて考察することができ、意義があると考えたからである。

　20名の協力者に関して、個人が特定されない範囲でその概要を表6-1に示す。食事の用意に関わるインタビューをした時点では、20名の女性のうち正規（フ

表6-1　調査参加者の属性と意識

文中の仮名	職業	世帯	雇用形態	学歴	子の年齢	食事の用意で重視する人	自分が食事の用意をする意味づけ	手作り=愛情
のぞみ	保険医療従事者	夫妻同居	正規	大卒	1,6	自分	母親役割	肯定的
いくこ	看護師	夫妻同居	正規	大卒	3,5	子ども	家事スキルの高さ	否定的
うたえ	会社員	夫妻同居	正規	大卒	1,1	子ども、夫	母親役割	肯定的
にな	会社員	夫妻同居	正規	短大卒	2	子ども	母親役割	肯定的
ことえ	会社員	夫妻同居	正規	専門卒	5,5	子ども	食への関心の高さ	否定的
ちか	看護師	夫妻同居	正規	専門卒	0,3	子ども、夫	家事スキルの高さ	否定的
いずみ	会社員	夫妻同居	正規	高卒	2	自分、夫	家事スキルの高さ	否定的
えみ	フリーランス	夫妻同居	非正規	大卒	1,3	子ども、自分	母親役割	肯定的
さえ	社会福祉士	夫妻同居	非正規	専門卒	3,5	自分、夫	母親役割	否定的
けいこ	NPO職員	夫妻同居	非正規	専門卒	4,6	子ども	母親役割	肯定的
かずみ	介護員	夫妻同居	非正規	高卒	1	子ども	母親役割	肯定的
あい	派遣社員	夫妻同居	非正規	高卒	5	子ども	家事スキルの高さ	肯定的
かなこ	専業主婦	夫妻同居	NA	大卒	5,10	子ども	母親役割	肯定的
きみこ	専業主婦	夫妻同居	NA	大卒	5	子ども	家庭責任	肯定的
さくら	専業主婦	夫妻同居	NA	大卒	3,6	子ども、夫	家庭責任	肯定的
しほ	専業主婦	夫妻同居	NA	大卒	6,12	子ども	家庭責任	肯定的
	会社員	夫単身赴任	正規	大卒	3	NA	NA	肯定的
	会社員	夫単身赴任	正規	大卒	2,6	NA	NA	否定的
つかさ	会社員	ひとり親	正規	専門卒	1	NA	NA	否定的
おりえ	会社員	ひとり親	正規	高卒	6	NA	NA	肯定的

ルタイムまたは時短）が11名、非正規パートが5名、専業主婦が4名であった。学歴に関しては、高卒が4名、専門卒が5名、短大卒が1名、大卒が10名である。本調査は調査協力者の数よりも、個々の事例の「厚い記述（thick description）」を重視した質的調査である。他の章でも用いた調査方法・データにくわえ、各人に1週間の朝夕の食卓の状況（1名につき14食、計280食分）の撮影とLINEでの写真送付をしてもらった。後日、一緒に写真を見ながら食事の用意や献立、買い物に関する質問を行った。

3. 誰のためにどう作るのか

1)　食事における「子ども中心主義」

　まず誰が食事の用意をするのかに関して、20名のうち夫と同居する16名を対象に、調査票と聞き取りデータから分析したところ、①夫はまったく料理をしない（12名）、②夫は月に数回料理をするが、平日は料理をしない（2名）、③夫は平日に数回料理をする（2名）の3パターンに分かれた。夫が平日に夕食の用意をすると答えた者は1名のみであった。先行研究と同様、本調査でも食事の用意は女性に偏っている状況がわかった。この状況の中、女性たちがどのような意味づけをして食事の用意を引き受けているのか以下に考察していく。

　誰を最も重視して献立を決めたり料理をしたりしているのかについて、夫妻同居の16名を対象にその語りを分析した。その結果、「子ども」が9名、「子どもと夫」が3名、「自分と夫」が2名、「子どもと自分」が1名、「自分」が1名であった（表6-1）。欧米の先行研究では女性たちが夫の要求を満たそうと努力する傾向が指摘されていたが、本調査の女性たちの意識は主に子どもに向けられていた。

　その語りの内容を例示すると、短大を卒業後、大企業で正社員として働くになさんの場合、時短を取得して2歳の子を育てている。同じ会社に勤める夫は、家事育児をほとんどせず不満は大きいという。それでも食事と愛情は「すごい関係してる」といい、次のように、子どもにあわせた食事を丁寧に作っていると語った。

　　　（子どもは）キノコとかも嫌いなんですけど、体にいいので刻んでばれないようにしてハンバーグに入れたりとか、炊き込みご飯にしたりとか、お魚もばれないようにしてますね。そうすると食べるので（大人も子どもも）全部うちはご飯一緒です。

会社員の夫からの要求はとくになく、カレーも子ども用の味付けで作っている

という。

「子ども」「夫」の両方に言及した者の例をあげると、介護員のかずみさんは福祉施設でパートで働きながら幼児を育てている（5 章 p. 140 に詳細）。食事の用意で誰を重視するかについて、「子どもの健康がやっぱり一番ですよね。パパももちろんですけど、やっぱ子どもベース」と、夫にも言及したが子どもの方を優先すると話した。また、「子どもができてからは、女でいるというよりかはもう母だなって」「こんだけ自分が子どもにかけてる時間だったり食材だったりを考えれば愛情の 1 つ」といい、料理は母親の愛情表現だと話した（写真 1）。

これらの話のように、子どもを重視して食事の内容を考えるという話が繰り返し聞かれた。そうであっても、夫の要求や期待をまったく意識していないわけではない。まず、夫を重視していると語った女性は、上記のかずみさんを含め 16 名中 5 名いた。うたえさんは会社で事務の仕事をしながら、子育てをしている（4 章 p. 126 に詳細）。うたえさんが夫について、「夫はハンバーグが食べたい、唐揚げが食べたいとかいいます」「品数少ないと怒られそうで。少ないと、（夫は）物足りない顔をしてる」と話したように、食事の内容が夫婦関係に影響する様子も聞かれた。また、いくこさんは後片付けが大変でも、子どもたちや夫が好きだからという理由から、冷凍食品を活用し揚げ物を平日もよくしている（写真 2）。

つぎに、朝夕食時の状況（食卓の写真と聞き取りデータ）を分析したところ、夫と同居している女性は、夫が単身赴任する女性やひとり親の女性と比べて、献立の品数がより多く、調理済食品（総菜、レトルト、冷凍食品）の割合がより少なかった。したがって、女性たちは、食事の用意は子ども中心だと語っていても、夫に合わせた食事も頭の中で考えて作っているといえる。この点については、えみさんの話に表れている。

　　パパが夜、うちで食べずに外食をしてくれるみたいな感じだったとしたら、すごく私は楽になるなっていうのはあります。……毎日もう大変だから。うちでは作らないってなったら、（夫は）「それはちょっと」ってなると思います。

えみさんは、大学卒業後、様々な仕事を経験し、フリーランスで IT 関連の仕事をするようになった。2 人の幼児を育てながら働いているが、料理は「母として最低限しなきゃいけない」ことだと話した。夫婦関係は良好であるが、夜遅く帰ってくる会社員の夫に食事を用意しておくことが面倒だという。えみさんの意識の上では、食事の用意は子どものためであり、夫の重要度は低い。そうであっても、食事に関する要望を「何もいわない」という夫が帰ってくる家庭の食卓上に、ほぼ毎日主菜・副菜・汁物を作って出していた（写真 3）。

　以上のように、本調査では、夫と同居する女性に、夫に合った献立を考えつつも、子どもを中心に食事の用意をする傾向がみられた。この点において就業形態、職業、学歴、世帯収入や次に検討するジェンダー意識による違いはなかった。子どもを生活の中心に据える考え方は「子ども中心主義」と呼ばれ、子どもの意思や行動を家族の最大の関心事とする日本の近代家族の特徴であることが指摘されている（詳しくは序章の p.6 を参照）。また、瀬地山（1996: 202）によれば、韓国や台湾と比べても、現代日本の家父長制とは、「母親」役割が非常に強く受け入れられている点に特徴があり、母親にとっての子育ては「愛の奉仕」とされ、「労働」と感じることが許されないという。先行研究では夫が様々な要求をし、それが夫婦関係に影響する傾向がみられたが（Charles and Kerr 1988; DeVault 1991）、本調査では子どもの好みや健康、食べやすさが重視されており、食事の用意にも「子ども中心主義」がみられたのである。

　このように女性たちには子どもを中心に考えて食事の用意をする傾向がみられたのだが、その責任が圧倒的に自分に偏る状況をどう意味づけているのだろうか。夫と同居する女性 16 名は、自分が食事の用意を引き受けている理由を 1 つかそれ以上述べた。そのうち主な理由とみなされていた点を分析したところ、「母として」「お母さんになったから」など、明確に「母」に関する語を使って、自分が食事を用意する責任について語った者が 8 名いた。先に例示したように、福祉施設で働くかずみさんは「母の愛情表現」といい、IT の仕事をするえみさんは「健康面だけでなく、母として何かしなきゃ、そこは最低限しなきゃいけない」と語っていた。

　さらに例をあげると、けいこさんは専門学校で保育士の資格を取得し、子どもと関わる NPO でパートをしている。公務員の夫は仕事が多忙で不在のこと

が多い。けいこさんは2人の子どもの世話と家事をほぼ全部引き受けているが不満はなく、「母としてできるだけ自分で作って、ちゃんと愛情込めて作ってあげたいっていうこだわりがあって」と語った。

もう一例あげると、専業主婦のかなこさんは、大学を卒業後、デザインの仕事をしていたが、夫が転勤族で出産後に退職した。かなこさんは小学生と幼児を育てており、食事の用意について、「やらなくていいんだったらやりたくないんですけど、義務感というか、お母さんになったからにはやらなきゃって」と話した。

また、都心に暮らす専業主婦のきみこさんとさくらさんの2名は、「母」という語を使うことはなかったが、「自分の仕事がなくなるから（夫は）やらなくていい」などと話した。専業主婦のしほさんは、夫は夜勤があり食事の用意は自分がしていると話した。彼女たちは、夫が稼ぐ一方で、自分に家庭責任があるとみなしていた。

そして、先述のBeagan et al.（2008）の研究にみられた「家事スキルが高いほうが料理をする方がもめ事が減る」という理由をあげた者が4名いた。たとえば看護師のちかさんは、2人の幼児を育てながら正規フルタイムで働いていて、家事育児をほぼしない夫への不満は大きいと話した（5章 p. 154 に詳細）。それでも自分が食事の用意をする理由として、「（夫に）変なものを作られたりとか、変にキッチン荒らされるよりは、自分で作って片付けた方が楽」と話した。

さらに、「食への関心の高さ」を理由とした者が1名いた。服飾技術者のことえさんはキャリア志向で、会社員の夫も家事育児を分担している（5章 p. 143 に詳細）。食事作りに限っては、「私が台所で料理をするのが好きだって（夫は）わかってるから譲ってくれてるとこもあるのかな」というように、ことえさんの方が食への関心が高いことから食事作りを担当していると語った（写真4）。

上記の意味づけは、「母親役割」（正規3名、非正規4名、専業主婦1名）と「家庭責任」（専業主婦3名）といった性別役割分業に基づく意味づけと、「家事スキルの高さ」（正規3名、非正規1名）、「食への関心の高さ」（正規1名）といったジェンダー中立的な意味づけにわけられ、後者の意味づけをするのは主に正規雇用の女性であった。

　以上の結果をまとめると、女性に偏る食事の分担に関して、Beagan et al. (2008) の研究では個人の状況や性格に基づくジェンダー中立的な理由づけが多くなされていた。本調査では母親の役割に基づく意味づけが最も頻繁に聞かれたが、正規雇用で働く女性にジェンダー中立的な意味づけをする事例が複数みられた。

2)　手作り規範

　つぎに、手作り規範について検討する。手作りと愛情の結びつきに対する態度に関しては、単身赴任・ひとり親世帯を含めた 20 名を対象に分析を行った。そのうち、「手作り＝愛情」という考え方に肯定的な者は 13 名、否定的な者は 7 名であった。就業形態、職業、学歴、世帯収入のうち、就業形態、職業に顕著なパターンが見出された。就業形態に関して、「手作り＝愛情」に肯定的な者 13 名の内訳は、非正規パートが 4 名、専業主婦が 4 名、正規が 5 名であった。否定的な者 7 名のうち正規が 6 名、非正規が 1 名であり、後者には正規で働く者が多い（表 6-1）。

　「手作り＝愛情」に肯定的な例をあげると、食事の用意を「母親役割」だと話したけいこさんは、NPO でパート勤務をするかたわら、時間を作って自然食について学んでいる。「最初から煮たり、豆乳も豆から搾るぐらいのことをやって」というように、子どもの健康や食育のために惣菜やレトルトは一切使用せず手作りにこだわっていると話した（写真 5）。

　「手作り＝愛情」を肯定する女性のうち、けいこさん以外は、調理済食品や外食を利用するけれどもなるべく手作りの方がよいと考えるパターンであった。彼女たちはとくに冷凍食品を頻繁に利用し、加熱調理して皿に載せていた。だが、平日の弁当や惣菜の利用に関しては、否定的な意見が繰り返し聞かれた。たとえば会社員のうたえさんは、次のように説明した。

　　週末はいいって思ってるんですけど、平日の夜にマクドナルド出すとか、お弁当だけとかはあんまやりたくないです。よく映画とかテレビで、荒れてる家庭というか、子どもにあんまり良くないっていうイメージがついてるんです。

このような家族の情緒面以外に手作りする理由として選択された語は、「味が濃いし、防腐剤とか何かしら長持ちさせるものが入ってるじゃないですか。体に悪いような気がして」（派遣社員のあいさん）など、味つけ、健康への影響、値段に関わるものであった。

　これに関連して、非正規パート、専業主婦の女性の半数は、食事の用意で最も重視することとして、「栄養」バランスがよいことや「野菜」が多いことをあげた。彼女たちは正規フルタイムで働く女性たちよりも時間的に余裕があり、実際に手間をかけて食事を手作りしていた。正規フルタイムの女性よりも、品数が多く調理済食品が少ない食卓の様子が観察された（写真6）。

　他方、「手作り＝愛情」を否定する女性には、正規で働く者が多かった（正規6名、非正規1名、表6-1）。例をあげると、いずみさんは保育所で事務をしている（5章 p.139 に詳細）。彼女は保育所のお迎えの後、18時20分に帰宅し20〜30分ぐらいで夕食を作る。時間がないので「凝った料理はできない」といい、「もう惣菜を買って来て、夕飯にそれみたいな日も全然あるけど、それが愛情と結び付いてるとは思わなくて、どう食事の時間を過ごすか」と話した。いずみさんの話のように、正規で働く女性たちからは帰宅後、食事の用意に長い時間をかけることができない様子が聞かれた。

　職業に関しては、松信（2000）の研究で指摘されていたように、看護師や福祉士など「準専門職」の女性たちから「手作り＝愛情」を否定する話がよく聞かれた（表6-1を参照）。たとえば、看護師として保育所に勤務するいくこさんは、「今はやっぱり時代の流れですよね。育児ノイローゼとかお母さんが1人で抱え込んでるから、レトルトとかそういうのをうまく使ってという指導に移行してますね」と職務上の経験から調理済食品の意義について語った。いくこさん自身は、大学を卒業後、専門学校に行き看護師となった。システムエンジニアの夫と2人の幼児を育てており、毎日17時20分に帰宅し食事の用意をする。常に時間がないので家事より子どもと過ごす時間を優先しているという。

　　働いてなかったら食育とかって思うんですけど。……うちはとにかく上
　　の子が活発で、料理するぐらいだったら外で一緒に遊んでほしいタイプな
　　んで。だから料理とか家事の時間を少なくして、子どもと遊びに行くほう

にウエート置いてる。

さらに、病院で看護師として働きながら2人の幼児を育てているちかさんは、栄養面を考慮しても、離乳食は手作りしなくてかまわないと話した。

　　離乳食とか見てると、出来合いのものも結構あるじゃないですかレトルトで。あれも野菜とかたくさん入ってたりとか、日頃取れないレバーとかが入ってたりするんで、使いようによっては全然いい。

看護師や福祉士の女性たちには、専門学校や職場で栄養や育児について学んだ経験を通して手作り規範を批判的に捉える様子が観察された。よって、職業に関わる第2次社会化が意識に影響を与えている可能性があるだろう。

　以上のように、とくに就業形態、職業によって、食事の用意の意味づけに関して特定のパターンがみられた。だが、「手作り＝愛情」という考え方を批判していた女性たちも、実際には、労働時間と手作り規範の板挟みに葛藤しながら、食事の用意をしていた。世帯収入が高い者は、刺身や寿司など健康的で高価な総菜もときおり購入しつつ、経済的資源を生かしてできるだけ手作りをする戦略を採っていた。たとえば、医療関係職ののぞみさんは大企業に勤務する夫と2人の子どもを育てている。食材の定期宅配サービスを利用するようになったことで、「もう食料品はもうほとんど宅配だし、夫はやらないけど負担は軽くなった」と話したように、買い物に行く回数を減らした。のぞみさんは産地にこだわるため買い物に行くと吟味する時間がかかるが、利用しているサービスは主に国産の食材や調理済食品を配達する。「それなりの基準を持ってやってるので、あんまり何も考えずに取ることができるかなって」といい、時間と安心安全を購入していた（写真7）。

　看護師のいくこさんの場合、システムエンジニアとして働く夫の帰宅時間は23時を過ぎるため、平日は家事育児をほぼひとりでしている。「手作り＝愛情」には否定的だが、5万円程の調理家電を複数購入し、「ホットクックをフル活用してます。すごい便利で生活が変わりました。自由になる時間が増えました」と話した。平日の時間不足に関して、外部化よりも、手作りにかかる時

間の削減によって解決しようと試みている（写真8）。

　このような世帯収入が高い者と比較して、世帯収入が低い者は、サービスや家電を購入するよりも、比較的安価で便利な食品を利用することで時間不足を解決しようとしていた。社会福祉士としてパートタイムで働くさえさんの場合、世帯収入が低く、夫は週末も仕事で不在がちである（5章 p.136 に詳細）。さえさんは2人の子どもの世話で家事にかける時間がとれず、「手作りするより一緒に食べる時間のほうが大事」と話した。それでも、栄養バランスを考えつつ食事の用意をしており、朝夕食時に菓子やスナックを少しずつ皿に盛り付けて出していることについて、次のように語った。

　　これは昆布とさけるチーズですね。これも品数増やすためですね。子どもはとくに希望してないんですけど、量より品数が多いほうがいいっていうのは昔聞いてそれをずっとやってるだけですね。ちょっとずついろんなものをと思って。大人はないですね。

この話のように、さえさんは子どもの栄養のためになるべく品数を増やすよう努めていた。また朝食の際、子どもには気を配って絵皿を使うが、「大人の分の食パンはティッシュの上にのせて、終わったらティッシュ捨てるだけ」と少しでも皿洗いにかかる時間を減らそうとしていた（写真9）。

　さらに、ひとり親世帯はいっそう時間不足の状況にあった。例として、会社員のおりえさんをあげる。おりえさんは高校卒業後に上京し、新聞配達をしながら大学に通ったが、経済的な理由から退学した。その後、派遣社員をしていたが、契約社員、正社員と転換することができ事務の職に就いた。都心にある会社までの通勤時間は、約2時間と長い。17時半に帰宅して、6歳の子に1日の様子を聞いたり洗濯したりしながら食事の用意をし、18時に2人で夕食を食べる。おりえさんはすべての家事育児をひとりでするため時間がなく、夕食に安価な調理済食品を活用している（写真10）。また、「cookpadとか検索するときに、絶対「簡単」っていう単語入れるんです」「最悪は「包丁」っていう単語も入れると、包丁使わないレシピが出てくる」というように、調理時間を節約するための情報も活用している。だが抵抗感は消えず次のように話した。

私の母、専業主婦だったんで帰ってくるとご飯の香りがして、テーブルの
上は全部手作りのものっていう感じで育ったので、そうしなきゃいけない
っていうのがあるんですよ。ただ実際時間もないし、そう得意でもないし、
お総菜とか外食頼ってるけど、やっぱ罪悪感はすごくある。……出すとき
に「今日もお総菜でごめんね」「今日も適当に作っちゃってごめんね」と
かから始まる。

　時間が足りない理由の1つは、おりえさんの子どもは食が細く、食べるのに時
間がかかることである。「食べるの手伝ってとかって、残ってるのを「じゃあ
半分食べるから、半分頑張ろうね」って、食べさせたり」というように、食事
の介助が欠かせない。おりえさんは、「いつも2人でご飯食べてて寂しいから」
と毎月数回、子ども食堂を利用している。ママ友と知り合うこともでき、「わ
いわいやってリフレッシュしている」「家庭の温かい食事みたいなのが食べれ
る」と、子ども食堂での食事をとても楽しみにしていると語った。
　もう一例あげると、会社員のつかささんもひとり親である。つかささんは高
校を卒業後に上京し、大学を中退後に専門学校へ通った。その後、正規で事務
の仕事をしながら、1歳の子を育てている。子どもが熱を出したときにシッタ
ーを頼むこともあるが、実家が遠いので、普段の育児サポートは保育所だけで
ある。平日、つかささんは保育所へのお迎えの後、都心にある会社から20時
に帰宅し夕食の用意をする。子どもは保育所で補食をとっているので夕飯は軽
めにしていて、自分はワンプレートの場合が多い（写真11）。手作りと愛情の
結びつきについて聞くと、次のように話した。

　　——食事作りと愛情みたいなのって関わってると思いますか。
　つかささん：まったく関わってないと思います。……要は自己満だとは思
　うんですけど、親というか作ってる人の。……やっぱりそうやってないと
　自分がやってられないからじゃないですか。プライドじゃないけど、何で
　すかね、正当化したいんですか。これだけやってるっていう、実際に目に
　見えるものとして、やっぱり作ってるっていう。それをなんかね、子ども
　が喜んでるんだったら別にいいですし。でもそれってもうそこだけの、親

177

　子だけで完結する話であって、それを他人にアピールとかするのはちょっ
と。

　つかささんは生計維持も家事育児もひとりでしている大変負担の大きい状況で、
食事の用意や介助に時間をかける余裕がない。つかささんは夜遅くまで働いて
いることについて、「やっぱりお金が必要だからやらなくてはいけなのでやっ
てる感じです。……（本当は）子どもの洋服、何かかわいいの作ってやったり
とかしたい」と話した。

　毎日、食事の用意をするときに何を最も重視して作るのかについて聞くと、
つかささんは「（子どもが）好きなものは何かな、それだけです。あとはいか
に自分が簡単に作れるやつかっていう。出して終わるだけとか、スライスチー
ズだったらそのまんま出せばいいとか」と、いかに簡単に食事の用意を済ませ
るかを重視していると話した。つかささんも調理や洗い物の時間を節約するた
めに、なるべく包丁とまな板を使わずに調理をするようにもしている。

　つかささんはとくに時間不足の状況にあるが、同様に、正規雇用で働く調査
協力者の約半数は、調理時間だけでなく食事時間も節約しようとしていた。そ
のために、献立には「子どもが食べてくれるもの」を最も重視するという声も
多く聞かれた。子どもが好き嫌いで食べないと食事の介助に時間がかかるため
であり、一種の「時間節約術」だといえる。時間的により余裕のある非正規パー
ト、専業主婦の女性の半数が最も重視することとして「栄養バランス」をあ
げたのとは対照的であった。

　そうであっても、おりえさんとつかささんは時間がない中、子どもの栄養に
気を配り、つかささんが「やっぱ手間がかからなくて栄養があるものっていっ
たらバナナかな」というように、バナナやプチトマト、納豆を活用するなどし
て、ほぼ毎日野菜や果物を用意して子どもに食べさせていた。

　要するに、就業している女性たちは労働時間と手作り規範の板挟みで葛藤し
つつ、世帯収入が高ければ健康的な調理済食品を購入したり、食材宅配サービ
スや調理家電によって時間を節約して手作りしたりしていた。他方、世帯収入
が低い者はそういった手段は採れず、安価な調理済食品や手軽に食べられ栄養
がありそうな食材を活用していた。Allison（1991）が指摘する「欧米にはみら

れない」「手の込んだ」食事を手作りしなければならないという規範の下、階層によって異なる戦略が採られていた。

4. 本章のまとめ

　最後に、以上の調査結果に基づいて考察を行いたい。上述したように、夫と同居する女性たちには、食事の用意においても「子ども中心主義」がみられた。これには就業形態、職業、学歴、世帯収入による違いはなかった。また、食事作りは母親の役割という意味づけが最も頻繁に聞かれた。よって、欧米の先行研究が指摘した「妻役割」というよりも、「母親役割」の意味合いが強いといえる。食事の用意においても、先述の吉田（2018: 2）が論じたように、子ども中心主義が女性たちを母親役割へと促していたのである。

　したがって、本調査の女性たちにとって「手作り規範」の意味とは、母親は子どものために愛情を込めて食事を手作りするべきだ、ということになる。これに対する態度に関して、上述した通り、就業形態、職業、学歴、世帯収入によって異なるパターンがみられた。

　就業形態については、非正規雇用の女性には手作り規範を肯定的に捉える傾向がみられた。5章で述べたように、彼女たちは家事育児に差し支えない時間内で母親役割の延長として家計補助のために働く傾向がある。そのため、母親役割とみなす食事の用意を簡易化・外部化することには抵抗があると考えられる。その一方で、正規フルタイムの女性には手作り規範に批判的な事例が複数みられた。とくに労働時間の影響を受ける平日の夕食作りでは、仕事と両立するためにと、簡易化・外部化の戦略を採る様子がみられた。よって、手作り規範への態度は、母親役割の延長として非正規で働くのか、より仕事へのコミットメントを有して正規で働くのかに関わっているといえる。

　また、職業に関して、「準専門職」の方が「専門職」よりも外部化への抵抗感が少ないという説（松信 2000）に対して、これを支持するような事例がみられた。「両立しやすい職場環境」がその要因とされていたが、本調査では看護師や福祉士の語りから、「準専門職」の職業や学校を通した第2次社会化もその意識の傾向に影響を与える可能性が示唆された。

　学歴に関しては、手作り規範の相対化と直接的な関連はみられなかった。この「準専門職」の女性たちは専門学校を卒業していた。しかし、本調査の大卒の専業主婦たちは手作りを重視しており、先述の中西（2018）の調査と似た傾向（専業主婦であるほど、高卒以下ではないほど、性別役割分業を肯定するほど、有意に子どもの食べるものに注意する）を示した。したがって、単に学歴が高いほど手作り規範に否定的というわけではないといえる。学歴は職業との関わりを通して影響を与える可能性があるだろう。

　世帯収入については、手作り規範への態度に関する特定の傾向は見出されなかったが、対処戦略には特徴的なパターンがみられた。具体的には、世帯収入が高い者は高価な調理済食品、サービスや家電を購入して時間を節約していた。他方、世帯収入が低い者はそういった手段を採っていなかった。

　以上のことから、正規雇用で労働時間が長く、また教育機関や職場などで専門的な知識や経験を得ている女性の方が、手作り規範を相対化しやすいことが示唆される。さらに、先行研究は、妻の労働時間や収入割合が多いと夫が家事参加する傾向を指摘している（松田 2006）。よって、とくに共働きの女性は、正規雇用での就業継続を通して経済力を得ることで、部分的な外部化という対処戦略が可能になるだけでなく、夫との分担をより志向するようになる可能性が示唆される。

　しかし、新自由主義的な女性活躍推進は女性の階層化を伴うと指摘されている（三浦 2015）。上記のような比較的階層が高い共働きのキャリア女性の間では手作り規範が弱まり、部分的な外部化や分担によって負担が軽減されるかもしれない。だが、先述の通り、非正規パートや専業主婦の女性には手作り規範を相対化しにくい傾向が示された。また、ひとり親世帯の場合、経済的に外部化が難しい、あるいは日常的に分担やサポートをしてくれる者がいない状況であれば対処戦略も限られる。そうであれば、これらの女性の間では食事の用意の負担は軽減されにくく、DeVault（1991）が指摘する「女性の抑圧」が大きいままとなる可能性があるだろう。

家庭の食卓写真

家庭ごとに献立や食卓の傾向はかなり異なるが、それぞれの家庭の献立や盛り付けは毎食似ていて一定のパターンがあることがわかった。週末はフードコートやファストフードなどの外食も多い。とくに女性の働き方と関連する平日の夕食を中心に、各家庭の典型的なパターンを選んで掲載した。

写真1　かずみさんの日曜日の朝食

夫は（本人が食べたいので買ってきた）マクドナルドでも、子どもには手作りの朝食を用意。週末にマクドナルドを利用する様子は他の家庭でもよくみられた。

写真2　うたえさんの平日の夕食

うたえさんは仕事の後、ひとりで双子の世話をしながら料理をするという大変な状況の中、品数を増やすため、子どもや夫の好みにあわせるために冷凍食品（揚げ物や芋）を活用している。汁物は手作りして毎食出している。夫は帰宅が遅いので、後で食べる。平日はひとりで子どもたちの食事の介助をしているので、味わって食べることはできない。

写真3　えみさんの平日の夕食

えみさんは時間不足を補うために食材配達サービスを利用し、献立を考える時間や調理時間を削減している。この日は、子どもは納豆、味噌汁、野菜等を、毎日夜10時頃帰宅して1人で食べる夫には別におかずを一品作った。自分の分は簡単に冷凍スパゲティなどですませることもある。

写真4　ことえさんの平日の朝食と夕食

「食への関心が高い」ということえさんは、仕事で時間がない中、朝食にホームベーカリーでパンを焼いたり、デザートを出したりもしている（左2つ）。一番右の写真は同日の夕食で、椎茸肉詰め、レトルト調味料を利用した春雨、菜の花のおひたしなど。

写真5　けいこさんの平日の夕食

NPOでパート勤務をしながら自然食を学んでいるけいこさんの夕食。手作りは子どもへの愛情ととらえて、惣菜やレトルトは一切使用せず手作りにこだわっている。玄米をよく出している。夫は仕事で不在がちで、別に食べることが多い。

写真 6　きみこさんの平日の朝夕食

専業主婦のきみこさんの夕食。品数が多く健康に気を配って食材を選んでいる。食器や料理の彩りも豊かである。汁物はほぼ毎食出す。夫は帰宅が遅く後で食べる。

写真 7　のぞみさんの平日の夕食

保健医療従事者ののぞみさんは多忙な中、食材の定期宅配サービスを利用している。刺身をよく出す。食後のデザートは実家の習慣でもある。

写真8　いくこさんの平日の夕食

看護師のいくこさんは、ホットクックで作れるメニューを中心に夕食の献立を考えている。左が子ども、右が夫の夕食である。時間が足りない日々、食事の用意よりも一緒に遊ぶ時間を増やすことを心がけている。

写真9　さえさんの平日の夕食と日曜朝食

福祉士のさえさんは、実家からもらった料理やお惣菜を活用している。日曜日は、品目を増やすためと家族の楽しみのために、お菓子を多めに朝食に出している。

写真10　おりえさんの平日の夕食

ひとり親のおりえさんは、働きながら1人で食事の用意をし、子どもの食事の介助にも時間がかかるため、夕食には安価な調理済食品を活用しているという。子どもと一緒に食事を楽しめるようにと、かわいらしいランチョンマットは毎食使用している。

写真11　つかささんの平日の夕食

働きながら1人で子どもを育てるつかささんは保育所へのお迎えの後、夜8時に帰宅し夕食の用意をしている。子どもは保育所で夕方に補食をとっているので、家での夕食はフルーツなど軽めにしている。常に時間が足りないので、自分の夕食は保存容器を皿にして済ませることが多い。

【コラム】 コロナ禍の家事育児分担とエスノグラフィー

　コロナ禍によって家事育児分担が注目を浴びた。保育所や小学校が休みとなり、女性の育児負担が大幅に増加したのである。その一方で、一部の男性が（主に高学歴、専門職・大企業で働く層）がテレワーク、在宅勤務をするようになり、家事育児参加が進むのではないかという期待の声も聞かれた。本書に関していえば、主にコロナ前の2016～2019年に得られたデータが中心なので、コロナ禍による変化は本書の射程外である。他方、複数の研究グループによって量的調査が実施され、コロナ禍における家事育児分担状況が明らかになっている。有益な知見が得られているので、主なものを以下に紹介したい。

量的調査による知見
　西村・裏・藤間（2021）らの文献レビューによれば、各国のコロナ禍の家事育児分担に関して、アメリカは平等化した。オーストラリアは、育児は平等化したが、家事は平等化が進まなかった。韓国は、いっそう女性の負担が増えたという。これらの結果に基づき、西村らは日本の状況を明らかにしようと、2020年1月（コロナ前）、5月（緊急事態宣言下）、11月（調査時点）の回答者および配偶者の各家事・育児項目の頻度について調査を実施した。その結果、「食事の用意・後片付け」に関しては、1月→5月に妻への偏りが増加し、その後、5月→11月に妻への偏りが減少していた。さらに、男性の在宅勤務や休業は家事・育児の妻への偏り度を減少させた一方で、女性の在宅勤務や休業は家事の妻への偏り度が増加しやすく、育児の偏り度が減少しにくかったことが明らかになった。
　柳田・柳下・不破（2021）は、緊急事態宣言下で男女の家事労働がどのように変化したのかを検討するために、2019年と2020年4・5月時点の2時点間の家事頻度に関して調査を実施した。その結果、男女ともに、コロナ前の2019年と比べて、緊急事態宣言中の2020年は家事頻度が増加していた。項目別では、食事の用意と洗濯は男性・女性ともに頻度が増えた。家の掃除は、男性は増えた一方で、女性は増えたものの、有意にならなかった。日用品・食料品の買い物は、男性が増えた一方で、女性は減少した。男性は属性を問わず全体的に増加していた。

これらの結果は、緊急事態宣言中、ステイホームが奨励され、食事の用意や後片付けなどの家事が増えたことを明らかにしている。さらに、男性の家事は多少増えたものの、依然として女性に家事の負担が大きく偏ったままであることも明らかにした。パンデミックを経ても、日本における家事育児分担をめぐる男女の格差はさほど変わることはなかったようである。

エスノグラフィーの困難

量的調査が有益な知見をもたらした一方で、質的調査、とくにエスノグラフィーは困難にみまわれた。人に会わずにどのようにエスノグラフィー調査を行うのか、世界各地の人類学者や社会学者の間で議論が巻き起こった。海外ではロックダウンにより外出できない地域・時期があり、現場に通わなければならないエスノグラファーにとって非常に深刻な問題となった（Fine and Abramson 2020；照山ほか 2021）。

筆者は 2020 年の緊急事態宣言中、調査協力者たちがどうすごしているか知るためにオンラインで話を聞いた。Zoom 等を普段から利用しているのは一部の層に限られ、ユーザーの多い LINE は音が聞こえにくくとも役立った。筆者はこのようなデジタルデバイドの他にも、違うタイプの「デバイド」に気づいた。2 人の幼児を育てながら働く看護師のちかさんは、「前と勤務の時間帯は変わんないんですけど、結構忙しくて。残業が多いので。……やっぱこの情勢で、人手不足なんで行かなきゃいけないっていうのもありますし、定時で帰れなくて遅くなっちゃうっていうのが一番ストレスですかね」と話した。ちかさんは緊急事態宣言中、コロナ禍前よりも長い時間職場で働いていた。ちかさんの夫も同様に工場へ通勤していたという。ブルーカラーの夫がいる女性たちからは、夫はコロナ前と同じく職場に行って働いているという話が繰り返し聞かれた。

今となっては、このような在宅勤務に関わる格差は、様々な報道や調査によって明らかにされているが、調査する側と調査される側の差でもあった。授業や会議などがオンラインとなる「ニューノーマル」の一方で、ケアワーカーなどの調査協力者たちは相変わらず職場に通う日常が続いていた。とはいえ、対面調査には感染のリスクもある。外出の禁止ではなく自粛となった日本では、対面調査をするか否か、調査者は難しい判断を迫られる時期があった。オンラインのインタビューでは、調査協力者が暮らす家庭に入ることで得られる視覚的・感覚的な情報などが無くなり、得られる情報量が圧倒的に少なかった。

コロナ禍によって、調査における健康、研究倫理、フィールド調査の実習方法など、

難題が突き付けられた。正解は1つではなく、ケースバイケースで解決するしかない。アフターコロナにおいても、コロナ禍がエスノグラフィックな調査にもたらした影響について、丁寧に議論を重ねていく必要があるだろう。

文献

Fine, Gary Alan and Corey Abramson (2020) *Ethnography in the Time of COVID-19*, American Sociological Association Footnotes 48(3): 8-9.

西村純子・裵智恵・藤間公太 (2021)「コロナ禍と家事分担——夫婦間の平等性は高まったか」第70回数理社会学会大会

照山絢子ほか (2021)「「ソーシャルディスタンス」の時代のエスノグラフィー——デジタルプラットフォームを活用した調査を事例として」『白山人類学』24。

柳田愛美・柳下実・不破麻紀子 (2021)「緊急事態宣言下の男女の家事労働——2019年と2020年4・5月の比較」東京大学社会科学研究所パネル調査プロジェクトディスカッションペーパーシリーズ

終　章　仕事と子育ての不平等是正に向けて

　本書は、「新自由主義的母性」の圧力が高まる現代の日本社会において「働く母親」自身の視点に肉薄し、仕事と育児・家事をめぐる彼女たちの葛藤と格差を明らかにしてきた。終章では各章の分析をもとに、序章で示したふたつの課題についてあらためて整理する。

(1)　「新自由主義的母性」が称揚される中で、子育てをしながら働く女性たちは仕事、子育て（特に家庭教育）、家事にどのような意味づけをし、そのダブル・バインド状態にどのように対処しているのか。
(2)　女性たちのそうした意味づけや対処方法に、階層差はどのようにあらわれるか。

　これらの知見をもとに、ジェンダー平等を推進し、女性が無理なく仕事と子育てを担っていくために必要なとりくみについて検討する。最後に本研究の限界と残された課題について述べたい。

1.　本書で明らかになったこと

1)　第 I 部のまとめ

　第 I 部の第 1 章では、働きながら子育てする女性たちがあからさまな母性イデオロギーに抗い、仕事と母親業を「織り合わせる」（Garey 1999）戦略を多様な形で実践していることを明らかにした。それは、「子ども優先・仕事セーブ」「子どもと過ごす時間のクオリティを意識する」「手抜きをする」「働く理由や姿を子どもに伝える」といったものである。先行研究では日本社会における「三歳児神話」の根強さが指摘されてきたが（大和 1995；江原 2000；舩橋

2000、2006；品田 2010)、今回の調査は働く女性たちの間にそうしたジェンダー秩序を打破しようとする意志がみられ、「働く母親」をポジティブに意味づける行動がみられた。

その一方で、子ども中心主義が彼女たちの意識に深く根を下ろしていたことにも注目したい。女性たちは、親族や友人関係、職場や時には保育所を通じて、母親を子ども中心の生活に促す圧力を感じ取っていた。つまり、仕事をすることは許容されるが、「母親として」子育てにもしっかり携わることが求められるのである。そうした状況下で、女性たちは子どもと十分に関われていないという時間負債の感情を抱いて葛藤していた。ここからは、「三歳児神話」や「徹底した母親業」のイデオロギーが、働く女性たちによって解体されつつある一方で、いまだに子育てを母親だけに負わせる日本社会のジェンダー構造が彼女たちを苦しめていることが示唆される。

女性たちの戦略と抵抗に限界がある中で、仕事と母親業を織り合わせる上で大きな役割を果たしていたのが保育所である。しかし、保育所における母性イデオロギーの圧力や、保育の質などに関して課題もみられることを指摘した。

第2章では、女性たちの家庭教育に対する意識とかかわり方が、就業意欲と関連していることを明らかにした。インタビューから見出したのは「親が導く子育て」と「子どもに任せる子育て」の理念型である。前者では教育的働きかけの大切さを強く意識し、積極的に子どもの教育環境を整えることが親の役割であると考えられていたのに対して、後者では「本人がやりたいこと」を重視し、親は後方から応援するという考えが支持されていることを考察した。女性たちの間には2つの理念型の間でなにが最善の子育てなのか迷う様子がみられたが、強い規範として意識されていたのは「親が導く子育て」である。それは特に就学前からのさまざまな習いごとへの関心の高さとして現れ、「親が導く」ことに伴う時間・労力・費用に対する大きな負担が語られた。非大卒に比べて大卒女性の間で「親が導く子育て」を実践する傾向がみられたのは、教育関心の高さに加えて「親が導く」コストをなんとか賄うことができたからである。

本調査では、こうした「親が導く子育て」へのコスト意識が、女性の就業意欲を抑制していることを明らかにした。特に大卒の教育熱心な女性の間に、子どもの教育の方を自分のキャリアより優先させる傾向がみられた。日本では高

学歴であることが労働市場への参入につながりにくく（白波瀬 2002；岩間 2008；西村 2014）、その原因のひとつに母親に対する家庭教育の重圧があると指摘されてきた（本田 2005；喜多 2012；品田 2016）。本調査の結果はこの知見を女性たちの視点から裏づけ、「親が導く」ことに伴う時間と労力の負担感が女性たちの就業意欲にブレーキをかけていることを示すものである。ここからは、ペアレントクラシーを背景に、子ども中心主義と結びついて過剰になる「親が導く子育て」規範の問題性が浮かびあがった。こうした規範から距離を取り、幼児期に限定して「子どもに任せる」子育てを意識的に行い、自分の仕事とのバランスを取る大卒女性たちがいることも明らかになった。

　女性たちがダブル・バインドを解決していく上で鍵を握るのが、夫の子育てへの関与である。第3章では、これまで十分に調査されてこなかった父親の家庭教育への関わりに注目した。第2章の子育て類型を父母分担によってさらに分類したところ、①父母協働志向の「親が導く子育て」、②母親に偏った「親が導く子育て」③父母協働志向の「子どもに任せる子育て」、④母親に偏った「子どもに任せる子育て」の4タイプを抽出した。各タイプの考察から導き出せる理論的示唆は次の2点である。

　第一に、先行研究では「教育する家族」が大衆化していると指摘されてきたが、家庭教育の意味づけ（「親が導く」と「子どもに任せる」）と父母の役割分担（「父母協働志向」と「母親偏重」）に注目すると、その内実は多様であり、子どもに投資される教育資源において就学前から格差が生じているという点を示した。特に、大卒家庭を中心とした①父母協働志向の「親が導く子育て」と、非大卒家庭を中心とした④母親に偏った「子どもに任せる子育て」の間には、親の階層差を反映して子どもに投資される教育資源に大きな違いが生じていた。家庭教育を通じた教育機会の格差については近年多くの先行研究が蓄積されているが、その際には、「家庭教育の意味づけ」と「父母の役割分担と実際のかかわり方」の両方に留意することの重要性が示唆される。特に近年の教育社会学においては、母親の教育意識や実践に注目が集まりがちであるが、それは意図せずとも母性イデオロギーの強化にも繋がりかねない。今後は父親が実際にどのように子どもとかかわっているのか（あるいは、いないのか）、そのことが不平等の再生産にどのように繋がっているのかについても研究の蓄積が必要で

ある。

　第二に、家庭教育における父母の分担状況には、性別役割分業や権威としての父親（多賀 2011；杉原 2011）を再生産するジェンダー秩序の影響が色濃くみられた。共働きであっても女性が子どものしつけや教育の主な担い手であることは依然として変わらなかった。特に非大卒の父母が多い④のタイプでは、父親は子どもと遊ぶだけで、子どものしつけ、教育、世話、家事のどれも大して行わないという事例がいくつもみられた。高学歴の父親を対象とした調査では、共働き家庭の父親は専業主婦家庭に比べて子育てに全面的に関わる傾向があると指摘されている（大和ほか 2008）。しかし、本調査では、非大卒層を中心に、共働きであっても片働きと同様に父親が「遊ぶ」しかせず、ジェンダー秩序の働きによってその状況をやむなく受け入れている女性たちがいることを明らかにした。

　つまり、本調査からは家庭教育を通じて私的領域におけるジェンダーの不平等が強化されていること、特に非大卒層でその傾向が顕著にみられて女性の時間負債や葛藤が緩和されないことがわかった。家事分担が女性に偏る理由については多くの研究蓄積があるが、家庭教育の父母分担や協働のバリエーションが何によって規定されるのかは十分明らかにされていない。しつけや教育は権威としての父親像に結びつくため、家事よりも積極的に関わる男性が多くなることも予測される。しつけや教育を母親だけの責任にしないためにも、家庭教育の父母分担の違いがなぜ生まれるのかを階層的な視点から明らかにする研究が、今後求められるだろう。

2)　第Ⅱ部のまとめ

　第Ⅱ部の第4・5章では、2つの章を通して、稼得役割・職業役割について考察し、次の点が明らかになった。第一に、大卒女性と専門卒女性に、生計維持分担意識が高い傾向があることがわかった。大卒・専門卒、有資格、正規雇用であれば生計維持分担意識が高く、高卒、無資格、非正規雇用であれば低いというパターンがみられた。

　第二に、大卒女性と専門卒女性にはキャリアとして、高卒女性はジョブとして自分の職業を捉える傾向がみられた。だが、高卒でも資格があればキャリア

志向となる事例もあった。

　以上の結果から、次のことが結論づけられる。日本の既婚女性は「家計補助のため」に外で働くと先行研究では解釈され、夫の収入が高ければ就業しない傾向があると指摘されてきた。しかし本調査では、とくに大卒女性と専門卒女性に生計維持分担意識が高く、キャリアとして自分の職業を捉える傾向がみられた。したがって、このような女性たちは、「家庭役割の延長」として働いているわけではないといえる。とくに職業に直結する資格を取得して働き続ける専門卒女性の意識は、高卒女性よりも、大卒女性の意識に近いことが明らかになった。男性稼ぎ手モデルがリスクとなる中で、同等に家計の責任を負おうとするのは大卒女性に限らないことがわかった。

　さらに、調査を通して、次のような大卒・非大卒の差が浮かび上がった。第一に、非大卒女性には、夫の収入が低いために、母親役割を優先したくとも家計補助にとどまれず、生計維持分担意識が高いというパターンがみられた。同類婚の傾向から非大卒女性には、非大卒の夫が少なくない。夫の収入が低くそのキャリアも順調でない場合には、妻が夫と同等の稼ぎ手、あるいは妻が主な稼ぎ手としての役割を果たさざるをえない状況があることがわかった。

　第二に、大卒同士の夫婦の一部には双方のキャリアを等しく大切にする傾向があり、夫が妻のキャリアを守るために夫が配置転換や転勤を断る等「非伝統的なライフスタイル」（小笠原2005、2018）を実践していた。しかし、非大卒女性の場合、生計維持分担意識が高くキャリアとして働く女性の夫でも、働き方をあまり調整していなかった。就業継続できるよう調整するのは主に妻であった。夫の職業が不安定な場合、夫は妻のキャリアよりもまずは自分のキャリアを守ろうとする様子がみられた。夫の雇用条件や職場環境によっては、「非伝統的なライフスタイル」を実践する余地が少ないといえるだろう。

　第三に、大卒でも非大卒でも、全体的に家事育児は妻に偏っていたが、大卒層の夫の方が、非大卒層の夫よりも家事育児を分担する傾向がみられた。大卒女性を対象とした先行研究では、妻の生計維持分担意識が高く家計貢献度が高ければ、夫は家事育児を分担する傾向が指摘された。しかし、本調査の非大卒女性の場合、妻の生計維持分担意識と家計貢献度が高くても、また妻が自分のキャリアのために夫に家事育児分担を求めたとしても、夫は家事育児を分担し

ない傾向があり、妻の家庭責任は軽減されにくかった。そのために、妻のキャリア形成が順調でないケースがみられた。

　上記の点に基づきさらに理論的考察を加えると、イデオロギー仮説に関しては、小笠原（2009）は、性別役割分業意識は多元的であり、男性は自分の稼ぎ手としての役割だけでなく、妻の家事育児の責任者としての役割にも固執すると指摘している。また平山（2017a: 243）は、夫が稼得役割に固執することは女性への「支配の志向」に他ならないと述べている。本調査では、5章で詳述したように、家事分担をしない一部の男性が「支配の志向」から妻のケア責任に固執している可能性が示唆された。

　つぎに、本調査では、家事育児分担の平等化に貢献しうる要因とされる収入自体が、家計に関わる性別役割分業の平等化によって多くなるものであることが示された。したがって、家事分担と時間、資源（学歴や収入）、イデオロギーの関わりに関して精緻な理論化を試みるのであれば、これまであまり考慮されてこなかった家計の分担という側面も検討されるべきであろう。さらに、生計維持の分担も職場環境や夫との関係の影響などから動的に変化していた。したがって、妻の稼得役割に関しても、一時点だけなく時間軸という視点からの分析が有効であろう。

　第6章は、DeVault（1991）ら欧米の先行研究が示した夫婦関係・妻役割重視という説と異なり、本調査の女性たちは「子ども中心主義」から食事の用意に「母親役割」を見出していることを明らかにした。さらに、手作り規範への態度と就業形態や職業との関わりがみられた。つまり、母親役割の延長として働く非正規女性は手作り規範に肯定的な傾向がみられる一方で、正規フルタイムや準専門職の女性には批判的に捉える事例が複数みられた。正規雇用で労働時間が長く、また教育機関や職場などで専門的な知識や経験を得ている女性の方が、手作り規範を相対化しやすいことが示唆された。また、その対処戦略に関して、世帯収入によって異なるパターンがみられた。具体的には、世帯収入が高い女性は高価な調理済食品、サービスや家電を購入して時間を節約していた。他方、世帯収入が低い女性はそういった手段を採っていなかった。要するに、手作り規範の相対化にも、その対処戦略にも階層差が見出されたのである。

3) 階層視点から本書を貫く知見

　最後に階層的視点から第Ⅰ・Ⅱ部の知見を貫いて考えてみたい。本書では、学歴や職業にかかわらず、女性たちが子ども中心主義を強く内面化し、母親業を遂行していることをみてきた。その一方で彼女たちの間には「三歳児神話」、「徹底した母親業」言説、手作り規範など、女性を伝統的な母親役割に縛りつけようとするジェンダー秩序への抵抗が見出された。家庭教育にしても食事にしても、彼女たちは仕事とのバランスをとりながらそれらを実践する戦略を編み出し、子どもの育ちを支えようとしていた。しかし、このような個人的戦略は、仕事と母親業の間のジレンマを完全に解決するには至らない。なぜなら、戦略の成否は、家族の階層を反映した資源の多寡に依存するためである。

　本書が明らかにしたのは、仕事と母親業を織り合わせる資源が非大卒女性の間で圧倒的に不足しているというリアリティである。大卒女性と比べると、これまで育児期に就業する非大卒女性のリアルな状況は十分に明らかになっていなかった。2010年代以降、「女性活躍」「イクメン」といった言葉が広まり、日本社会で働く子育て世代がそのような変化を経験しているかのような言説が、メディアでみられるようになった。しかし本調査からは、非大卒女性の生計維持分担意識が高く、かつキャリア志向であっても、大卒女性と比べて、妻のキャリアと家事育児への夫のサポートが少ない傾向が明らかになった。また、大卒女性を対象とした先行研究では言及されなかった「やりがい搾取」やハラスメント等、とくに高卒女性の職場環境の厳しさが浮かび上がった。多くの女性たちが実践していた「子ども優先・仕事セーブ」の戦略は、非大卒女性の場合は収入の減少による家計の厳しさに繋がり、持続可能ではなかった。こうした非大卒女性の状況に比べて、相対的に学歴と収入が高い女性たちの間には、経済的な余裕、在宅ワークを含む柔軟な働き方が許容される職場、夫の家事・育児参加といった傾向がみられ、経済力・時間・マンパワー資源を動員して母親業と仕事を織り合わせることにある程度成功していたといえる。彼女たちには「子ども優先・仕事セーブ」の時期を経てキャリアを追究する可能性が残されていたが、非大卒女性が資格を取得しキャリアに従事しようとしても、夫のサポートの少なさや厳しい労働条件によって阻まれやすい状況が生じている。

　家事や家庭教育についても、大卒女性に比べると非大卒女性の負担の重さと選択肢の少なさが顕著である。食事に関しては経済的理由から外食やサービスの購入が限定され、大卒女性に比べて対処戦略は限られていた。家庭教育では、大卒女性の場合には夫を巻き込みながら子どもの成長を見越した長期的展望を立てたり、教育方針に合わせて保育所や幼稚園を選んだり、自身の仕事との兼ね合いから子どもとの教育的かかわり方を選択するなどの自由度が高かった。一方、非大卒女性の場合は夫が家庭教育に関わることが少ないために「親が導く」規範の圧力を一人で受けとめて悩んだり、本当は習いごとをさせたいけれども時間やお金が不足するために「子どもに任せる子育て」に落ち着いているというケースがみられた。つまり、食事にしても家庭教育にしても、非大卒女性に与えられた選択肢は大卒女性に比べて非常に限定的であり、その負担を一人で背負い込むというリアリティが明らかになった。

　要するに、階層およびジェンダーの観点からみれば、育児期の非大卒女性は、育児期の男性や大卒女性よりもキャリアに従事し難く、家庭責任も軽減されにくい。同じく首都圏に暮らしていても、非大卒女性たちのリアリティは、一部の経済的に恵まれた大卒女性とは大きく異なっていた。彼女たちは、「女性活躍」政策の下、子育てしながら就業継続しているが、不安定な雇用や厳しい職場環境、家事育児の極めて不平等な分担や妻のキャリアへの夫のサポートの欠如、経済的理由による対処戦略の不足などの要因によって、本人に意欲があっても収入を増やしたりキャリアアップをしたりしようとすることが大変難しい状況に置かれているのである。

2.　知見から見出せる政策的示唆

　こうした格差の現状を看過したまま少子高齢化への対策として女性の雇用を促進し、仕事と母親業の間のジレンマの調整や解決を女性個人に委ねることは、女性間の階層化をより一層進めることになりかねない。働きながら子育てもしたいと願う女性は多くいる一方で、日本で子どもを育てることに対しては「子育て罰」と呼べるような、多くの金銭的・社会的ペナルティが課されるのが現状である（末富・桜井　2021）。必要なのは、あらゆる女性が生存の基盤である

稼得役割を担い、母親業を行ううえで、過度な負担や搾取なくこれらを織り合わせることを可能にする社会的なヴィジョンと施策、そして男性の個人レベルでの実践である。本調査の知見から具体的に以下のような提言をしたい。

①「共育て・共育ち」の推進

　本調査が見出したことの１つは、働く女性たちが時間的資源の不足に苛まれながらも、子どもと過ごす時間を大切に思い、子どもにとって何が大切かを見極めながら手間ひまかけて子育てをしていたことである。子どもの権利条約が「子どもの最善の利益」の確保を掲げていることからも、子どもの権利を重んじ、子どもに対するケアや教育を怠らないことは社会的な使命であろう。しかし、その使命は女性だけが担うべきものなのだろうか。そうではないだろう。子どものケアや教育の責任を母親に重く押しつける社会では、女性は出産に躊躇するだろうし、就業継続も難しくなる。子ども中心主義は母親だけで支えられるべきではなく、社会のすべての構成員が子どもの最善の利益を考えて行動できるようになることが望ましい。

　そのためには、子どもの最善の利益を中心にした「共育て・共育ち」（大日向 2015；汐見 2021）を社会全体で推進していくことが重要である。それは、ケア実践に価値を見出し、弱い他者への配慮や責任を中心に据えたケアの倫理を社会に広げていくという意味での平等（岡野 2020）を推進していくことにもつながる。母親だけではなく、父親はもちろん、就学前機関、学校、地域社会がつながりながら子どものケアと教育を共に担っていくことが望ましい。自治体や国による子育て支援の拡充はいうまでもなく欠かせない。ペアレントクラシーのもとで「わが子意識」が強化され（神原 2004；天童 2013）、「親が導く」ことのプレッシャーは母親たちに重く受けとめられている。そして、わが子への愛情にもとづく教育選択が、分断された生きづらい社会を作りだしている（神代 2020）。こうした弊害は「共育て・共育ち」が社会に広がっていくことで緩和され、女性たちはもっと楽に子育てと仕事を織り合わせることができるようになるのではないだろうか。そして、「子どものため」に親が子どもを過度に導きすぎることが、時として「愛情という名の支配」になりかねない中（柏木 2008）、社会に開かれた「共育ち」は子どものウェルビーイングを保障するこ

とにもなるだろう。

②就学前機関へのアクセスと質保証

　「共育て・共育ち」を推進していく上で、就学前機関や学校は重要な役割を担う。本調査では保育所に子どもを預けることで女性たちの時間負債意識が軽減され、働く意欲が維持されていることを明らかにした。しかし、改善されてきたとはいえ、待機児童問題は全国的に未だ解消されていない。特に都市部では入園に際して熾烈な競争があり、フルタイムでないと認可園に入れないといった自治体もある。女性の就業を推進するのであれば、働き方にかかわらずすべての家庭が子どもを就学前機関に預けられることを保障する政策が必要である。

　アクセスと共に重要なのが、就学前機関の質保証である。子どもの安全を保障し、心身の健やかな成長を支える、質の高い保育が求められる。さらに、子どもの能力形成に対する親たちの関心が高まる中、現在の社会で求められる能力やスキルを参照しながら、保育内容を吟味していくことも必要であろう。就学後の学習の先取りに特化するのではなく、遊びを中心とした情緒的で個に対応した日本特有の保育実践を大切にしながら、幅広い知識や能力を子どもが身に着けられるように改善されることが大切である（秋田 2020）。そうした保育は、時間的・教育的資源が不足する家庭の子どものウェルビーイングに資するであろうし、働く女性の教育不安や負担を軽減することにつながるはずだ。

③雇用政策と職場環境

　女性が真に活躍するためには、企業の採用における差別の排除、女性の賃金の上昇、同一価値労働同一賃金の達成、非正規雇用から正規雇用へ転換する機会の増加などの法や環境の整備が不可欠である。また、仕事を調整して家事育児を分担し女性のキャリアをサポートするためには、男性、とくに非大卒層の男性の雇用の安定と職場環境の改善が必要である。

　現在の雇用政策や職場環境は「共育て」という視点を欠き、母性イデオロギーを自明視して、働きながら子育てをしたいという女性たちの意思を尊重していない。今回の調査でも、時短を取ることが認められなかったために子育てに

支障をきたし、仕事を辞めざるをえなかった女性たちの事例がみられた。また、パートの女性や子育てのために時短を取った女性たちが、経済的にひっ迫したり、会社で働きづらくなったり、昇進機会を逃したりという困難に直面していた。日本ではフルタイムに比べてパートタイムという就労形態が極めて不利になっている（矢澤・国広・天童 2003）。そのために仕事と親業を無理なく織り合わせることが非常に難しい。それは男性についてもいえる。「イクメン」が喧伝される一方で、長時間労働が当たり前とされ、バリバリ働くことが依然として男性性の象徴とされる。女性と同様、男性もまた仕事と親業を織り合わせていけるよう、職場環境や働き方を抜本的に変えていくことが必要であろう。

④ジェンダー平等教育

さらに、男性の個人レベルでの実践も求められる。大野（2016）や平山（2017a）が議論するように、「世の中や社会の問題にして語ってしまう」だけではなく、「男性たちが個人としてできること」「目の前の女性が稼得能力を備えられるよう支えること」である。そのような男性のエージェンシーを促すためには、意識の変化を促進するジェンダー平等教育を学校や企業で推進していくことが欠かせないだろう。これらを伴わない「女性活躍」政策は、以前よりも一部のエリート大卒女性にとってキャリア形成がしやすくするかもしれないが、女性の多くを占める非大卒や非正規雇用の女性にとっては、家庭での家事育児を担う無償労働にくわえて、外での低賃金労働による二重の負担が重いままとなるだろう。

本書では、家事・育児役割は女性が引き受けるべきだとする意識を、女性も男性も強くもっていることを明らかにしたが、こうした不平等なジェンダー意識は幼少期から家庭や学校を通じて刷り込まれる。学校教育では、建前上は男女平等が謳われるようになったものの、女子を男子よりも劣る存在に位置づける「かくれたカリキュラム」がいまだに多く内在する（木村1999）。家庭の中でも女子と男子に対する親の態度やはたらきかけが異なり、家事の「お手伝い」の頻度も女子に偏る傾向がみられる（品田2004b）。こうしたバイアスを是正しないかぎり、ジェンダー平等の意識は育っていかないだろう。保育者、教員、親もまた無意識のジェンダー・バイアスを批判的に捉えなおす必要がある。

ジェンダー平等について学び合える機会を就学前機関、学校、企業や地域社会に増やしていくことも重要である。

⑤栄養のある食事の提供・食事の社会化

　家事負担においても経済格差がみられる。正規フルタイムの女性は、就業継続を通して経済力を得ることで、部分的な外部化という対処戦略が可能になるだけでなく、夫との分担をより志向するようになる可能性が示唆される。比較的階層が高い共働きカップルには、部分的な外部化や分担によって負担が軽減されるかもしれない。

　その一方で、非正規パートや専業主婦の女性には手作り規範を相対化しにくい傾向が示された。また、ひとり親世帯の場合、経済的に外部化が難しい、あるいは日常的に分担やサポートをしてくれる者がいない状況であれば対処戦略も限られる。食事に関して言えば、本調査の女性たちは「困窮層」（村山・阿部 2018）ではないが、それでも時間的・経済的に手作りの食事を用意することを大きな負担と感じている状況が明らかになった。食育運動で手作りに関する情報を与えるよりも、広く安価で栄養価の高い食事を提供する具体的な施策や機会、食事の外部化・社会化が必要である。

3.　今後の課題

最後に本書が十分に捉えきれなかった点を課題として挙げる。

　第一に、調査地域が首都圏に限られており、別の地域では異なるパターンが見られる可能性が大いにある。今後は二世代同居や地域社会による子育てが行われている地域や、教育のプレッシャーが首都圏ほど強くない地域での検証も必要である。

　第二に、インタビューでは祖父母や友人、ベビーシッターやファミリーサポート事業の活用などについても尋ね、いくつかの事例では紹介をしたが、家庭外資源とネットワークに踏み込んだ分析は時間的制約からできなかった。女性が所有するネットワークと社会関係資本および、それらが家事・育児分担にもたらす影響を階層的視点から考察することは、残された課題である。

　第三に、階層的に多様なデータを収集することはできたが、協力者は調査趣旨に賛同して調査に参加してくれた人々なので、基本的には子育てに関心のある女性たちが対象となっている。子育てに関心が薄く、仕事に打ち込んでいる女性もいると予想されるが、そうした事例を十分把握することはできなかった。また、経済的に困窮状態にある者や移民、性的マイノリティは今回の研究の主な対象ではなかった。今後研究がなされるべきであろう。

　第四に、少数の協力者については可能なかぎり家庭での参与観察を行って補足データとしたが、基本的にはインタビューデータに依拠しているため、家庭内における親子や夫婦間の日常的相互作用から家事や育児の実態を捉えることはできていない。協力者の承諾を得る上で方法論的な難しさがあるが、家庭内の参与観察は今後の課題である。

　第五に、父親の家庭教育や家事への関与について、母親を通した父親の様子を分析するにとどまり、父親の意識や家事・育児へのかかわりを深く捉え切れていない。今後は父親の声を丁寧に拾う調査が増えることも必要である。

　以上の方法論的課題については補章でも述べた。対象者が限定されているため、本研究の知見を一般化することには慎重になる必要がある。とはいえ、ジェンダー不平等の構造を変えないまま、「新自由主義的母性」イデオロギーのもとで女性に仕事も子育ても押しつける日本の構造的な問題を、当事者視点から提起したことには意義があるだろう。女性たちは仕事と母親業を自分の意志で柔軟に織り合わせたいという願いをもっている。少子化対策と「女性活躍」を推進していくのであれば、女性の多様な現状を考慮し、それぞれの願望に対して真摯に応えるとりくみがなによりも必要である。

補　章　フィールド調査の方法

調査の概要

　2016 年から 2020 年にかけて、0～6 歳までの未就学児が少なくとも 1 人いる、首都圏在住の 20 代から 40 代の母親 55 名に対して半構造化インタビューを複数回行った。協力者は、平均世帯年収が 600～700 万円の 2 自治体、500～600 万円の 1 自治体、400～500 万円の 2 自治体で複数の保育所を拠点に雪だるま式に募集し、学歴や職業の多様性確保に努めた。

　学歴別では、四大卒以上が 32 名、短大卒が 4 名、専門卒が 11 名、高卒以下が 8 名である。下に詳しく述べるように、アクセスの限界によって調査全体としては四大卒以上にデータが偏っている。また、職業については、大卒女性は正規雇用の専門職か会社員、専門卒は正規雇用の専門職、高卒で非正規雇用が多い。大卒女性の大多数の夫は大卒で専門職か会社員である。非大卒の女性の 3 分の 2 は夫が非大卒であり、製造作業員や建設作業員、整備工などブルーワーカーが多い。

　日本の夫婦は夫の学歴と妻の学歴が同一である同類婚の傾向が強いと指摘されてきた。橘木・迫田（2013）によれば、近年はその割合が下がっているものの、依然として非大卒女性と非大卒男性が結婚する割合、大卒女性が大卒男性と結婚する割合が高い。さらに、妻が有職の場合、同じ職業に就いている割合も高く、特に女性の専門・技術職において夫も同様の職業であるカップルが多い。今回の調査でも、同様の傾向が確認された。とくに、平均世帯年収が最も高い自治体において、高収入の専門職や大企業の総合職に就く女性が高収入の夫を持つケースが多かった。一方、平均世帯年収の低い地域では、夫の収入が低く、妻も非正規で働いているというケースが多い傾向にあった。橘木・迫田（2013）は、高所得者同士の夫婦と、低所得者同士の夫婦の格差が開いていることを指摘するが、本調査ではその両端にいる女性たちとともに、その間に位置づけられる女性たちの家庭と就労状況の把握に努めた。なお、今回の調査で

調査協力者と夫の学歴・職業・就業形態（協力者の学歴別）

	大卒（32名）	短大卒（4名）	専門卒（11名）	高卒以下（8名）
本人職業	会社員19名 専門職9名 団体職員2名 公務員1名 自営業1名	会社員2名 専門職2名	会社員3名 専門職7名 団体職員1名	会社員2名、専門職3名 販売員1名、事務員1名、 派遣1名
		会社員7名、専門職12名、販売員1名、 事務員1名、派遣社員1名、団体職員1名		
本人の就業形態	正規雇用29名 非正規雇用2名 自営業1名	正規雇用4名	正規雇用8名 非正規雇用3名	正規雇用5名 非正規雇用3名
		正規雇用17名非正規雇用6名		
夫の学歴[*]	高卒2名 大卒　29名	高卒1名 大卒2名	中卒1名 高卒5名 大卒4名	中卒1名 高卒5名 専門卒1名
		中卒2名、高卒11名、専門卒1名、大卒6名		
夫の職業[*]	会社員22名 専門職6名 （うち非正規1名） 公務員1名 自営業2名	会社員3名	会社員9名（建設・製造作 業者2名含む） 公務員1名	会社員5名（整備工1名含 む） 専門職1名 自営業1名
		会社員17名、専門職1名（非正規）、公務員1名、自営業1名		

注：＊シングルの女性4名の情報は省いた。

は、世帯年収において「貧困」に該当する協力者は含まれていない。

調査協力者のリクルートと階層

　先行研究の質的調査も対象者が大卒に偏っているが、本調査でも非大卒者は調査へのインセンティブが少なく、複数の保育所を渡り歩いてリクルートに努力を重ねた。その1つの理由として、質的研究を行う調査者側の問題があげられる。調査者自身が大卒以上である場合、自分の周囲にいる大卒以上の人々にはアプローチしやすいが、非大卒層へのアクセスはより難しい。私たちもはじめは非大卒層の協力者を得ることに難航した。保育所で調査協力者を募集すると、応募してくれる親の大半は大卒の女性たちであった。彼女たちは、大学で卒論を書いた経験から調査を身近に感じたり、調査や社会貢献に意義を見出したりしていた。しかし、そうではない非大卒の女性の応募者は少なかった。このような傾向は、量的手法を採用した英国階級調査にもみられる。経済的に恵まれた、高学歴で経営や専門職の仕事に関わる人々の調査参加率が高く、ブルーワーカーの調査参加率が低かったという（Savage2015＝2019）。さらに今回の

調査の難しさは、平日就業している女性を対象としている点にある。これまでも、非大卒の専業主婦についてはインタビュー調査が比較的多く蓄積されている。しかし、就業している女性たちは平日に自由になる時間がないため、インタビュー調査を易々と引き受けられる状況にはない。調査への関心がなければ、協力するインセンティブはより低くなるだろう。

　そこで私たちは非大卒層の協力者を探すため、複数の自治体で保育所を経由したアクセスを模索した。最初は私たちの子どもが通う保育所を経由して協力者を探し始めたが、その後は東京大学発達保育実践政策学センターに紹介を依頼して別地域の保育所を訪問した。また、調査者の1人が関わる自治体行政に保育所を紹介してもらうこともあった。さらに、調査地を歩いてアポなしで保育所に飛び込んだ場合もある。このように複数のルートで開拓した保育所で、協力者を募集するチラシを配るなどの試みを重ねた。チラシ作成に際しても、調査者の1人は自分と息子の顔写真や、イラストを掲載するなど、親しみを抱いてもらえるように工夫した。協力してくれた人に友人を紹介してもらって、新たなインタビューができたケースもある。その結果、最終的になんとか23名の非大卒の母親たちから協力を得ることができた。

ネイティヴ・エスノグラフィー／チーム・エスノグラフィー

　私たちは子どもが保育所に通う親という点でインフォーマントと同じ背景を有し、その点では「ネイティヴ・エスノグラフィー」と呼ばれる調査法だといえる。この手法は長所も短所も指摘されているが、インフォーマントの自宅に入れてもらいやすく、日常生活の観察がしやすく、家族や子育て、人間関係に関わる話がしやすい等、本調査では利点が多かった。この方法の短所として、①内部者であるがゆえに語ってもらえない点がある、②ネイティヴの中にも差異があるのに、相手のことをよくわかっていると思い込むことなどが指摘されている（照山 2013）。本調査でも、一部の層には親しみを抱きにくい大学教員という調査者の職業により語ってもらえなかった点があると考える。また、調査者自身と調査協力者の間に階層差がある場合、協力者の生活の文脈を十分理解できていない部分もあるだろう。対応策として、私たちは自らの影響について話し合い批判的に検討しながら調査を進めた。さらに、インタビューでは傾

聴と共感を心がけ、私たちの子育ての状況や考え方を伝えることは控えた。た
だし、協力者から調査者らの子育てについて問われることもあり、その場合は
状況や心情を伝えるようにした。私たちの回答に反応して、協力者がより一層
語ってくれることもあった。

　また、本調査は2名の調査者によって実施され、その点で「チーム・エスノ
グラフィー」という手法でもある。チーム・エスノグラフィーは、多角的視座
を取り込むことで複層的に事象をとらえ、自己再帰性・多声性に配慮したエス
ノグラフィーを可能にするアプローチである（堀口 2013）。複数の研究者が調
査を行うことで、さまざまなインフォーマントにアクセスすることや、1人の
研究者では見逃したり、聞き逃したりするような情報を入手することができる。
つまり、1人で収集するよりもはるかに分厚いデータが集められるということ
である。また、分析段階では、研究者それぞれの分析枠組みが批判的に捉え直
され、データの多様な解釈が可能になる。この過程で、研究者は他の研究者の
指摘によって、自らの暗黙知に気づき、自己再帰的にデータを分析できるよう
にもなる。

　私たちもこのチーム・エスノグラフィーの利点を活かし、研究の立ち上げの
段階から調査、データの分析に至るまでを協働・分担しながら実施した。共通
のインタビュー・ガイドを作成し、分担してインタビューを実施し、インタビ
ューデータや他の資料の分析も共有した。私たちは社会学をディシプリンとし
ながらも、額賀が子育てと家庭教育（1〜3章）、藤田が仕事と家事（4〜6章）
と関心の異なる内容を担当した。結果的に、両者を統合することによってより
包括的に働く女性のリアリティを捉えることができた。また、データの分析と
執筆の段階では絶えずお互いにコメントをすることにより、自分では気づかな
かった視点や課題に気づかされることがあり、より深い考察へとつながった。
共通の問題認識を持ちながらも、お互いの専門分野が異なったことも良い方向
に働いた。それぞれの領域で蓄積された先行研究を学びあう機会となり、既存
の研究領域にとらわれない視点をもつことができたからである。

　チーム・エスノグラフィーの難しさとして、メンバー同士の対抗意識や権力
関係を背景に、建設的な対話ができなくなってしまい、データの解釈が分裂し
て分析がまとまらないという点が指摘されている。私たちの場合は、こうした

事態に陥ることはなかった。上に述べたように、それぞれの専門領域において
1人が主な分析・執筆者で、もう1人はアイディアや書かれたものにコメント
するという協働体制が功を奏したのかもしれない。また、海外で大学院生活を
送り、現在は小さい子どもを育てながら研究をしているなど、共通点が多かっ
たことも、円滑な関係性の構築につながった。

分析方法

　録音したデータはすべて文字に起こした。分析に際してはグラウンデッド・
セオリー・アプローチを参照し（Emerson1995＝1998：佐藤　2006）、MAX-QDA
のソフトウェアを用いてまずオープン・コーディングを行った。コードと先行
研究を往還する過程でリサーチ・クエスチョンを明確化し、それ等に沿ってさ
らに焦点化したコーディングを行った。抽出したコードについては「理論的メ
モ」や「統合的メモ」を作成し、データから浮かんできたアイディアを書き留
めたり、コード間の関係性や、データと先行研究の関係性を文章にしていった。
最終的にはこれらのコードの関連性を軸にしながらデータを整理し、ストーリ
ーを書き上げていった。

家庭教育の多様性を捉える難しさ

　1〜3章では、家庭教育を中心に女性たちの母親業への意味づけやその実践
について考察した。インタビューデータからは、「親が導く子育て」と「子ど
もに任せる子育て」という理念型を抽出し、働く女性の母親役割意識と母親業
を概観した。しかし、この2つの理念型では捉えきれていない母親役割意識や
子育ての様相があることを、ここで強調しておかねばならない。なぜなら、今
回調査協力者になってくれた女性たちは、基本的に子育てに関心がある女性で
あり、仕事と母親業の両立という私たちが示した研究テーマに関心を持って参
加してくれた方たちだからである。しつけや習いごとへの関心の高さからもう
かがえるように、彼女たちは広い意味で「教育する母」（広田 1999）であり、
今回の調査はその内部の差異を明らかにしたということになる。大人数を扱っ
たアンケート調査でも、日本で子育てする女性の教育関心は近年さらに高まる
傾向があると指摘されているので（ベネッセ 2008）、今回の調査は働きながら

子育てする女性たちの全般的な傾向は捉えられたといえるだろう。

　しかし、子どもへの関心が薄い女性や、子どもと関わりたくても経済的な事情などで十分関われない女性といった「教育しない母」についてのデータは収集できなかった。また、近年は日本に移民女性が増えているが、今回の調査ではデータを集められなかった。実は、拠点とした保育所のひとつは外国人保護者が多いところで、日本語のわからない外国人保護者にも理解してもらえるよう、チラシにはルビを振り、やさしい日本語で文面を書いたのだが、協力の連絡をもらえたのは日本人ばかりであった。つまり、今回の調査では、子ども中心主義を支持して子どもを広い意味で「教育」する日本の母親たちのことは深く掘り下げられたが、そうした母親業にあてはまらない女性たちの意識や実践は取り上げられなかったということである。数としては少ないかもしれないが、こうしたマージナルな立場にある女性たちの声を拾い上げられるよう、調査方法を検討していく必要があるだろう。

家事育児分担を測る難しさ

　4〜6章では、仕事にくわえ、Hochschild（1989 = 1990）の分類を基に、「家事」として「ゴミ捨て」「掃除」「風呂掃除」「洗濯」「買い出し」「食事作り」「食事の後片付け」「家の修理」「お金の管理」「請求書の支払い」、「育児」として「食事の世話」「入浴の世話」「遊び相手」「看病」「病院付き添い」「寝かしつけ」「送迎」「遊び」などについて、調査票に妻自身と夫の分担頻度を記入してもらい、その調査票をみながら具体的な作業や状況を聞いた。

　この分担状況は妻側からの視点であり、夫に話を聞くと2人の分担割合が一致しない可能性があるだろう。先行研究によれば、概して男性のほうが妻よりも自分自身の家事参加を過大に答える傾向がわかっている（稲葉 1998）。イクメンが望ましいというような社会規範が存在すると、このような傾向がみられるという。だが、それだけでなく、妻自身が話す「分担比」と各項目の「分担頻度」が必ずしも一致しないことがわかった。つまり、「あなたと夫はどれくらいの比率で家事（育児）をやっていますか」という質問に妻たちが「半々」や「6対4」と話した場合でも、後述する「家事」と「育児」の項目の分担を1つ1つ調査票に記入してもらい具体的に話を聞くと、その分担比と一致しな

い場合が複数あった。

　たとえば、ある女性は「家事、育児含めたらほんと半々ぐらいかな。私が家のこと全然やってないから」と話した。しかし家事育児の項目を平日・休日に誰がやっているのかについて1項目ずつ聞いていくと、夫は「掃除」「洗濯」「入浴の世話」を分担しているが、妻も「掃除」「洗濯」「入浴の世話」等を分担し、「料理」は妻がすべてやっていた。また、平日は夫の方が帰宅時間が遅く夫は土曜日も働いていて、その間は妻が家事育児をしていた。そうであれば、妻と夫の分担比は「半々」とはならないだろう。それでも、妻は夫の分担を「半々ぐらい」「よくやっている」と評価していたのである。

　このように妻が申告する分担比と各項目の分担量にはズレが見られた。したがって、調査票で妻や夫に分担比のみを聞いたところでそれは実態を反映していない場合が少なくないだろう。とくに、夫がまったく家事育児をしていない妻よりも、夫がある程度家事育児をしている妻に、「夫の分担比」を実際よりも多く見積もる傾向が見られた。最も「真実」に近い分担比を明らかにする方法は、日常生活の参与観察であるが、多人数の日常生活を包括的に観察するのは大変困難だといえる。家事分担量を効率的にできるだけ正確に測る調査方法について、今後いっそう検討されるべきだろう。

個人情報と出版――ソーシャルメディアの時代に

　エスノグラフィックな調査法では、インフォーマントの声や生活をなるべく忠実に記述しようとする試みと、彼ら彼女らの個人情報を守るという調査倫理がせめぎあう。さらに、ソーシャルメディアの時代においては大きなリスクが伴うようになった。アメリカで起きた Alice Goffman の *On the Run*（2014＝2021 二文字屋脩・岸下卓史訳『逃亡者の社会学――アメリカの都市に生きる黒人たち』亜紀書房）の事件が有名である。この本は、アメリカの有力紙の書評やマスメディアに登場した後、ソーシャルメディアでの炎上や興味本位のファクトチェックが行われた。前川（2017）は次のように書いている。「インターネットの探偵たちは、事件の起きた場所、そして人物を、ほぼ特定してしまっている。かつてユダヤ系居住区であったフィラデルフィアの貧困地区。そこには中華料理店があり、しかもそのメニューには……」「すくなくとも何人かの人物

の実在は証明されたというわけである。なんと皮肉なことだろうか。明らかになったのは、インターネットの時代にあって、ひとたび公衆の関心を惹いてしまえば、研究対象の匿名性を守ることがどれほど困難かということである」（前川 2017: 35）。

　本調査の出版に際し、この状況について私たちは何度も話し合った。そして、このような質的調査でよく掲載されるインタビュー対象者全員の詳細な属性が把握できる一覧表は掲載しないこととした。本書の基となった論文の査読においては、階層をテーマとするのであれば一覧表掲載は必要といったコメントがありそれに従った。しかし、書店で販売される本書には、一覧表の掲載はとりやめることにした。その主な理由は、本書では収入額や夫婦関係などについて、親しい間柄でも知られたくないようなプライヴァシーに関わる事柄が主要テーマとなっている。そして、筆者がいくら慎重を期しても、匿名性の保持には限界がある。すなわち、調査協力者Ｘさんについて書かれた調査をＸさんの知り合いが読んだ場合、それがＸさん本人だと絶対にわからない、という完全な匿名性の達成は不可能である。とくに、私たちの保育所を介した調査協力者のリクルートの方法から、仮名を使ったとしてもその年齢や家族構成、語りの内容から個人の身元を推察されてしまう可能性があるからである。

　調査協力者の一覧表はそのような推察をいっそう容易にするものであり、とくにソーシャルメディアが普及した時代に（ネット）書店で販売されるような出版物には掲載しない方がいいという結論に達した。それは、もし研究の有用性が薄れても、調査に協力してくれた方々の匿名性を守る方を優先すべきだからである。こういった質的調査の困難を乗り越える方法を模索しつつ、読者と調査協力者のどちらにとっても有益なものとなるよう可能な限り「厚い記述」を試みたつもりである。

あ と が き

　この研究は、藤田が額賀に声をかけたことから始まった。藤田は任期無しの職をようやく得て出産したのだが、今度は子どもの世話で、遠くにあるフィールドに行くことも長期間滞在することもできなくなった。もう研究はしばらくあきらめるしかないと思った。そんなとき、あるきっかけから、新しい分野を勉強することにはなるけれど、長時間滞在できる目の前のフィールドを調査してみようと考えるようになった。「保育園落ちた」に象徴される待機児童問題が大きなニュースになっていた時期で、少しでも多くの調査研究が必要とされているようにも感じた。そこで、藤田が、教育を専門とし家庭や子育てに関連する研究の経験があり、出産時期や調査方法が同じである額賀に声をかけた。

　額賀の方は当時育休中であったが、手のかかる乳幼児の世話に翻弄されて活字を読む気力すらない時期だった。出産前は毎年調査や学会発表をしていたが、子どもが生まれてからは許されない贅沢のように感じられた。研究者としての行きづまりを感じていた折、藤田からプロジェクトをもちかけられる僥倖を得た。小さい子どもの世話をしながらでも、身近なフィールドなら調査ができるかもしれないと思った。もともと子育てや家庭教育に学術的な関心を持っていたこともあるが、何よりほかの母親たちが一体どうやって子育てと仕事を乗り切っているのかを知りたいという個人的な思いにも突き動かされた。

　こうして私たちは、子育てと仕事の狭間で自らが経験する焦燥感を学問的な知見と結びつけながら、構想を練り始めた。そして、研究という仕事と育児に葛藤しながら、仕事と育児に葛藤する女性たちに母親たちに話を聞くという当事者研究を 2016 年に発進させた。

　それからあっという間に 6 年の歳月が過ぎた。最初は身近な知り合いに声をかけて話を聞くことから始まった調査だったが、四方八方手を尽くす中で、さまざまな背景をもつ 55 名の子育て中の女性たちにインタビューの協力を頂くことができた。彼女たちの語りから、私たちは現代の日本社会で仕事と母親業

の両方をこなしていくことが、女性にとっていかに困難な営みであるかを深く知ることになった。「仕事と子育ての両立に関する調査」という文言が入った募集チラシを見て、「全然両立なんてできてないんですけど……」と申し訳なさそうに呟いた女性たちがいた。まさに子育て中の女性にとっては毎日が綱渡りで、家族の誰かがちょっと体調を崩したら、すべての歯車が狂いだす。そうした危ういバランスをどうにか保ちながら、彼女たちは家庭と職場を行き来する慌ただしい日常を成り立たせていた。私たちは、彼女たちが語る憤りや不安に深く共感したり、仕事と母親業を織り合わせる彼女たちの知恵や工夫に学ばせてもらったりした。と同時に、「働く母親」が一枚岩の存在ではないことにも気づかされた。仕事と母親業への意味づけや葛藤の経験はさまざまであった。そして、そのバリエーションには日本社会の格差が色濃く反映されていた。

　なぜ母親でありながら働くことがこんなにも息苦しいのか。私たちの個人的な経験から湧き出たこの疑問を、本書では多様な背景をもつ女性たちが語るリアリティをもとに探究した。執筆を終えて、自分たちのもやもやした気持ちが少し晴れたような感覚はある。しかし、調査に協力していただいた女性たちの豊かな語りをどこまで適切に解釈し、本書に反映できたかについては正直心もとないところもある。紙幅の都合もあり、限られた範囲で語りを切り取らねばならない作業に頭を抱えつづけた。私たちは調査方法やデータの解釈、表象の仕方について何度も議論を重ね、すべてのデータに目を通しながら分析を精緻化していったが、それでも理解が不十分であったり、掬いとれていないリアリティの断片があったりすることだろう。不安が残る中で思い出すのは、協力してくれた女性たちの何人かが、自分たちが置かれた厳しい状況を知ってもらいたかったと調査への参加動機を話してくれたことである。彼女たちの生きづらさのすべてを捉えきれているとはいえないが、本書を通じて、子育てしながら働く女性たちの切実な思いが広く共有されることを強く願う。そして、仕事や子育てにおいて多様なライフスタイルが承認され、人々が共にケアを担い余裕をもって自由に生きられる社会を構想していく一助になれば幸いである。

　本研究の遂行に際しては、東京大学発達保育実践政策学センターの関連SEEDプロジェクトの助成を受けた。また、出版までには大変多くの方にお世話になった。何よりも仕事と子育てでお忙しい中、時間を割いてお話を聞かせ

てくださった協力者の方々に深くお礼申しあげたい。本書が何らかの形で少し
でも皆さんのお役に立つことを願ってやまない。

　調査では保育所に繋いでいただくにあたり、野澤祥子氏には多大なご協力を
頂いた。布川あゆみ氏、本田由紀氏、戸嶋誠司氏、北村文氏、匿名の査読者の
方々、他にもここに全員のお名前をあげることはできないが、多くの方に本書
の元となる論文や発表、エッセイにコメントを寄せて頂いた。深く感謝の意を
表したい。また、原稿に目を通し、丁寧に校正作業をしてくれた高橋薫氏とヨ
シイ・オリバレス・ラファエラ氏にもお礼申し上げる。そのほか、お名前を出
すことはできないが、調査協力者の募集に際してご協力いただいた保育所や自
治体の職員の方々にも感謝を捧げたい。

　本書の出版企画は、数年前の家族社会学会の大会で勁草書房の橋本晶子氏に
声をかけていただいたことから動き出した。大変長らく原稿をお待たせしてし
まい恐縮するばかりだが、「授業と会議と諸々の締切と子どもの世話で……」
という度重なる言い訳にも辛抱強く理解を示し、温かく執筆を支えてくださっ
た。心より感謝申し上げる。最後に、他者の世話で苦労をしてきた私たちの母
にも感謝を捧げたい。

　　2022年7月

　　　　　　　　　　　　　　　　　　　　　　額賀美紗子・藤田結子

初 出 一 覧

序　章　　書き下ろし

第1章　　書き下ろし

第2・3章　額賀美紗子・藤田結子 2021「働く母親はどのように家庭教育に関わるの
　　　　　か――就学前から形成される〈教育する家族〉の格差と葛藤」『家族社
　　　　　会学研究』33(2)130-143. および、額賀美紗子 2022「働く母親と家庭教
　　　　　育の圧力」『教育』(912) 67-75. を大幅に加筆修正。

第4章　　書き下ろし

第5章　　藤田結子・額賀美紗子　2021「働く母親と有償労働の意味――非大卒女
　　　　　性の稼ぎ手役割と職業役割をめぐる意識」『家族社会学研究』33(1)7-
　　　　　20. を大幅に加筆修正。

第6章　　藤田結子・額賀美紗子 2021「家庭における食事の用意をめぐる意味づけ
　　　　　――質的調査からみる育児期就業女性の対処戦略と階層化」『社会学評
　　　　　論』(72)151-168. を大幅に加筆修正。

終　章　　書き下ろし

参 考 文 献

秋田喜代美、2020、「グローバル社会に向けた日本の保育のこれから」『保育学研究』58(1): 135-41。

Allison, A., 1991, "Japanese Mothers and Obentos," *Anthropological Quarterly* 64(4): 195-208.

荒牧草平、2019、『教育格差のかくれた背景――親のパーソナルネットワークと学歴志向』勁草書房。

Arendell, T., 2000, "Conceiving and Investigating Motherhood: The Decade's Scholarship," *Journal of Marriage and Family*, 62: 1192-207.

Beagan, B., G. E. Chapman, A. D'Sylva and B. R. Bassett, 2008, "'It's Just Easier for Me to Do It': Rationalizing the Family Division of Foodwork," *Sociology* 42(4): 653-671.

Becker, P., & P. Moen, 1999, "Scaling Back: Dual-Earner Couples' Work-Family Strategies," *Journal of Marriage and Family*, 61(4): 995-1007.

ベネッセ教育総合研究所、2008、『第3回子育て生活基本調査報告書（幼児版）』。（2022年5月26日取得、https://berd.benesse.jp/jisedai/research/detail1.php?id=4053）

――――、2012、『第3回幼児教育・保育についての基本調査』（2022年5月26日取得、https://berd.benesse.jp/jisedai/research/detail1.php?id=5444）

――――、2016、『第5回　幼児の生活アンケート報告書』（2022年5月26日取得、https://berd.benesse.jp/jisedai/research/detail1.php?id=4949）

――――、2017、『幼児期の家庭教育国際調査』。（2022年5月26日取得 https://berd.benesse.jp/jisedai/research/detail1.php?id=5257）

――――、2018、『第3回幼児教育・保育についての基本調査報告書』。（2022年5月26日取得 https://berd.benesse.jp/jisedai/research/detail1.php?id=5444）

Bernard, J., 1981, "The Good-Provider Role: Its Rise and Fall," *American Psychologist*, 36(1): 1-12.

Bernstein, Basil, 1971, *Class, Codes and Control Volume1 Theoretical Studies towards a Sociology of Language,* Routledge & Kegan Paul.（萩原元昭訳、1981、

参考文献

『言語社会化論』明治図書)。

Bianchi, S. M., 2000, "Maternal Employment and Time with Children: Dramatic Change or Surprising Continuity?," *Demography*, 37(4): 401-14.

Blair-Loy, M., 2003, *Competing Devotions: Career and Family Among Women Executives*, Boston: Harvard University Press.

Bourdieu, P., 1984, *Distinction: A Social Critique of the Judgement of the Taste*, Cambridge, MA: Harvard University Press. (石井洋二郎訳、1990、『ディスタンクシオン──社会的判断力批判　Ⅰ・Ⅱ』藤原書店)。

Brinton, M. C., 1993, *Women and The Economic Miracle: Gender and Work in Postwar Japan*, Berkeley: University of California Press.

Brown, P., 1990, "The 'Third Wave': Education and the Ideology of Parentocracy," *British Journal of Sociology of Education*, 11(1): 65-85.

Boye, K., 2014, "Dual-Earner Couples/Dual-Career Couples," *Encyclopedia of Quality of Life and Well-Being Research*, Springer Netherlands, 1703-1706.

Brines, J., 1994, "Economic Dependency, Gender and the Division of Labor at Home," *American Journal of Sociology*, 100(3): 652-88.

Charles, N. and Kerr, M., 1988, *Woman, Food and Families*, Manchester University Press.

Christopher, K., 2012, "Extensive Mothering: Employed Mothers' Constructions of the Good Mother," *Gender & Society*, 26(1): 73-96.

Coleman, J., S., 1988, "Social Capital in the Creation of Human Capital" *American Journal of Sociology*, 94: S95-S120.

Connell, R. 2005. "Masculinities, 2nd ed.." Berkeley: University of California Press.

Douglas, S. J., & Michaels, M. W. *The Mommy Myth: The Idealization of Motherhood and How It Has Undermined Women*. New York: Free Press.

Daminger, A., 2019, "The Cognitive Dimension of Household Labor," *American Sociological Review*, 84(4): 609-33.

DeVault, M. L., 1991, *Feeding the Family: The Social Organization of Caring as Gendered Work*, Chicago: University of Chicago Press.

江原由美子、1988、「料理番組から見る「主婦」の戦後史」飯田深雪・江原由美子・土井勝・長山節子『NHK『きょうの料理』きのう・あす』有斐閣、143-178。

───、2000、「母親たちのダブル・バインド」目黒依子・矢澤澄子編『少子化時代のジェンダーと母親意識』新曜社、29-46。

―――、2001、『ジェンダー秩序』勁草書房。

Emerson, R. M., Rachel I. Fretz, and Linda L. Shaw, 1995, *Writing Ethnographic Fieldnotes*, Chicago: The University of Chicago Press.（佐藤郁哉・好井裕明・山田富秋訳、1998、『方法としてのフィールドノート：現地取材から物語作成まで』新曜社。）

Ennis, L. R. 2014. *Intensive Mothering: The Cultural Contradictions of Modern Motherhood*. Bradford, ON: Demeter Press,

Erickson, K., and Stull, D., 1997, *Doing Team Ethnography*, Thousand Oaks, CA: Sage.

藤田結子・額賀美紗子、2021、「働く母親と有償労働の意味――非大卒女性の稼ぎ手役割と職業役割をめぐる意識」『家族社会学研究』33(1)：7-20。

藤原翔、2009、「現代高校生と母親の教育期待――相互依存モデルを用いた親子同時分析」『理論と方法』24(2)：283-99。

福島智子、2020、「「家庭料理」規範の検討」『福島大学研究紀要』18：81-89。

舩橋恵子、2000、「「幸福な家庭」志向の陥穽――変容する父親像と母親規範」目黒依子・矢沢澄子・岡本英雄編『少子化時代のジェンダーと母親意識』新曜社、47-68。

―――、2006、『育児のジェンダー・ポリティクス』勁草書房。

不破麻紀子、2016、「家計生産のガバナンスと社会の均衡――「家事分担に関する妻の選好」を例に」東京大学社会科学研究所『市場・社会の変容と改革政治』Vol. 2、東京大学出版会、3-28。

不破麻紀子・筒井淳也、2010、「家事分担に対する不公平感の国際比較分析」『家族社会学研究』22(1)：52-63。

Fineman, M. A., 2004, *The Autonomy Myth*: *A Theory of Dependency*, New York: The New Press（穐田信子・速水葉子訳、2009、『ケアの絆――自律神話を超えて』岩波書店）

Fraser, N. 1997. "After the Family Wage: A Postindustrial Thought Experiment," *Justice Interruptus: Critical Reflections on the "Postsocialist" Condition*, Abington: Routledge, 41-66.（仲正昌樹訳、2003、「家族賃金のあとに」『中断された正義――「ポスト社会主義的」条件をめぐる批判的省察』御茶の水書房、63-103。）

学研総合研究所、2021、『小学生白書 Web 版　小学生の日常生活・学習に関する調査』(2022 年 5 月 26 日取得、https://www.gakken.co.jp/kyouikusouken/whitepaper/202108/chapter7/01.html)

参考文献

Garey, A. I., 1999, *Weaving Work and Motherhood*, Philadelphia: Temple University Press.

Gerson, K., 1985, *Hard Choices: How Women Decide About Work, Career, and Motherhood*, Berkeley: University of California Press.

Glaser, B. G. and A. L. Strauss, 1967, The Discovery of Grounded Theory: Strategies for Qualitative Research, Chicago: Aldine.（大出春江・水野節夫・後藤隆訳、1996、『データ対話型理論の発見——調査からいかに理論をうみだすか』新曜社）。

Goldin, C. 2006, "The Quiet Revolution That Transformed Women's Employment, Education, and Family," *American Economic Review*, 96(2): 1-21.

Hakim, C., 2003, *Models of the Family in Modern Societies: Ideals and Realities*, Ashgate.

Hays, S., 1998, *The Cultural Contradictions of Motherhood*, New Haven, CT: Yale University Press.

浜田陽太郎、1966、「農村における母親の役割」『教育社会学研究』21: 14-26。

濱名陽子、2011、「幼児教育の変化と幼児教育の社会学」『教育社会学研究』88: 87-102。

Held, V., 2006, *The Ethics of Cave: Personal, Political, and Global,* Oxford: Oxford University Press.

樋田大二郎、2009、「子どもへの進学期待と習い事」、ベネッセ教育総合研究所、『第3回子育て生活基本調査報告書小学生・中学生の保護者を対象に（幼児版）』63-78。

平山亮、2017a、『介護する息子たち』勁草書房。

平山亮、2017b、「男たちの「夫婦観」はなぜこんなにも変わらないのか」現代ビジネス（2022年7月31日取得、https://gendai.ismedia.jp/articles/-/52809）

広井多鶴子・小玉亮子、2010、『現代の親子問題——なぜ親と子が「問題」なのか』日本図書センター。

平尾桂子、2004、「家族の教育戦略と母親の就労——進学塾通塾時間を中心に」本田由紀編『女性の就業と親子関係——母親たちの階層戦略』勁草書房、97-113。

広田照幸、1999、『日本人のしつけは衰退したか——「教育する家族」のゆくえ』講談社現代新書。

Hochschild, A. R., 1989, *The Second Shift: Working Parents and the Revolution at Home*, Viking Penguin.（田中和子訳、1990、『セカンド・シフト』朝日新聞社。）

――――, 1997, *The Time Bind: When Work Becomes Home and Home Becomes Work*, New York, NY: Metropolitan Books.（坂口緑・中野聡子・両角道代訳、

2012、『タイム・バインド——時間の板挟み状態』明石書店。)

Holloway, S. D., 2010, *Women and Family In Contemporary Japan*, Cambridge: Cambridge University Press. (高橋登、清水民子、瓜生淑子訳、2014、『少子化時代の良妻賢母——変容する現代日本の女性と家族』新曜社。)

Holm, L., M. Ekstrom, S. Hach and T. Lund, 2015, "Who is Cooking Dinner? Changes In the Gendering of Cooking from1997 to 2012 in Four Nordic Countries," *Food Culture and Society* 18: 589-610.

本田由紀、2004、「「非教育ママ」たちの所在」本田由紀編『女性の就業と親子関係——母親たちの階層戦略』勁草書房、167-84。

————、2005、「子どもというリスク——女性活用と少子化対策の両立を阻むもの」橘木俊詔編『現代女性の労働・結婚・子育て』ミネルヴァ書房、65-93。

————、2008、『「家庭教育」の隘路—子育てに強迫される母親たち』勁草書房。

————、2011、『軋む社会——教育・仕事・若者の現在』河出書房新社。

堀口佐知子、2013、「チーム・エスノグラフィー」藤田結子・北村文編『現代エスノグラフィー』新曜社、86-93。

堀内かおる・天野寛子・伊藤純、1997、「家事労働観と生活時間から見る夫妻のジェンダー関係」『日本家政学会誌』48(10): 851-64。

稲葉昭英、1998、「どんな男性が家事・育児をするのか?——社会階層と男性の家事・育児参加」渡辺秀樹・志田基与師編、『階層と結婚・家族(1995年SSM調査シリーズ15)』1-42。

石田貴士・西山未真・丸山敦史、2015、「女性の就業形態が食生活に与える影響」『食と緑の科学』69: 17-23。

石井クンツ昌子、2013、『「育メン」現象の社会学——育児・子育て参加への希望を叶えるために』ミネルヴァ書房。

石黒万里子、2015、「家族における子ども中心主義の展開」『子ども社会研究』21: 33-47。

石川由香里・杉原名穂子・喜多加実代・中西祐子、2011、『格差社会を生きる家族——教育意識と地域・ジェンダー』有信堂高文社。

伊藤純・伊藤セツ、1996、「食生活家事労働の数量的把握からみた食とジェンダー」『昭和女大学苑』680: 1-15。

岩間暁子、2008、『女性の就業と家族の行方——格差社会のなかの変容』東京大学出版会。

Jones, D., 1970, "Towards a Native Anthropology," *Human Organization* 29: 251-

259.

神代健彦、2020、『「生存競争」教育への反抗』集英社新書。

神原文子、2004、『家族のライフスタイルを問う』勁草書房。

柏木恵子、2008、『子どもが育つ条件——家族心理学から考える』岩波書店。

苅谷剛彦、2009、『教育と平等——大衆教育社会はいかに生成したか』中央公論新社。

苅谷剛彦・志水宏吉・耳塚寛明・諸田裕子・清水睦美・本田由紀・山田哲也・金子真理子・堀健志・鍋島祥郎・金馬国晴、2004、『学力の社会学——調査が示す学力の変化と学習の課題』岩波書店。

片岡栄美、2009、「格差社会と小・中学受験——受験を通じた社会的閉鎖、リスク回避、異質な他者への寛容性」『家族社会学研究』21(1): 30-44。

———、2018、「子育て実践と子育て意識の階級差に関する研究」『駒澤大學文學部研究紀要』76: 1-27。

菊地夏野、2019、『日本のポストフェミニズム——「女子力」とネオリベラリズム』大月書店。

木本喜美子、1995、『家族・ジェンダー・企業社会——ジェンダー・アプローチの模索』ミネルヴァ書房。

Kittay, E. F., 1999, *Love's Labor: Essays on Women, Equality, and Dependency*, Routledge（岡野八代・牟田和恵監訳、2010、『愛の労働あるいは依存とケアの正義論』白澤社）.

木村涼子、1999、『学校文化とジェンダー』勁草書房。

———、2017、『家庭教育は誰のもの？——家庭教育支援法はなぜ問題か』岩波書店。

喜多加実代、2012、「家庭教育への要請と母親の就業——母親の就業を不利にする教育のありかたをめぐって」宮島喬・杉原名穂子・本田量久編『公正な社会とは——教育、ジェンダー、エスニシティの視点から』人文書院、118-37。

橘木俊詔・迫田さやか、2013、『夫婦格差社会——二極化する結婚のかたち』中央公論新社。

金南咲季、2020、「年長児に対する「親の教育期待」の質的差異——社会階層・子どもの性別に着目して」愛知淑徳大学ジェンダー・女性学研究所編『ジェンダー・ダイバーシティと教育－横断研究の試み』163-90。

金南咲季・伊佐夏実、2019、「インタビュー調査から見る就学前の子育て」伊佐夏実編『学力を支える家族と子育て戦略——就学前後における大都市圏での追跡調査』明石書店、53-68。

小針誠、2015、『「お受験」の歴史学——選択される私立小学校 選抜される親と子』講談社。

国立社会保障・人口問題研究所、2017、『現代日本の結婚と出産：第15回出生動向基本調査（独身者調査ならびに夫婦調査）報告書』（2022年5月1日取得、http://www.ipss.go.jp/ps-doukou/j/doukou15/NFS15_reportALL.pdf）。

————、2019、『第6回全国家庭動向調査結果の概要』（2022年5月1日取得、https://www.ipss.go.jp/ps-katei/j/NSFJ6/Kohyo/NSFJ6_gaiyo.pdf）。

Komter, A., 1989, "Hidden Power in Marriage," *Gender & Society*, 3(2): 187-216.

厚生労働省、2021、「令和2年度雇用均等基本調査の結果概要」（2022年5月1日取得、https://www.mhlw.go.jp/toukei/list/71-r02.html）。

小山静子、1999、『家庭の生成と女性の国民化』勁草書房。

————、2002、『子どもたちの近代——学校教育と家庭教育』吉川弘文館。

Lareau, A. and Weininger, E. B., 2008, "Time, Work, and Family Life: Reconceptualizing Gendered Time Patterns Through the Case of Children's Organized Activities," *Sociological Forum*, 23(3): 419-54.

Lareau, A., 2011, *Unequal Childhood: Class, Race, and Family Life, With an Update a Decade Later*, Berkeley: University of California Press.

前川真行、2017、「公正と信頼のあいだ——アリス・ゴフマンのケース」『RI: Research Integrity Reports』214-38。

眞鍋倫子、2004、「女性の就労行動の学歴差——夫の収入と妻の就労」『東京学芸大学紀要第1部門』55: 29-36。

松田茂樹、2006、「近年における父親の家事・育児参加の水準と規定要因の変化」『家計経済研究』71: 45-54。

松信ひろみ、1995、「二人キャリア夫婦における役割関係——平等主義的家族への可能性」『家族社会学研究』7: 47-56。

松信ひろみ、2000、「就業女性にとっての職業と子育て」目黒依子・矢澤澄子編『少子化時代のジェンダーと母親意識』新曜社、149-68。

松岡亮二・中室牧子・乾友彦、2014、「縦断データを用いた文化資本相続過程の実証的検討」『教育社会学研究』95: 89-110。

Mederer, H. J., 1993, "Division of Labor in Two-Earner Homes: Task Accomplishment versus Household Management as Critical Variables in Perceptions about Family Work," *Journal of Marriage and Family,* 55(1): 133-45.

Milkie, M. A., Nomaguchi, K. M. and Denny, K. E., 2015, "Does the Amount of Time

Mothers Spend With Children or Adolescents Matter?,” *Journal of Marriage and Family*, 77(2): 355-72.

耳塚寛明、2007、「小学校学力格差に挑む――だれが学力を獲得するのか」『教育社会学研究』80: 23-39。

三浦まり、2015、「新自由主義的母性――「女性の活躍」政策の矛盾」『ジェンダー研究』18: 53-68。

望月由起、2011、『現代日本の私立小学校受験――ペアレントクラシーに基づく教育選抜の現状』学術出版会。

牟田和恵、2009、「ジェンダー家族のポリティクス――家族と性愛の『男女平等』主義を問う」牟田和恵編『家族を超える社会学』新曜社、67-89。

村瀬敬子、2009、「『主婦之友』にみる台所と女性」高井昌史・谷本奈穂編『メディア文化を社会学する』世界思想社、80-107。

―――、2020、「文化仲介者としての料理研究家・江上トミ」『社会学部論集』71: 47-66。

村山伸子・阿部彩 2018「第1章　保護者の就労状況と子供の食」首都大学東京　子ども・若者貧困研究センター「東京都受託事業　子供の生活実態調査　詳細分析報告書」73-84。

元橋利恵、2019、「戦略的母性主義の可能性――ケアの倫理と母性研究の接続のための整理」『年報人間科学』40: 73-86。

―――、2021、『母性の抑圧と抵抗――ケアの倫理を通して考える戦略的母性主義』晃洋書房。

内閣府、2019、『男女共同参画社会に関する世論調査』。(2022年5月1日取得、https://survey.gov-online.go.jp/r01/r01-danjo/index.html)

―――、2020、『男女共同参画白書令和2年版』。(2022年5月1日取得、https://www.gender.go.jp/about_danjo/whitepaper/r02/zentai/index.html)

中川まり、2010、「子育て期における妻の家庭責任意識と夫の育児・家事参加」『家族社会学研究』22(2): 201-12。

中村高康・平沢和司・荒牧草平・中澤渉、2018、『教育と社会階層――ESSM全国調査からみた学歴・学校・格差』東京大学出版会。

永井恵子、2016、「我が国の家事外部化の動向を探る――家計調査結果から見た『家事に関する支出』」『季刊家計経済研究』109: 24-35。

中西祐子、2004、「「愛情」家族の教育戦略――教育投資、愛情投資に対する性・出生順位の影響について」『年報社会学論集』17: 60-71。

─────、2018、「誰が子どもの食に配慮するのか？」石川由香里・杉原名穂子・喜多加実代・中西祐子『子育て世代のソーシャル・キャピタル』有信堂高文社、157-178。

中野円佳、2014、『「育休世代」のジレンマ──女性活用はなぜ失敗するのか？』光文書新書。

永井恵子、2016、「我が国の家事外部化の動向を探る──家計調査結果から見た『家事に関する支出』」『季刊家計経済研究』109: 24-35。

西村純子、2014、『子育てと仕事の社会学──女性の働きかたは変わったか』弘文堂。

─────、2022、「親子のかかわりの学歴階層間の差異」『社会学評論』72(4): 522-39。

Nock, S. L., 2001, "The Marriages of Equally Dependent Spouses," *Journal of Family Issues*, 22: 755.

野田潤、2015、「家族への愛情は弁当からか」品田知美編『平成の家族と食』晶文社、118-125。

額賀美紗子・藤田結子、2021、「働く母親の時間負債をめぐるジレンマ──『教育時間』と『自由時間』の創出にみる階層格差」秋田喜代美、東京大学大学院教育学研究科附属発達保育実践政策学センター編『発達保育実践政策学研究のフロントランナー第二巻』中央法規出版、139-167。

岡野八代、2020、「ケアの倫理から、民主主義を再起動するために」ジョアン・C・トロント『ケアするのは誰か？──新しい民主主義のかたちへ』白澤社、125-157。

落合恵美子、1994、『21世紀家族へ──家族の戦後体制の見かた・超えかた』有斐閣。

小笠原祐子、2005、「有償労働の意味──共働き夫婦の生計維持分担意識の分析」『社会学評論』56(1): 165-81。

─────、2009、「性別役割分業意識の多元性と父親による仕事と育児の調整」『季刊家計経済研究』81: 34-42。

─────、2018、「男性1人働きモデルの揺らぎとその影響」『日本労働研究雑誌』699: 15-26。

太田素子・浅井幸子編、2012、『保育と家庭教育の誕生 1890-1930』藤原書店。

大日向雅美、2015、『母性愛神話の罠』日本評論社。

大野祥子、2016、『「家族する」男性たち──おとなの発達とジェンダー規範からの脱却』東京大学出版会。

斧出節子、2019、「高度経済成長期における家事・育児の実態と規範意識・感情──高度経済成長期に生きた女性たちへのインタビュー調査から」『世界人権問題研

究センター研究紀要』24: 79-98。

Papanek, H., 1973, "Men, Women, and Work: Reflections on the Two-person Career," *American Journal of Sociology*, 78: 852-72.

Raley, S. B., M. J. Mattingly, and S. M. Bianchi, 2006, "How Dual Are Dual Income Couples?: Documenting Change From 1970 to 2001," *Journal of Marriage and Family*, 68: 11-28.

斉藤正美、2017、「結婚、家族をめぐる保守の動き」塚田穂高編『徹底検証　日本の右傾化』筑摩書房，202-21。

三具淳子、2017、「共働き世帯の広がりにみる「女性たちの静かな革命」」『家計経済研究』114: 75-81。

─────、2018、『妻の就労で夫婦関係はいかに変化するのか』ミネルヴァ書房。

佐藤郁哉、2006、『定性データ分析入門』新曜社。

沢山美果子、1990、「教育家族の成立」中内敏夫編『〈教育〉──誕生と終焉』藤原書店、108-31。

Savage, Michael, 2015, *Social Class in the 21st Century*, Pelican UK（舩山睦美訳、2019、『7つの階級──国階級調査報告』東洋経済新報社）。

瀬地山角、1996、『東アジアの家父長制──ジェンダーの比較社会学』勁草書房。

千田有紀、2011、『日本型近代家族──どこから来てどこへ行くのか』勁草書房。

Smith, Lindsey P., Ng, Shu Wen & Popkin, Barry M, 2013, "Trends in US Home Food Preparation and Consumption," *Nutrition Journal*, 12(1), 45.

島直子、2011、「妻の家計貢献が夫の性別役割分業意識に及ぼす影響──夫の社会経済的地位による交互作用」『家族社会学研究』23(1): 53-64。

品田知美、2004a、『「子育て法」革命──親の主体性をとりもどす』中央公論新社。

─────、2004b、「子どもに家事をさせるということ──母親ともう一つの教育的態度」本田由紀編『女性の就業と親子関係──母親たちの階層戦略』勁草書房、148-66。

─────、2007、『家事と家族の日常生活──主婦はなぜ暇にならなかったのか』学文社。

─────、2010、「親の育てかたと子どもの育ち」松田茂樹・汐見和恵・品田知美・末盛慶編『揺らぐ子育て基盤──少子化社会の現状と困難』勁草書房、17-38。

─────、2016、「子どもへの母親のかかわり」稲葉昭英・保田時男・田渕六郎・田中重人編『日本の家族 1999-2009──全国家族調査「NFRJ」による計量社会学』東京大学出版会、203-15。

汐見稔幸、1996、『幼児教育産業と子育て』岩波書店。

─────、2021、「コロナ世代の子どもたちにこそ「共育て」を」『ほいくる』（2022年5月1日取得、https://hoiclue.jp/800012293.html）。

白波瀬佐和子、2002、「少子高齢化と男女共同参画社会」金子勇編『高齢化と少子社会』ミネルヴァ書房、73-98。

─────、2003、「日米の働く母親と子育て支援──福祉国家と家族の関係を探る」『海外社会保障研究』143: 93-106。

総務省統計局、2016、『平成28年社会生活基本調査』

─────、2020、『令和二年度　労働力調査年報』

末盛慶、2011、「母親の就業特性が子どもに与える影響に関する研究動向と今後の課題──3つの理論仮説と先行研究の検討を通して」『日本福祉大学社会福祉論集』124: 55-70。

末冨芳・桜井啓太、2021、『子育て罰──「親子に冷たい日本」を変えるには』光文社。

杉原名穂子、2011、「教育する父親の意識と実践」石川由香里・杉原名穂子・喜多加実代・中西祐子『格差社会を生きる家族──教育意識と地域・ジェンダー』有信堂、105-126。

鈴木富美子、2013、「育児期における夫の家事・育児への関与と妻の主観的意識──パネル調査からみたこの10年の変化」『家計経済研究』100: 19-31。

多賀太、2011、「教育するサラリーマン──チューターとしての父親像の台頭」多賀太編『揺らぐサラリーマン生活──仕事と家庭のはざまで』ミネルヴァ書房、127-58。

─────、2012、「「教育する父」の意識と行動──中学受験生の父親の事例分析から」『教育科学セミナリー』43: 1-18。

竹信三恵子、2013、『家事労働ハラスメント──生きづらさの根にあるもの』岩波書店。

多喜弘文、2019、「既婚女性の就業選択と専門学校学歴──就業構造基本調査の世帯情報を用いた検討」『社会科学研究』70(1): 31-49。

天童睦子、2013、「育児戦略と見えない統制──育児メディアの変遷から」『家族社会学研究』25(1): 21-9。

天童睦子・多賀太、2016、「「家族と教育」の研究動向と課題──家庭教育・戦略・ペアレントクラシー」『家族社会学研究』28(2): 224-33。

照山絢子、2013、「ネイティヴ・エスノグラフィー」藤田結子・北村文編『現代エス

227

ノグラフィー』新曜社、68-73。

苫米地なつ帆、2017、「家族内資源分配に対する出生順位・性別の影響」『社会学研究』99: 11-36。

恒吉僚子・ブーコック，サラーン・スペンス、1997、『育児の国際比較——子どもと社会と親たち』日本放送出版協会。

筒井淳也、2014、「女性の労働参加と性別分業——持続する「稼ぎ手」モデル」『日本労働研究雑誌』56(7): 70-83。

筒井淳也・竹内麻貴、2016、「家事分担研究の課題」『家計経済研究』109: 13-25。

上野千鶴子、1990、『家父長制と資本制——マルクス主義フェミニズムの地平』岩波書店。

山尾美香、2003、「料理番組と「愛情」の政治学」『思想』岩波書店、956: 143-53。

山田昌弘、1994、『近代家族のゆくえ——家族と愛情のパラドックス』新曜社。

————、2005、『迷走する家族——戦後家族モデルの形成と解体』有斐閣。

Yamamoto, Y., 2015, "Social Class and Japanese Mothers' Support of Young Children's Education: A Qualitative Study," *Journal of Early Childhood Research*, 13(2): 165-80.

山根純佳、2010、『なぜ女性はケア労働をするのか——性別分業の再生産を超えて』勁草書房。

大和礼子、1995、「性別役割分業意識の2つの次元」『ソシオロジ』40(1): 109-26。

大和礼子・斧出節子・木脇奈智子、2008、『男の育児・女の育児——家族社会学からのアプローチ』昭和堂。

柳田（江島）ゆう花、2022、「複数のケアの受け手と与え手を包括する「感覚的活動」概念の構築「母親が家族の食事を用意・調理するケアに着目して」『ソシオロゴス』46。

柳下実、2020、「世帯のマネジメントという家事労働——「生活時間のやりくり・組み立て」に着目して」『社会学評論』70(4): 343-59。

矢野敬一、2007、『「家庭の味」の戦後民俗誌——主婦と団欒の時代』青弓社。

矢澤澄子・国広陽子・天童睦子、2003、『都市環境と子育て——少子化・ジェンダー・シティズンシップ』勁草書房。

吉田直哉、2016、『改訂版 保育原理の新基準』三恵社。

渡辺秀樹、1999、「戦後日本の親子関係——養育期の親子関係の質の変遷」目黒依子・渡邊秀樹編『講座社会学2 家族』東京大学出版会、89-118。

West, C. and Zimmerman, D. H., 1987, "Doing Gender," *Gender and Society*, 1(2): 125-51.

索　引

229

著者略歴

額賀美紗子

東京大学大学院教育学研究科修士課程修了、カリフォルニア大学社
会学部博士課程修了（Ph. D.）。

現　在　東京大学大学院教育学研究科教授。

主　著　『越境する日本人家族と教育』（勁草書房、2013）、『日本社
会の移民第二世代』（明石書店、2021）ほか。

藤田結子

コロンビア大学社会学科修士課程修了、ロンドン大学博士課程修了
（Ph.D.）。

現　在　東京大学大学院情報学環准教授。

主　著　Cultural Migrants from Japan（Rowman & Littlefield
2009）『文化移民』（新曜社、2008）『ワンオペ育児』（毎日新聞
出版、2017）ほか。

働く母親と階層化

仕事・家庭教育・食事をめぐるジレンマ

2022 年 9 月 20 日　第 1 版第 1 刷発行
2023 年 11 月 20 日　第 1 版第 4 刷発行

著　者　額　賀　美　紗　子
　　　　藤　田　結　子

発行者　井　村　寿　人

発行所　株式会社　勁　草　書　房

112-0005　東京都文京区水道 2-1-1　振替　00150-2-175253
（編集）電話 03-3815-5277／FAX 03-3814-6968
（営業）電話 03-3814-6861／FAX 03-3814-6854
大日本法令印刷・牧製本

©NUKAGA Misako, FUJITA Yuiko 2022

ISBN978-4-326-60355-8　　Printed in Japan

＊落丁本・乱丁本はお取替いたします。
　ご感想・お問い合わせは小社ホームページから
　お願いいたします。

https://www.keisoshobo.co.jp

†のついているものはオンデマンド出版です。
＊表示価格は 2023 年 11 月現在。消費税 10％ が含まれております。